Edwy Plenel

Se tenir droit

Douze portraits pour une politique sensible

ÉDITIONS DU SEUIL
*57, rue Gaston-Tessier, Paris XIXe*

ISBN 978-2-02-150701-0

www.seuil.com

Se tenir droit

Seuls les poètes…

Seuls les poètes savent admirer. C'est à l'enseigne de cette confidence d'Édouard Glissant à propos d'Antonio Tabucchi que j'ai souhaité réunir plusieurs exercices d'admiration suscités par le hasard ou l'amitié, les sollicitations des éditeurs ou l'adieu à des êtres chers[1].

Échelonnés sur trois décennies, ils sont au nombre de douze, comme les apôtres chrétiens, intrus compris puisque Joseph Fouché, avec un portrait en clair-obscur qui nuance sa légende noire, y fait figure de Judas[2]. Le révolutionnaire régicide converti à la haute police y côtoie des personnages de parcours variés et d'époques diverses qui ont en commun d'avoir balisé les routes de l'émancipation, tout en luttant et pensant à contre-courant. Dans l'ordre d'apparition : Édouard Glissant, François Maspero, Daniel Bensaïd, Jean-Luc Einaudi,

1. Voir « À propos d'Antonio Tabucchi », dans Édouard Glissant, *La Cohée du Lamentin. Poétique V*, Paris, Gallimard, 2005. La citation complète est reprise dans le chapitre consacré à Édouard Glissant, p. 58-59.

2. Construite par les Évangiles, la sombre légende de la traîtrise de Judas a nourri l'antijudaïsme chrétien qui fut, en Europe, le terreau de l'antisémitisme moderne.

Émile Zola, Charles Péguy, Léon Trotsky, Joseph Fouché, Roberto Scarpinato et Jean de La Fontaine. Deux femmes en ouvrent et en ferment la marche : Rosa Luxemburg et Lisa Fittko qui y chemine en compagnie de Walter Benjamin.

L'occasion ayant fait le larron, au gré des circonstances, cet inventaire ne dit pas tout de mes fidélités ou de mes curiosités, dont certaines ont fait l'objet d'autres publications[1]. Il y manque, par exemple, deux libertaires qui me sont chers, le critique d'art Félix Fénéon et le géographe écologiste Élisée Reclus. Des lieux aussi dont le souvenir, intact depuis ma jeunesse, m'habite encore, tels que Tipasa en Algérie ou Sainte-Anne en Martinique, ou dont la magie m'est devenue, à l'âge adulte, un refuge bienfaiteur, telle l'île-volcan Stromboli. Surtout, sauf dans mon évocation de Charles Péguy, le journalisme y fait figure de grand absent alors qu'il m'occupe quotidiennement depuis un demi-siècle.

Ce paradoxe n'est qu'apparent : ces écrits d'hier, qui s'entêtent à convoquer le présent du passé, laissent entrevoir l'arrière-pensée de mon engagement professionnel, aujourd'hui même. Son ressort, sinon secret, du moins caché. Échappant à la chronologie de leur rédaction, l'ordonnancement que j'ai choisi pour ces douze portraits dessine une carte du tendre où peut se lire un parcours personnel, mêlant biographie, amitié et engagement. Loin des légendes noires,

1. J'ai consacré au cinéma de Costa-Gavras un essai, dans lequel je partage aussi mon admiration pour le théâtre de Michel Vinaver (Edwy Plenel, *Tous les films sont politiques*, Paris, Seuil, « Points », 2021). Et j'ai rendu hommage aux figures, célèbres ou méconnues, des luttes sociales et ouvrières dans *Voyage en terres d'espoir*, Ivry-sur-Seine, Éditions de l'Atelier, 2016.

anecdotiques ou mensongères, qu'ont inventées et répandues les pouvoirs et les intérêts que dérange mon itinéraire de journaliste inclassable, ces textes me semblent plus bavards et plus éclairants qu'une confession intime, tant ils en livrent les clés, faisant entendre d'insistants refrains.

Les collationnant, j'ai été surpris par leur unité, ces constances qui les traversent et ces résonances qui les rapprochent. Et j'y ai découvert ce parti pris dont je n'avais pas forcément conscience : un plaidoyer pour une politique sensible.

Des résistances anticolonialistes face aux impérialismes à l'opposition de gauche au stalinisme, du sursaut éthique que signifia le dreyfusisme au combat sans cesse recommencé contre les ennemis de l'égalité, des libertins échappant en secret à l'absolutisme monarchique aux magistrats dressés contre l'hydre mafieuse, des révoltes sociales contre la loi de la marchandise aux épopées héroïques des luttes antifascistes, cette galerie de portraits introduit à une politique rétive aux appareils idéologiques ou étatiques. Résolument indocile, elle est à rebours de leurs pensées froides et de leurs obéissances aveugles, de leurs verticalismes et de leurs autoritarismes, de leurs conformismes et de leurs suivismes.

C'est une politique de l'attention et de la précaution, revendiquant l'écoute et la bienveillance sans craindre d'en être paralysée ou d'en devenir impuissante. Une politique d'éthique et de principe, qui ne redoute pas l'exigence morale. Une politique, en somme, du scrupule : du latin *scrupulus*, le mot nous vient de cette petite pierre pointue qui, glissée dans une sandale, gêne la marche, obligeant à ralentir ou à s'arrêter. Une politique du petit caillou ou du grain de sable, résolue à entraver les machineries des dominations et les fatalités des oppressions.

Énoncée au temps de ma jeunesse, l'une de ses formulations ne m'a jamais quitté. Contrairement à ce que voudraient faire croire les contemporaines caricatures conservatrices des soulèvements et surgissements des années 1960 et 1970, cette époque fut en effet traversée par cette exigence d'une politique sensible, en ce qu'elle interroge ses conséquences et questionne ses responsabilités. Un texte oublié en apporte la preuve dont le mathématicien Laurent Schwartz fut l'initiateur, lequel ne renia jamais ses engagements trotskystes au sein d'une gauche rebelle. Publié en 1973 sous la forme d'un appel collectif, il entendait rappeler « des évidences morales et politiques fondamentales[1] ».

Le premier de ces rappels – le plus essentiel sous tout régime, en toutes circonstances et quelle que soit l'époque – énonçait ceci :

> Il n'y a pas de problème de la fin et des moyens. Les moyens font partie intégrante de la fin. Il en résulte que tout moyen qui ne s'orienterait pas en fonction de la fin recherchée doit être récusé au nom de la morale politique la plus élémentaire. Si nous voulons changer le monde, c'est aussi, et peut-être d'abord, par souci

1. Sous l'intitulé « Il n'y a pas de problème de la fin et des moyens », ce texte fut publié dans *Le Monde* du 4 juillet 1973. Parmi ses nombreux signataires, outre son initiateur Laurent Schwartz, on relève les noms de Lucien Bianco, Jean Cassou, Georges Duby, Marc Ferro, Roger Godement, Charles Malamoud, Juliette Minces, Edgar Morin, Michelle Perrot, Maxime Rodinson, Claude Roy, Jean-Pierre Vernant et Pierre Vidal-Naquet.

> de moralité. Il n'est pas de stratégie rationnelle, voire scientifique, qui ne doive être soumise à la morale adoptée. Si nous condamnons certains procédés politiques, ce n'est pas seulement, ou pas toujours, parce qu'ils sont inefficaces (ils peuvent être efficaces à court terme), mais parce qu'ils sont immoraux et dégradants, et qu'ils compromettent la société de l'avenir.

Dans le contexte de sa publication, celui du communisme soviétique inébranlé, des éphémères modes maoïstes et des dictatures nées des émancipations coloniales, ce texte interpellait en priorité les gauches – interpellation qui les concerne toujours, ô combien. Mais il portait au-delà, pertinent jusqu'à nos jours pour bien d'autres expressions partisanes par sa défense radicale d'un engagement rétif à l'attrait du pouvoir, à ses pièges et à ses mensonges. Ce message n'est en rien une dérobade face aux responsabilités, à la nécessité parfois d'en prendre et aux défis que cet engagement implique avec les contraintes et les malentendus qui en découlent. Mais c'est l'affirmation que cette nécessité ne saurait aliéner durablement nos libertés et que, pour en préserver l'exercice avec toutes ses potentialités, il importe de cultiver une intranquillité foncière. Ne jamais se croire arrivé, ne pas se ranger, ne pas se rendre. Ce que résume cette phrase dont j'ai fait mon mantra personnel : l'inquiétude est l'antichambre de l'espérance.

> Quelle que soit la partie du monde où il se trouve, le camp où il est engagé [poursuivaient ainsi les signataires de 1973], dire la vérité – dire à tout le moins ce qu'il croit humblement être la vérité – est la tâche première de l'intellectuel. Il doit faire cela sans orgueil messianique, indépendamment de tous les pouvoirs et, au besoin, contre eux, quel que soit le nom qu'ils se donnent

– indépendamment des modes, des conformismes, des démagogies. Il n'y a pas de moment où l'intellectuel soit justifié de passer de la critique à l'apologétique. Il n'y a pas de César individuel ou collectif qui mérite l'adhésion de tous. L'idéal d'une société juste n'est pas celui d'une société sans conflit – il n'y a pas de fin de l'histoire –, mais d'une société où ceux qui contestent peuvent, à leur tour, quand ils viennent au pouvoir, être contestés ; d'une société où la critique soit libre et souveraine, et l'apologétique inutile.

Les affinités que ce livre donne à voir campent sur cette position radicalement démocratique, à laquelle je crois m'être efforcé de rester fidèle, dans mon parcours professionnel comme dans mes engagements personnels. En dehors et à l'écart, toujours en échappée, foncièrement insaisissable, elle n'est pas commode à tenir tant elle paraît dangereuse aux pouvoirs en place, qu'ils soient politiques, économiques ou médiatiques. Refuser de se laisser assigner à résidence en défendant farouchement son indépendance, c'est se condamner à subir les détestations récurrentes des installés à demeure, puissants du moment ou aspirant à le devenir.

Face à cette adversité, les compagnonnages qui font la matière de ce livre me furent autant de consolations.

La politique sensible qu'ils dessinent se dresse contre la politique qui, aujourd'hui, domine, et avec laquelle il serait bien temps de rompre.

C'est un président de la République française qui en a donné le meilleur résumé, par sa franchise brutale, dans une injonction de 2009 : « Ne vous laissez pas intimider par la dictature des bons sentiments[1]. » Autrement dit : laissez-vous aller au règne des mauvais sentiments. À en croire ce chef de l'État, dont les cinq ans de mandat ont accéléré la dégringolade éthique de la politique française, il faut donc souhaiter une démocratie où se libèrent les mauvaises pensées, assumant aigreurs et jalousies, haines et ressentiments, vengeances et virulences, corruptions et abaissements, ou, pour le dire honnêtement, saloperies et dégueulasseries.

C'est peu dire que cet appel a été entendu tant, depuis, n'a cessé de s'aggraver la déchéance de ce langage commun que devrait être, en démocratie, la politique, par-delà la diversité de nos opinions. La présidence de Nicolas Sarkozy, puisqu'il s'agit de lui, a ouvert les vannes d'un relâchement général de la politique, de ses mots comme de ses actes, en instituant le manque de tenue et l'absence de scrupule en norme, jusqu'à l'habitude. Ce n'est pas que la politique, auparavant, fût sans reproches éthiques – j'en fus témoin par mon travail de journaliste d'enquête –, mais, en persistant à maintenir les apparences, elle ne s'était pas laissée aller à faire la pédagogie de la bassesse.

Désormais, tout un vocabulaire a surgi afin de donner un vernis de respectabilité intellectuelle à cette désertion

1. Il s'agit de Nicolas Sarkozy, le 28 mai 2009, dans un discours « sur les efforts en faveur de la sécurité des Français », prononcé lors d'une réunion avec les principaux acteurs de la sécurité, de la chaîne pénale et de l'Éducation nationale. Président de 2007 à 2012, Nicolas Sarkozy est désormais prévenu dans trois dossiers judiciaires : deux, l'affaire Bismuth et l'affaire Bygmalion, dans lesquels il a d'ores et déjà été condamné à des peines de prison (peine confirmée en appel pour le premier) ; le troisième, l'affaire libyenne, dans lequel son jugement a été requis, en mai 2023, par le parquet notamment pour « association de malfaiteurs ».

des hauteurs de vue et des générosités d'âme. « Droit-de-l'hommisme », « bien-pensance », « politiquement correct », « moralisme » ou « moraline », et, pour les derniers venus, « islamo-gauchisme » ou « wokisme » : une nouvelle langue s'est imposée, dans le débat public, pour discréditer ou diaboliser le dangereux angélisme de celles et ceux qui incarneraient une « gauche morale ». L'amoralisme est ainsi érigé en vertu, l'absence de principes en bienfait, la violence du verbe en nécessité, la vulgarité d'esprit en réjouissance.

À l'inverse, ridiculisés, diabolisés ou calomniés, le souci des injustices, l'inquiétude pour les opprimés, l'indignation contre les corruptions, la colère face aux mensonges, le refus des discriminations, le respect de la vérité et l'aspiration à l'égalité, l'exigence de droiture ou la quête d'humanité, bref, la simple recherche d'une espérance qui nous élève et qui nous rassemble paraissent exclus du champ politique et de son corollaire médiatique, lesquels n'auraient d'autres règles enviables que l'égoïsme de la réussite, l'appétit de pouvoir et l'envie de dominer.

La violence des attaques subies par le journalisme d'intérêt public témoigne de cette dépravation éthique française. Alors qu'il ne devrait être jugé que sur la véracité de ses informations, au service d'une liberté démocratique fondamentale – le droit de savoir[1] –, il est traité comme un facteur de désordre, caricaturé en imprécateur ou calomnié en inquisiteur. Par la voix de gouvernants jusqu'au sommet de l'État, de présidents, anciens ou en fonction, de ministres,

1. Voir Edwy Plenel, *Le Droit de savoir* [2013], Paris, Seuil, « Points », 2014.

de parlementaires et d'élus, d'éditorialistes et d'animateurs supposément journalistes, voire d'artistes reconnus ou populaires, s'exprime ainsi un immense désir d'impunité, dont la garantie serait le silence sur des faits et des actes contraires non seulement à la loi commune, mais au plus élémentaire civisme[1].

Dans un « Plaidoyer pour les "bons sentiments" » qui rejoint mon propos, Pierre Tevanian a fort bien décrit l'avènement de cet « immoralisme respectable » au service de la perpétuation des dominations en place :

> L'ennemi est partout le même : il s'agit de toute expression artistique ou politique d'un sentiment moral – pour le dire vite : d'un sentiment qui se fonde sur autre chose que l'acceptation cynique de la loi du plus fort et de la défense exclusive d'un intérêt personnel. [...] Tout se passe comme si le « réalisme », vertu cardinale en politique, se cristallisait dans une représentation du réel singulièrement allégée, expurgée de tout fait moral, déniant toute existence et toute force historique aux besoins humains autres que bassement matériels, et aux pulsions ou aux dynamiques collectives autres qu'étroitement égoïstes. Une vision que dément, depuis des siècles, toute l'histoire des luttes sociales en général, et celle des soulèvements en particulier[2].

1. Voir Fabrice Arfi, *Pas tirés d'affaires*, Paris, Seuil, « Libelle », 2022.

2. Pierre Tevanian, « Plaidoyer pour les "bons sentiments" », 15 novembre 2021, texte disponible en ligne sur le site « lmsi.net ». Professeur de philosophie, Pierre Tevanian est coanimateur du collectif « Les mots sont importants ». Il est notamment l'auteur de *Politiques de la mémoire*, Paris, Éditions Amsterdam, 2021, et le coauteur (avec Jean-Charles Stevens) de *« On ne peut pas accueillir toute la misère du monde ». En finir avec une sentence de mort*, Paris, Anamosa, 2022.

C'est alors que nous avons un besoin vital des poètes. De ce langage poétique dont l'imaginaire est d'emblée une politique, en ce qu'il nous élève au-dessus de ce cloaque où la laideur et la méchanceté, voire l'ignominie, règnent en maîtres.

Nul hasard si, se dressant avec Patrick Chamoiseau dès 2007 contre le ministère de l'Immigration et de l'Identité nationale dont la création légitima les obsessions identitaires de l'extrême droite française, Édouard Glissant convoque la beauté – c'est le dernier mot de ce manifeste. *Quand les murs tombent*, écrit-il, est « une protestation contre ce mur-ministère qui tente de nous accommoder au pire, de nous habituer peu à peu à l'insupportable, de nous mener à fréquenter, en silence et jusqu'au risque de la complicité, l'inadmissible. Tout le contraire de la beauté[1] ».

C'est également la beauté qu'il embarque dans son adresse à Barack Obama, au lendemain de son élection à la présidence des États-Unis, opposant *L'Intraitable Beauté du monde* aux inévitables perditions, avec leur cortège de misères et de désastres, des politiques de force et de puissance :

> Il n'y a de puissance que dans la Relation, et cette puissance est celle de tous. Toute politique sera ainsi estimée à son intensité en Relation. Et il y a plus de chemins et d'horizons dans le tremblement et la fragilité que dans la toute-force[2].

1. Édouard Glissant et Patrick Chamoiseau, *Quand les murs tombent*, Paris, Galaade, 2007 ; repris dans Édouard Glissant et Patrick Chamoiseau, *Manifestes*, Paris, La Découverte, 2021.

2. Édouard Glissant et Patrick Chamoiseau, *L'Intraitable Beauté du monde*, Paris, Galaade, 2008 ; repris dans Édouard Glissant et Patrick Chamoiseau, *Manifestes*, *op. cit.*

Une politique sensible est habitée par la conscience de cette fragilité. Loin de la rendre impuissante, cette lucidité lui permet d'inventer un imaginaire alternatif aux vieilles lunes d'un monde condamné. Que ce monde-là ne soit pas avare de dégâts dans sa volonté de survivre aux catastrophes dont il est la cause n'empêchera jamais l'espérance de cheminer, fût-ce après les plus terribles des défaites. Loin d'empêcher l'audace ou d'exclure la révolte, nos précautions et nos scrupules dessinent l'horizon d'une politique qui réconcilie l'humanité avec elle-même, notre espèce avec le vivant qui la précède, notre volonté avec le monde qui la détermine.

Connu du grand public pour son manifeste *Indignez-vous !*, Stéphane Hessel, qui fut résistant avant d'être diplomate, autrement dit réfractaire plutôt qu'accommodant, était un fou de poésie, que cet homme sans frontières savait déclamer dans une pluralité de langues[1]. Son vers fétiche était extrait d'un poème de Guillaume Apollinaire, *La Jolie Rousse* : « Nous voulons explorer la bonté, contrée énorme où tout se tait. » La bonté et la beauté comme programme alternatif aux méchancetés et aux laideurs de cette politique déchue, vautrée dans la haine de l'autre et la peur du monde.

De ce vers talisman, Stéphane Hessel fit la confidence à l'issue d'un dialogue avec Elias Sanbar, formidable traducteur en français de son compatriote palestinien, le poète

1. Stéphane Hessel, *Indignez-vous !*, Montpellier, Indigène Éditions, 2010 ; sur sa fréquentation intime de la poésie : Stéphane Hessel, *Ô ma mémoire : la poésie, ma nécessité*, Paris, Seuil, 2006.

Mahmoud Darwich. À la fin de cet échange, après avoir cité cette fulgurance de Victor Hugo : « La forme, c'est le fond qui remonte à la surface », Elias Sanbar ajoute :

> Les poètes ont cet immense avantage sur les politiciens de ne pas avoir besoin d'imaginer l'avenir : il est déjà là. C'est en ce sens que la poésie est une forme supérieure, non de *la*, mais *du* politique[1].

Ce parti pris, où la poétique est supposée réenchanter le politique, est une ancienne tradition dont le souffle anime ce livre. Car, au spectacle de notre désolation française, de bassesse politicienne et de délitement médiatique, je pense souvent à cet éclair de Charles Péguy dans *Un poète l'a dit* :

> Ne me parlez pas de ce que vous dites. Je ne vous demande pas ce que vous dites. Je vous demande comment vous le dites. Cela seul est intéressant. Cela seul m'intéresse. Parlez-moi de comment vous le dites. Cela seul prouve[2].

Oui, le style fait preuve. Ses résonances, ses douceurs et ses clameurs, ses hauteurs surtout. Depuis longtemps exilé de mes pays d'enfance et de jeunesse, la Martinique et l'Algérie, je n'en suis pas moins resté l'enfant d'un monde où

1. Stéphane Hessel et Elias Sanbar, *Le Rescapé et l'Exilé. Israël-Palestine : une exigence de justice*, avec Farouk Mardam Bey, Paris, Don Quichotte, 2012. L'essentiel de la poésie de Mahmoud Darwich, traduite de l'arabe par Elias Sanbar, est publié chez Actes Sud. Une anthologie est disponible en poche : Mahmoud Darwich, *La terre nous est étroite et autres poèmes*, traduit par Elias Sanbar, Paris, Gallimard, « Poésie », 2000.

2. Charles Péguy, « Un poète l'a dit » [1907], dans *Œuvres en prose complètes*, tome II, Paris, Gallimard, « Bibliothèque de la Pléiade », 1988.

la politique est une poétique, et inversement. Où il importe que la parole se tienne droit tout autant qu'un programme se montre sincère. Où le choix et la précaution des mots disent le souci du monde et des autres.

Où le relâchement de la langue est déjà une blessure faite à la communauté des êtres.

« Le Poète se lève, il soulève avec lui le monde », écrit encore Édouard Glissant pour qui la poésie « enfante les bouleversements qui changent ». Une poétique est une politique en ce sens qu'elle ouvre des brèches dans le réel, met en branle l'imaginaire, ouvre des horizons inconnus. « L'Utopie n'est pas le rêve, ajoutait le chantre du Tout-Monde et de l'Identité-Relation. Elle est ce qui nous manque dans le monde[1]. » Une politique sensible est habitée par la conscience de ce manque, guettant, par ses vigilances, ces trouées d'espérance qui, soudain, ébranlent des fatalités données pour immuables.

« La poésie est la propédeutique de la démocratie », affirme en écho Yves Bonnefoy, lui-même poète. C'était en commentaire de son engagement, aux côtés de Maurice Olender, dans cet « Appel à la vigilance » qui, dès 1993, s'alarmait de la banalisation dans le débat public des mots de l'extrême droite, libérant les violences que charrient les idéologies de l'inégalité naturelle[2].

1. Édouard Glissant, *La Cohée du Lamentin*, *op. cit.*
2. Cet appel parut dans *Le Monde* le 13 juillet 1993. Voir Edwy Plenel, *L'Appel à la vigilance*, Paris, La Découverte, 2023.

> Écrire la poésie, c'est vouloir se défaire de l'autorité des systèmes de représentation, n'est-ce pas ? [questionnait-il]. C'est donc délivrer la figure d'autrui des interprétations que ces systèmes nous font projeter sur elle, c'est rendre à autrui le droit d'exister devant nous de par ce qu'il est pour lui-même.

Dès lors, « à cet horizon qu'est la poésie, s'effacent, si la recherche est réellement conduite, tous ces préjugés que sont les racismes, les discriminations culturelles, les croyances qui font que des langues se croient de l'absolu[1] ».

L'imaginaire du poète met en tension et en question ce que pouvoirs et dominations tiennent pour inévitable ou intangible. Rappelant que, dans *La République* de Platon, le poète est exclu du politique tant il serait ferment de trouble et de désordre, Jacques Rancière souligne la vertu bienfaitrice de l'écart poétique pour réenchanter l'horizon du politique : « Le poète, écrit-il, appartient à la politique comme celui qui n'y appartient pas, qui en ignore les usages et en disperse les mots[2]. » Sa liberté est en elle-même une résistance, refus de s'aligner ou de se soumettre. C'est d'ailleurs pourquoi toute poésie officielle, courtisane ou enrégimentée, ruine la poésie.

Si les insoumissions dont témoignent la plupart des vies ici réunies ont sauvé des espérances, c'est parce qu'elles se sont refusées aux capitulations intimes, cette tentation de renoncer pour appartenir. Les poètes nous l'ont aussi appris,

1. Yves Bonnefoy, « La poésie est la propédeutique de la démocratie », *Le Monde*, 7 juin 1994.

2. Jacques Rancière (sous la dir.), *La Politique des poètes. Pourquoi des poètes en temps de détresse*, Paris, Albin Michel, « Bibliothèque du Collège international de philosophie », 1992.

jusque dans leurs égarements. Rappelant les aveuglements de Louis Aragon et Paul Éluard sous le communisme stalinien, Jacques Rancière ajoute :

> L'honneur des poètes se renverse en leur déshonneur quand le poète choisit trop évidemment ses opprimés et laisse inscrire sa figure et son auréole dans le portrait de famille des oppresseurs au nom de la liberté.

Dès 1945, le surréaliste Benjamin Péret avait fustigé cette poésie maniant l'encensoir :

> Le poète n'a pas à désarmer les esprits en leur insufflant une confiance sans limite en un père ou un chef contre qui toute critique devient sacrilège. Tout au contraire, c'est à lui de prononcer les paroles toujours sacrilèges et les blasphèmes permanents.

À l'inverse, ajoutait-il,

> de tout poème authentique s'échappe un souffle de liberté entière et agissante, même si cette liberté n'est pas évoquée sous son aspect politique ou social, et, par là, contribue à la libération effective de l'homme[1].

Cette promesse est aujourd'hui en péril. « La Résistance fut la contestation irrépressible de la condition de vaincus » : quand Pierre Seghers, poète et éditeur de poètes, publie en 1974 *La Résistance et ses poètes*, il avertit d'emblée ses lecteurs : « L'orage peut revenir. » « Jeunes gens qui me lirez peut-être, pensez-y ! les bûchers ne sont jamais éteints et le

1. Benjamin Péret, *Le Déshonneur des poètes*, Mexico, Poésie et Révolution, 1945.

feu, pour vous, peut reprendre… » : c'est l'exergue de cette exceptionnelle collation des résistances poétiques au nazisme et au pétainisme[1]. Il les résume ainsi : « Il n'y avait plus de seigneur, plus de paladins, plus de tournois, mais un peuple entier entré dans la danse, drame ou roman. Et l'épopée menait le bal. »

Ne nous voilons pas la face : nos adversaires de toujours, les ennemis de l'égalité naturelle, les tenants des hiérarchies entre humanités, promoteurs des discriminations et défenseurs des stigmatisations, ont désormais le vent en poupe. La déchéance de l'ancien monde politique leur fait la courte échelle, libérant des passions tristes, dévastatrices du commun, par le refus aveugle d'une humanité partagée et d'un monde interdépendant. Avec leur carburant de peurs et de haines, de ressentiments et de désespoirs, les émotions frustes sont leur meilleur allié, à l'opposé d'une politique sensible, de partage et d'entraide[2]. Si ce livre peut aider à éviter le pire, c'est en proposant d'emprunter un chemin contraire, celui des sentiments, autrement dit de la sensibilité : opposer à la brutalité et à la vulgarité de ce monde déchu, bien qu'il domine encore, la douceur et la hauteur d'une politique de l'attention et de la précaution.

Au tout début de son hommage à Toussaint Louverture, dont la révolution anti-esclavagiste accomplissait et sublimait l'idéal d'égalité de la Révolution française, le poète et politique Aimé Césaire cite à son tour Victor Hugo : « Un

1. Pierre Seghers, *La Résistance et ses poètes* [1974], 2 tomes, préface de Pascal Ory, Paris, Seghers, 2022.

2. Voir Eva Illouz, *Les Émotions contre la démocratie*, traduit de l'anglais par Frédéric Joly, Paris, Premier Parallèle, 2022.

abîme est là tout près de nous. Nous poètes, nous rêvons au bord. Vous, hommes d'État, vous y dormez[1]. » Quand il fut minuit dans le siècle précédent, Césaire se dressa, dans la revue *Tropiques*, face à l'ombre qui gagne[2]. De nos jours, aux flancs de la montagne Pelée, ce volcan qui domine l'île de la Martinique, un autre poète, Monchoachi, lui répond, arc-bouté sur l'espoir : « De partout monte le sentiment qu'inexorablement le monde s'obscurcit. Et à ce sentiment répond, en écho, une aspiration diffuse à vivre en beauté[3]. »

Beauté, bonté : ces deux mots pourraient être les sésames d'une politique sensible.

Paris, le 21 mai 2023

1. Aimé Césaire, *Toussaint Louverture. La Révolution française et le problème colonial*, Paris, Présence africaine, 1962.

2. Dans le premier numéro de la revue *Tropiques* (Fort-de-France, 1941), Aimé Césaire écrit : « Où que nous regardons, l'ombre gagne. L'un après l'autre les foyers s'éteignent. Le cercle d'ombre se resserre, parmi des cris d'hommes et des hurlements de fauves. Pourtant nous sommes de ceux qui disent *non* à l'ombre. Nous savons que le salut du monde dépend de nous aussi. Que la terre a besoin de n'importe lesquels d'entre ses fils. Les plus humbles. L'ombre gagne… "Ah ! tout l'espoir n'est pas de trop pour regarder le siècle en face !" »

3. Monchoachi, *Retour à la parole sauvage*, Paris, Lundimatin, 2023.

1

« Je suis Spartacus »

D'une prison l'autre. En 1950, un célèbre journaliste et écrivain américain passe quelques mois derrière les barreaux, condamné pour ses idées : communiste par idéal, il l'assumait et le revendiquait. C'était l'époque du maccarthysme, de sa chasse aux sorcières rouges et de ses durables interdits professionnels. Comme toute épreuve qui met les principes en jeu, elle fit durement le tri entre les hommes. Howard Fast fut de ceux qui, avec l'évidence du naturel, surent tenir bon. Ce qui signifiait savoir dire non, en l'occurrence non aux questions inquisitoriales dc la commission supposée enquêter sur de prétendues activités anti-américaines. Il lui en coûta beaucoup, bien plus qu'une courte privation de liberté : sa « carrière » tout simplement, avec ce que ce mot charrie de matériel et de superficiel, de tangible et d'aléatoire – travail, amis, relations, notoriété, réseaux, contrats, facilités... À sa sortie de prison, malgré des rapports de lecture laudateurs, il ne trouva aucun éditeur pour son nouveau roman. À moins qu'il n'accepte de s'effacer derrière un pseudonyme, aucune maison n'en voulait. Fast publia donc à compte d'auteur ce roman historique que le succès populaire rencontré, doublé de la solidarité d'autres réprouvés, transforma ensuite en message universel par la grâce de l'imaginaire cinématographique : *Spartacus*.

C'est en prison que lui était venue l'idée de cette fresque romancée sur la révolte d'esclaves menée, entre – 73 et – 71 avant J.-C., en Italie du Sud par un gladiateur thrace[1]. Mais, plutôt qu'une Antiquité lointaine, c'était une éternité qu'il entendait faire revivre, une éternelle histoire, sans cesse recommencée, dont Spartacus serait le mot de passe. Révolte contre l'injustice, indignation devant le malheur, refus de la soumission : les mots qui en rendent compte sont aussi simples et droits qu'est obscure et tordue la réalité qu'ils affrontent. Au croisement d'un passé plein d'à présent et d'un présent résolument fidèle à ce passé, c'est un hymne à la joie, au bonheur et à la vie que Howard Fast entendait réaliser, malgré les défaites, trahisons et impostures qui encombrent ce long cheminement de l'espérance et dont témoigne sa propre histoire de communiste américain. Prix Staline pour la paix en 1953, il comprit, trois ans plus tard, combien ce nom-là, Staline, était l'antithèse de l'autre, Spartacus – maîtres contre esclaves, pouvoir contre liberté, petites morts contre grandes vies, etc. : toujours la même histoire sous d'infinies apparences.

Sa rupture en 1956 avec le Parti communiste américain, lequel ne devait pas y survivre plus d'un an, n'en fit pas pour autant un aigri, ressassant avec amertume son chagrin politique. *Being Red – Mémoires d'un rouge*, dans la traduction

1. Howard Fast, *Spartacus* [1951], traduit par Jean Rosenthal, Marseille, Agone, 2016.

française[1] –, le livre de souvenirs qu'il publia en 1990, annonce clairement la couleur, dans un heureux mariage de lucidité et de fidélité.

> Au Parti [y confie-t-il], je me suis heurté à l'ambition, à la rigidité, à l'étroitesse d'esprit et à la haine ; j'ai aussi rencontré l'amour et le dévouement, le courage et l'intégrité – et certains des êtres les plus nobles que je connaisse. Je me devais de le dire avant de clore ces mémoires, malgré les ricanements qu'une telle déclaration ne manquera pas de provoquer. Au diable tout cela ! Celui qui médit de ses anciens compagnons de lutte ne vaut pas grand-chose.

Or c'est aussi dans ce livre qu'on apprend par quel détour l'imagination de Howard Fast a croisé le destin de Spartacus. Un détour contemporain et européen, allemand plus précisément. Un détour qui, de Spartacus à Spartakus, se nomme Rosa Luxemburg.

Dans la bibliothèque de la prison, l'écrivain avait trouvé un livre sur l'Allemagne après la Première Guerre mondiale qui lui fit découvrir notre héroïne. Maillon d'une longue chaîne de coups de cœur et de raison, il tomba en arrêt devant cette haute figure, belle personne et grande dame. Convoquer le récit qu'il en fit, c'est en quelque sorte se passer le témoin dans une course de relais dont l'actualité de Rosa Luxemburg serait l'enjeu. Howard Fast, donc :

1. *Id.*, *Mémoires d'un rouge* [1990], traduit par Émilie Chaix, Paris, Rivages, 2000.

> Cette remarquable petite femme était née en Pologne dans une famille juive. Infirme, allemande par alliance, emprisonnée durant la Première Guerre mondiale, elle était devenue à sa libération l'un des chefs de la révolution socialiste manquée de 1918. Elle fut l'un des grands esprits de l'époque. C'était elle qui avait baptisé les nouveaux socialistes allemands les « Spartakistes », elle qui observait avec un mélange de joie et de désespoir ce qui se passait en Russie, elle qui écrivit en 1919, juste avant d'être assassinée par les Allemands : « La liberté accordée aux seuls partisans du gouvernement, la liberté accordée aux membres d'un seul parti – quel que soit leur nombre – n'est pas une vraie liberté. La liberté sera toujours la liberté pour l'homme qui pense différemment. Cette affirmation n'est pas née d'un amour fanatique pour la justice abstraite, mais de la constatation que tout ce que la liberté politique a d'édifiant, de sain et de purifiant, émane de son caractère indépendant, et que la liberté perd toute vertu dès qu'elle devient un privilège. »

Spartacus, Rosa : deux noms pour une seule cause, un même cri, un semblable espoir. « C'est en prison, conclut Fast, que je commençai à penser à l'esclave Spartacus et à la raison pour laquelle Rosa l'avait choisi. » Rosa Luxemburg sortait à peine de prison, pour y revenir bientôt, quand parut, le 27 janvier 1916, la première des dix *Lettres de Spartacus* qui inaugurèrent le rassemblement des socialistes minoritaires opposés à l'Union sacrée, cet aveuglement chauvin et guerrier où la social-démocratie allemande perdit son âme. Loin de ces froides postures théoriques où la quête du dogme égare l'idéal, le choix de ce symbole, Spartacus, aussi imagé que sensible, était conforme à tout ce dont témoigne, vie et œuvre mêlées, Rosa Luxemburg : la politique entendue comme recherche entêtée du bonheur pour tous, de la fraternité entre égaux, d'une liberté sans partage. Du spartakisme naîtra le Parti communiste allemand, le KPD, acteur désastreux d'une catastrophe dont le premier acte, l'acte décisif, sans retour ni excuses, fut écrit par les assassins sociaux-démocrates de Rosa, ses propres anciens camarades de Parti. Disparue le 15 janvier 1919, de cette suite sinistre, elle ne sera pas le témoin, et son souvenir n'en est que plus précieux. Car elle nous remémore ce qui précède, cette innocence d'avant la chute, cette insurrection contre le malheur qui n'a pas d'âge révolu ni de lieu prédestiné – et qui vaut toujours, plus que jamais.

« Je suis Spartacus ! » Nul hasard si cette phrase du film réalisé par Stanley Kubrick est devenue une réplique culte, reprise de films en séries, détournée ou adaptée. « *I'm Spartacus !* » dans la version originale, c'est ce moment où les esclaves se solidarisent avec l'un des leurs, qu'on leur demandait de dénoncer en échange de leur liberté. Oui, nous sommes tous Spartacus, façon de dire cette émotion joyeuse et pure d'une humanité réconciliée avec le meilleur d'elle-même, généreuse et optimiste, résistante et combative. Sous cette invention de dialoguiste se déroule un autre fil secret de cette conspiration de la fidélité dont Rosa est ici la passeuse et Spartacus le sésame : voulu et produit par Kirk Douglas, qui y tient le rôle-titre, le film tiré du roman de Howard Fast et sorti en 1960 eut pour scénariste Dalton Trumbo, l'un des « Dix de Hollywood », également condamné à de la prison pour avoir refusé de répondre comme le désirait la commission des activités anti-américaines. Inscrit sur la liste noire du cinéma américain, interdit de travail durant les années 1950, isolé et exilé, obligé de se cacher derrière des pseudonymes ou des prête-noms, il connut ces lâchetés et ces petitesses qui font aussi l'ordinaire humanité quand l'époque la tire vers le bas ou le pire. Loin d'un ressassement morose, aigre ou désolé, la morale qu'il tira de cette épreuve est tout entière dans son « Je suis Spartacus ! » : l'humanité est exemplaire quand elle lutte pour la justice et l'égalité, repoussant le poids de la fatalité, secouant le joug de la résignation.

Tout comme Rosa Luxemburg est tout entière dans ses mots ultimes, les derniers qu'on lui connaisse de façon certaine puisqu'ils ont été écrits peu avant son arrestation par la soldatesque des corps francs berlinois. « J'étais, je suis, je serai ! » : ainsi se termine son dernier article, paru dans *Die Rote Fahne* le 14 janvier 1919, sous un titre aussi prémonitoire que lucide : « L'ordre règne à Berlin », et conclu par ce bras d'honneur poétique lancé à la face de toutes les peurs, de toutes les terreurs et de tous les pouvoirs qui en font commerce et usage. Si les lettres de Rosa Luxemburg, et notamment ses lettres de prison écrites durant ces années 1914-1918 qu'elle passa pour l'essentiel entre quatre murs, ont rencontré un tel écho depuis leur dévoilement progressif à partir des années 1920, c'est parce qu'on y retrouve intacte l'énergie vitale qui était au secret de son optimisme révolutionnaire. En 1887 déjà, âgée d'à peine seize ans, elle avait décrit à une camarade de classe l'engagement dont, au fond, elle n'a jamais dévié : « Mon idéal est le régime social où l'on pourrait, avec une conscience tranquille, aimer tout le monde. En tendant à ce but et en son nom, je saurai peut-être un jour haïr. »

Telle est l'exception Rosa : cette polémiste redoutable, cette intellectuelle aguerrie, cette militante expérimentée, cet « aigle », pour reprendre un mot de Lénine, qu'elle avait réussi à devenir dans la social-démocratie allemande malgré la triple réalité qui l'y marginalisait – elle était née juive, polonaise et femme –, ne laissa jamais la politique corrompre l'idéal. Car qu'elle se proclame socialiste, communiste ou révolutionnaire n'empêche pas, comme par magie, la politique d'être plus ou moins encombrée de calculateurs, d'ambitieux ou de cyniques. La faiblesse de Rosa aux yeux de cette engeance, qui lui valut sous Staline d'être rangée parmi les déviations du communisme orthodoxe, est cela même qui, pour la postérité, lui donne force et vie : cette jeunesse d'une colère qu'aucune combinaison, manœuvre ou tactique n'est venue éroder ; cette fraîcheur d'une révolte qu'aucune atmosphère, ambition ou trahison n'est venue vicier. « J'entends incontestablement rester une idéaliste dans le mouvement », écrit-elle en 1899 à son mentor et amant Leo Jogiches, revendiquant ce qualificatif qu'il lui avait attribué en forme de reproche, lequel « Leo » ne lui survivra que deux mois, assassiné à son tour à Berlin, en mars 1919. Dans son esprit, idéaliste ne signifiait pas rêveur éveillé, loin des contingences et des urgences ; mais plutôt réaliste par exigence de lucidité et de fidélité, dans une cohérence qui lie, indissolublement, les moyens et les fins.

Rosa, la vie : aussi ne pouvait-on trouver meilleur titre que celui donné par Anouk Grinberg à son ouvrage, sur scène et en livre, pour Rosa[1]. Cet hommage est une passion, dans toutes les acceptions de ce mot : non seulement l'émotion

1. *Rosa, la vie. Lettres de Rosa Luxemburg*, choisies et traduites par Anouk Grinberg, Paris, Éditions de l'Atelier, 2009.

amoureuse, qui anime, élève et inspire, mais aussi, au sens latin (*patior*) tel que l'a prolongé la tradition chrétienne, le souvenir partagé de qui a humainement souffert, enduré et éprouvé en notre nom à tous. Je ne doute pas que, en nos temps obscurs et incertains, cette œuvre de piété et de pitié, de fraternité en somme, fera bien plus que de bavardes motions de congrès pour chasser la désolation politique et ranimer la flamme de l'espérance.

La vie, donc. La vie, au risque de la perdre en son nom. Rosa, depuis sa prison :

> La fraternité universelle des travailleurs est pour moi ce qu'il y a de plus haut et de plus sacré sur terre, c'est mon étoile, mon idéal, ma patrie, je préférerais renoncer à la vie plutôt que d'être infidèle à cet idéal.

Ce romantisme révolutionnaire n'est en rien une naïveté, mais bien plutôt une droiture. Façon, tout simplement, de prendre au sérieux ce que l'on affirme et défend, par la parole ou par l'écriture. Les écrits épistoliers de la prisonnière Rosa Luxemburg ont ceci d'irremplaçable qu'ils donnent à voir et à comprendre la vérité de cette forme d'engagement total pour la cause des opprimés, des exploités et des démunis, à rebours des vulgates conservatrices qui, proliférant de nos jours tel le fumier sur les décombres du communisme réel, assimilent ces choix de vie à des folies criminelles.

Mais si ce matériau est unique, c'est aussi parce que ces lettres nous font entendre une conversation entre femmes complices et amies – outre Mathilde Jacob, sa secrétaire, les principales destinataires sont Sonia Liebknecht, la jeune épouse de Karl Liebknecht, l'autre martyr de janvier 1919, et surtout Luise Kautsky, dont l'amitié ne se démentira jamais malgré les désaccords politiques de Rosa avec son mari, Karl. Dès lors, ce que la plume de Rosa nous fait entrevoir, c'est ce que le monde masculin de la politique ne sait pas ordinairement saisir ou assumer, tant il est mutilé et appauvri par son ancestrale domination sexuelle. Rosa Luxemburg confie ses émotions, revendique sa sensibilité, ne cache pas ses larmes – et non seulement ce n'est jamais mièvrerie, mais la question ne se pose même pas : pourquoi la politique par idéal, et non par carrière, ne serait-elle pas de sentiment comme de raison ?

Ce que démontre la vie de Rosa, cette combattante inlassable qui, de son vivant, fut portraiturée par la réaction en sorcière sanguinaire, c'est qu'avouer cette perception sentimentale de l'engagement n'est en rien faiblesse ou fragilité, uniquement franchise et sincérité. Mieux encore : c'est cet alliage précieux qui lui donne force, confortant une distinction qui la faisait respecter et craindre par ses pairs masculins. Une photo de groupe, prise en 1907 à Stuttgart au congrès de l'Internationale socialiste dont cette polyglotte fut longtemps l'un des piliers au sein du BSI (Bureau socialiste international), la montre seule femme au milieu d'une quarantaine d'hommes, aisément reconnaissable par sa petite taille, sa mise soignée et son élégant chapeau. Jean Jaurès pose à sa droite, et la plupart des hautes figures du socialisme européen sont là, sept ans avant la boucherie inaugurale des catastrophes du siècle passé. En regardant ce cliché et en connaissant la suite des événements, les reniements, les sacrifices et les déchirures, les charniers surtout, comment ne pas penser à cette boutade qui lui vint un jour selon laquelle

elle était l'un des derniers hommes de la social-démocratie allemande ? Un homme vrai et véritable, comme l'on dirait, en yiddish, un *mentch* – l'exact contraire d'un imposteur ou d'un frimeur.

« Mais il faut bien pourtant que j'aie quelqu'un pour me croire quand je dis que, si je virevolte dans le tourbillon de l'Histoire, c'est par erreur, et qu'au fond je suis faite pour garder les oies. » Cette confidence de Rosa à sa chère amie Luise Kautsky n'est pas affèterie, pas plus que cette autre, à Sonia Liebknecht :

> Je me sens bien plus chez moi dans un petit bout de jardin comme ici ou dans la campagne, entourée de bourdons et de brins d'herbe, que dans un congrès du parti. [...] Vous savez bien qu'au bout du compte j'espère mourir à mon poste : dans un combat de rue ou au pénitencier. Mais mon moi le plus profond appartient davantage à mes mésanges charbonnières qu'aux camarades.

Loin d'une posture, ces réserves privées, qui démentent l'image publique d'une révolutionnaire taillée d'un seul bloc, laissent entrevoir la douloureuse tension qui anime les résistances logiques, hier comme aujourd'hui. Leur apparente raideur n'est que carapace, réflexe de survie pour protéger cette tendresse qui les meut et qui pourrait, face à l'adversité, leur jouer des tours.

Née en Pologne – dans la partie alors sous domination russe – au sein d'une famille aimante, plutôt cultivée et relativement aisée, brillante étudiante en Suisse à Zurich, notamment dans les disciplines scientifiques, Rosa Luxemburg n'a pas choisi l'engagement socialiste par goût de revanche ou par appétit de pouvoir. Elle y est venue presque naturellement comme l'on se sent requis, convoqué par l'histoire, réclamé par son temps. Toutes les générations militantes du souci du monde et des autres – en différents termes, internationalistes et humanistes – ont connu et connaissent ce ressort : le sentiment d'évidence et d'urgence que l'humanité court à sa perte si rien n'est fait pour inverser le cours d'une histoire jusqu'alors menée par les plus forts, les plus riches, les plus avides et les plus égoïstes.

Qui s'engage à corps perdu dans cette voie découvre en chemin ce qu'il risque de mettre en péril d'intime, de cher et de précieux, et s'habitue plus ou moins, bien ou mal, parfois jamais, à vivre avec cette perte. Rosa, elle, ne s'y résigne pas. Elle s'acharne même vaillamment à sauver tout le reste, à ne rien perdre en route, à ne pas séparer la politique de la vie tout entière, malgré la solitude, malgré les privations et les déceptions, malgré les manques et les absences. Sous couvert de sages conseils d'une aînée, les lettres à Sonia Liebknecht, sa cadette, témoignent de ces refrains entêtés qui lui tenaient sans doute lieu de résilience face aux épreuves :

> Mais la vie est ainsi, depuis toujours, et tout en fait partie : douleur, séparation et nostalgie. Il faut la prendre comme un tout, et trouver tout beau et bien. [...] S'il y a des couleurs et des formes comme celles-là, alors, la vie est belle et digne d'être vécue, n'est-ce pas ? [...] Dans la vie sociale comme dans la vie privée, on doit tout prendre avec calme, générosité et un petit sourire aux lèvres.

Si Rosa s'emporte, ici et là, contre cette « maudite politique » qui l'éloigne notamment des joies familiales, elle se refuse à dissocier la politique de la vie. À l'opposé des variantes professionnelles et carriéristes qui assèchent, mutilent et claquemurent, elle l'entend comme curiosité insatiable, appétence vitale et gourmandise terrestre. Musique et littérature, voyages et promenades, cuisine et saisons, achats et coquetteries, etc. : ses lettres sont encombrées de tout cet ordinaire qui tisse la vie quotidienne, petits riens et grandes découvertes, joies et peines mêlées. Mais ce qui y domine, et qui ne laisse pas d'étonner par sa prescience, c'est la nature – plantes, fleurs, animaux. Tout comme son presque contemporain Élisée Reclus, ce géographe libertaire qui, lui aussi, fut la droiture même, Rosa se révèle ici une écologiste avant l'heure. Son naturalisme n'est pas une idéalisation béate, mais une exigence consciente : respect de ce qui existe en soi et dont la beauté est sans pourquoi ; souci de tout ce qui est fragile et, plus encore, fragilisé par l'homme, cette espèce éminemment destructrice. Ici, loin d'éloigner de l'humanité, la sensibilité pour le monde animal en rend plus insistante encore la revendication. Chez Rosa, la compassion est une déclaration de guerre à l'indifférence. Une proclamation de solidarité avec les plus faibles, les plus démunis, les moins protégés.

Dans une lettre de mai 1917, au détour d'un seul et même paragraphe, elle peut ainsi raconter qu'elle vient de lire un livre sur les causes de la disparition des oiseaux chanteurs en Allemagne, confier ensuite que « l'idée même d'une disparition silencieuse et inévitable de ces petits êtres sans défense [la] peine au point que les larmes [lui] viennent aux yeux », et enfin ajouter que leur sort lui rappelle une ancienne lecture sur la disparition des Peaux-Rouges en Amérique du Nord, chassés « tout comme les oiseaux » de leur domaine « par l'homme civilisé, et voués à une mort silencieuse et cruelle ». Puis Rosa s'interroge à haute voix, tant ce lien qui, pour elle, va de soi, n'a pas force d'évidence alentour :

> Mais je dois être malade pour que tout me bouleverse aussi profondément… J'ai parfois le sentiment de ne pas être un vrai être humain, mais plutôt un oiseau ou quelque autre animal qui aurait très vaguement pris forme humaine.

De cette émotion à vif, ressort d'un engagement vital, témoigne la publiciste en liberté qui, le 1er janvier 1912, bouscule l'année nouvelle par un cri d'alarme sur le sort des pensionnaires de l'asile de nuit de Berlin, ces prolétaires paupérisés, sans-abri jetés à la rue par le chômage ; tout comme en atteste l'épistolière emprisonnée que bouleverse, le 24 décembre 1917, le spectacle d'un buffle blessé, malmené par l'homme, animal martyr devenu son frère en douleur auquel elle s'unit dans une déchirante prière. Des uns à l'autre, des pauvres démunis à la bête souffrante, il n'y a pas, chez Rosa, de rupture – même empathie, même émotion, même colère, même révolte.

Critique impitoyable de l'époque, et notamment de ses impostures journalistiques, le Viennois Karl Kraus publia l'ode au buffle dans sa revue, *Die Fackel* (*Le Flambeau*). Réelle ou inventée par ce dramaturge et satiriste, peu importe, une lettre de lectrice fort réactionnaire vint s'indigner dans le numéro suivant :

> La Luxemburg aurait sûrement aimé pouvoir prêcher la révolution aux buffles et fonder une république de buffles. [...] Eh bien, il y a beaucoup de femmes hystériques qui se mêlent volontiers de tout, et voudraient toujours prêcher la haine ; [...] il ne faut pas s'étonner qu'une telle femme, qui a si souvent prêché la violence, périsse également par la violence.

La réplique de Kraus, choisie comme exergue de son œuvre par John Peter Nettl, premier biographe de Rosa en 1966, sonne avec encore plus d'acuité dans notre monde de l'après-1989 où la débâcle du communisme soviétique a libéré l'avidité capitaliste de bien des entraves :

> Le communisme, [...] que le diable emporte ses méthodes, mais que Dieu le conserve comme une menace constante suspendue au-dessus de la tête de ceux qui possèdent des richesses, de ceux qui, pour les défendre, voudraient envoyer tous les autres au front de la famine et de l'honneur patriotique en les berçant de la consolation que la vie n'est pas le plus précieux des biens. Que Dieu le conserve afin que la canaille, à qui l'insolence fait perdre la tête, ne devienne pas plus insolente encore, afin que la société de ceux qui sont seuls admis aux jouissances ait le sommeil au moins troublé de cauchemars !

Qu'il s'agisse de Spartacus ou de Rosa, voire de l'idée communiste aujourd'hui, ceux qui dominent et oppriment, exploitent et asservissent n'ont eu de cesse de bannir les spectres qui les hantent. « Un spectre hante l'Europe – le spectre du communisme » : cette phrase inaugurale du *Manifeste* de Marx et Engels, en 1848, inscrit le communisme des origines, ébauché dès la Conjuration des Égaux de Gracchus Babeuf, dans une durée bien plus longue que le court XXe siècle qui fut la scène concrète du communisme de pouvoir, d'État, de Parti – et de son échec. En 1993, dans une exégèse réjouissante, manuel de résistance à cette nouvelle intolérance qui proclamait la mort définitive du marxisme, le philosophe Jacques Derrida nous avait offert, avec *Spectres de Marx*, une déconstruction ravageuse de cet exorcisme en forme de conjuration d'une grande peur où transparaît, comme perle la sueur, l'espoir fébrile que jamais plus le cadavre de Marx ne vienne déranger le Capital, son marché libre et ses profits infinis, bref, son indécent festoiement[1]. Momentanément à contre-courant, mais évidente maintenant qu'une crise historique, sans précédent véritable, aussi bien financière qu'économique, sociale que démocratique, écologique que géopolitique, ébranle les certitudes hégémoniques du système, cette réflexion débusquait la figure du revenant au cœur de l'œuvre de Marx, ce grand lecteur de Shakespeare. Façon de dire qu'au-delà des mots et des noms, des étiquettes et des familles, jamais ne s'achèvera cet éternel retour des opprimés, de leur cause et de leurs rêves.

Or voici qu'en la personne de Rosa Luxemburg, qui fut sans doute l'une des lectrices les plus inventives de Marx, un spectre s'en vient soudain frapper à la porte de notre siècle. En cette année 2009, quatre-vingt-dixième anniversaire de son assassinat, une dépouille desséchée a été retrouvée dans les sous-sols d'un hôpital de Berlin. Conservé dans un cercueil en bois, ce mystérieux cadavre sans tête pourrait être celui de Rosa : c'est en effet celui d'une femme âgée de

1. Jacques Derrida, *Spectres de Marx*, Paris, Galilée, 1993.

quarante à cinquante ans, souffrant d'arthrose, d'une malformation de la hanche et dont les jambes étaient de longueurs différentes. De couleur grisâtre et dur comme du bois, il n'a ni pieds ni mains, ce qui conforte l'hypothèse, le corps supplicié de Rosa ayant été jeté dans un canal, lesté de pierres pour mieux couler. Apparu au seuil de l'été 1919, le cadavre qui occupe aujourd'hui la tombe de Rosa a toujours intrigué, le compte rendu d'autopsie avant l'enterrement du 13 juin n'évoquant aucun coup de crosse ou impact de balle, ni ces malformations qui, depuis l'âge de cinq ans, contraignaient Rosa à claudiquer. À l'heure où s'écrivent ces lignes, le mystère reste entier, après que la recherche de traces ADN dans l'herbier de Rosa n'a, semble-t-il, rien donné, malgré les plus de 250 plantes et fleurs qui s'y trouvent[1].

Mais c'est ici le symbole qui importe, le retour de ce jeune fantôme comme un signe des temps, de nos temps d'inquiétude et d'espérance, suspendus entre une possible catastrophe et un improbable sursaut. « Comme dans *Hamlet*, prince d'un État pourri, tout commence par l'apparition du spectre », commentait Derrida. *The time is out of joint*, dit Hamlet. « Le temps est hors de ses gonds », traduit le poète Yves Bonnefoy. Et ce temps-là, c'est encore le nôtre, temps de mondialisation et de déréglementation, de chômage et de guerre, d'arrogance des puissants et d'isolement des faibles,

1. Principale éditrice allemande des œuvres et de la correspondance, Annelies Laschitza estimait en 2010 que le cadavre enterré en 1919 était bien celui de Rosa Luxemburg, sans pour autant en apporter la preuve formelle. Voir Annelies Laschitza et Klaus Gietinger (éd.), *Rosa Luxemburgs Tod. Dokumente und Kommentare*, Leipzig, Rosa-Luxemburg-Stiftung Sachsen, 2010.

temps de futur opaque et de passé obscur, temps détraqué et désarticulé, dérangé et déréglé, en somme un temps devenu fou. « Le monde est à l'envers », propose une autre traduction du théâtre de Shakespeare, tandis que celle d'André Gide ajoute cette autre résonance : « Cette époque est déshonorée. » Lui rendre l'honneur, c'est d'abord la regarder en face, sans ciller, la prendre et l'affronter à la manière de la vie : comme elle vient, ainsi que se le répétait Rosa. Et cela vaut toujours : notre époque n'est ni la première ni la dernière des mises à l'épreuve de l'espérance. Alors, plutôt que de désespérer ou de renoncer, voire de renier, essayons de comprendre et de lutter, de réfléchir et de résister.

C'est ce que fit Rosa quand elle-même vécut ce temps hors de ses gonds : « Le monde entier est soudain devenu un asile de fous », écrit-elle presque incrédule, le 2 août 1914, à son jeune amoureux Costia Zetkin, le fils cadet de son amie Clara. La voici donc traversant cette nuit noire d'août 1914 où son monde s'effondrait, ce socialisme européen, dont l'Allemagne était alors le cœur, qui jusqu'à la dernière minute dénonçait la guerre et appelait à la fraternité, avant de se convertir sans transition ni explication, du jour au lendemain, comme l'on changerait de trottoir, au chauvinisme à outrance. Ironie mordante de Rosa Luxemburg à propos de Karl Kautsky, l'époux de sa tendre amie Luise, hier son allié politique et devenu son principal adversaire :

> Une fois corrigé par Kautsky, l'appel historique du *Manifeste communiste* proclame désormais : « Prolétaires de tous les pays, unissez-vous en temps de paix et tranchez-vous la gorge en temps

> de guerre. » Donc, aujourd'hui : « À chacun son Russe, à chacun son Français », et demain, une fois la paix conclue : « Étreignez-vous, millions d'hommes, ô baisers de l'univers ! »

Cette lucidité prémonitoire était insupportable aux ralliés et aux convertis, tant elle n'était qu'évidente fidélité à leur propre passé qu'ils s'étaient empressés d'insulter. Il fallait donc la conjurer, comme l'on chasserait un mauvais souvenir. Et c'est ainsi, par ce crime, qu'a commencé la longue catastrophe dont l'ombre portée obscurcit encore, de nos jours, l'horizon de la gauche européenne. Car l'assassinat de Karl Liebknecht – le seul des parlementaires du Reichstag à avoir voté, le 2 décembre 1914, contre la deuxième demande de crédits de guerre – et de Rosa Luxemburg ne marque pas seulement la trahison de la révolution allemande de novembre 1918 par des dirigeants sociaux-démocrates ayant pour noms Ebert, Noske et Scheidemann. Il inaugure la série des crimes à venir jusqu'au crime contre l'humanité, et témoigne de l'impuissance à les conjurer, une impuissance où pèsera comme un cercueil de plomb l'échec de la révolution socialiste allemande, surdéterminant le poids du communisme russe, et qu'aggravera, évidemment, le grand schisme des gauches, cette division fratricide dont fascisme et nazisme tirèrent profit.

Sans doute est-ce Sebastian Haffner, auquel on doit l'inoubliable *Histoire d'un Allemand*, qui a trouvé les mots les plus justes sur ce tournant tragique[1]. Si, pour les contemporains,

1. Sebastian Haffner, *Histoire d'un Allemand* [1939], traduit par Brigitte Hébert, Arles, Actes Sud, 2003.

ce double meurtre ne fut qu'un épisode cruel parmi bien d'autres, « aujourd'hui, écrit-il, on prend conscience, avec une sorte d'horreur, que c'est justement cet acte qui fut l'événement historique de cette période » :

> Il a pris l'aura mystérieuse d'un instant aux conséquences incalculables, un peu comme le supplice du Golgotha, passé lui aussi, sur le moment, inaperçu. [...] L'assassinat du 15 janvier 1919 fut un prélude, le prélude des milliers de meurtres commis pendant les mois de Noske, des millions de meurtres commis pendant les années d'Hitler. Le signal de tous les autres.

Parmi ces millions de martyrs, la confidente la plus proche de Rosa, Luise Kautsky, née Ronsperger, juive elle aussi, disparue dans un camp de concentration nazi à l'âge de quatre-vingts ans, en 1944.

Ô sombres temps... *Men in Dark Times*, c'est ainsi que la philosophe américaine Hannah Arendt avait intitulé son recueil d'essais biographiques, publié en français sous le titre *Vies politiques*[1]. Nul hasard si Rosa Luxemburg y tient le rôle principal, première figure à prendre place dans le panthéon personnel de celle qui s'acharna à penser l'enchaînement qui mena au totalitarisme. Rosa l'exemplaire bien sûr, dont le rayonnement avait marqué l'enfance allemande d'Arendt – « Sa "virilité" est sans exemple dans l'histoire du socialisme allemand », écrit-elle. Mais aussi, sinon surtout, Rosa

1. Hannah Arendt, *Vies politiques* [1968], traduit de l'anglais et de l'allemand par Éric Adda, Jacques Bontemps, Barbara Cassin, Didier Don, Albert Kohn, Patrick Lévy et Agnès Oppenheimer-Faure, Paris, Gallimard, 1986.

l'intellectuelle, ambitionnant toujours d'embrasser la totalité de la réalité, sans céder au poids des préjugés, au morcellement des savoirs et à l'aveuglement des dogmatismes – « Sa non-orthodoxie était innocente, non polémique », écrit-elle encore.

C'est la réflexion prophétique de Rosa sur l'impérialisme, dans son œuvre maîtresse, *L'Accumulation du capital*, parue en 1913, qui inspira chez Arendt la deuxième partie des *Origines du totalitarisme*, partie essentielle car charnière d'un raisonnement en trois mouvements, l'impérialisme faisant lien et bascule entre l'antisémitisme et le totalitarisme. « L'impérialisme, écrivait Rosa, ramène la catastrophe, comme mode d'existence, de la périphérie de son champ d'action à son point de départ. » C'est également son inébranlable fermeté sur l'exigence de démocratie, exprimée avec énergie dans ses critiques solidaires de la jeune révolution russe, que l'on retrouve dans la philosophie politique d'Arendt, arc-boutée sur le refus d'une confiscation du pouvoir populaire par des élites, des experts ou des avant-gardes autoproclamés.

> Elle ne croyait pas en une victoire où le peuple au sens large n'avait ni part ni voix [écrit Hannah Arendt dans son hommage] ; si peu, en vérité, croyait-elle en une prise de pouvoir à tout prix, qu'elle avait beaucoup plus peur d'une révolution déformée que d'une révolution ratée.

Constat auquel fait écho ce saisissant résumé, par Rosa Luxemburg, du défi qui traverse ces imprévisibles sauts de l'ange qu'on nomme révolutions :

> L'énergie révolutionnaire la plus impitoyable et l'humanité la plus généreuse, voilà qui inspire le vrai socialisme. Un monde

> doit être renversé, mais toute larme versée alors qu'elle aurait pu être essuyée est une accusation.

Ainsi donc les spectres sont de retour, et c'est de bon augure. Car on n'en a jamais fini avec Spartacus. Et Rosa est là, éveilleuse et consolatrice, vivante et vaillante, qui indique aux égarés les sentiers de l'espérance, ces trois chemins saccagés ou effacés qu'il nous faudra encore frayer pour empêcher les catastrophes d'un monde qui court aveuglément à sa perte : solidarité internationale, exigence sociale, revendication démocratique. « Rosa Luxemburg vivante » : c'était déjà, en 1969, quand l'époque semblait étonnamment jeune, le titre d'un numéro de la revue *Partisans*, aux éditions François Maspero, pour le cinquantième anniversaire de sa mort. Quarante ans après, d'une audacieuse à l'autre, c'est cette promesse qu'accomplit Anouk Grinberg, nous insufflant l'extraordinaire énergie de cette courageuse.

Dans ce monde bancal, Rosa Luxemburg, cette femme qui marchait en boitant, était une des rares personnes à se tenir étonnamment droit.

2

L’île du monde

« *An neg sé en siéc.* » Autrement dit, du créole au français : un nègre, c'est un siècle. Placé par Édouard Glissant en exergue de son *Discours antillais* (1981), ce proverbe martiniquais dit l'infinie longue durée charriée par la grande humanité issue du chaudron caraïbe, ce laboratoire de la créolisation du monde[1]. Juste au-dessus, il avait posé une autre citation, attribuée à Charles de Gaulle, à l'occasion d'un voyage en Martinique : « Entre l'Europe et l'Amérique, je ne vois que des poussières. »

On imagine les yeux rieurs du poète devant cette trouvaille, ce rapprochement aussi ironique qu'implacable. Les puissants ne sont forts qu'en apparence, tant ils sont faibles parce que aveugles : ils n'envisagent pas ces fragilités devenues des forces, ces îles se projetant en univers, ces poussières réinventant l'entièreté du monde.

C'est pourtant bien là, dans cette courbe d'archipels où s'inaugura la projection exploratrice et dominatrice de notre

1. Les références des œuvres d'Édouard Glissant sont indiquées dans les repères bibliographiques, p. 306.

Occident européen autour de la Terre, qu'ont été tracées les voies d'une renaissance libératrice, délivrée des pensées de système qui forgent les oppressions et des systèmes de pensée qui fabriquent les soumissions. Oui, là, entre esclavage et marronnage, souffrance et résistance, violence de la traite et invention de la liberté.

De ces échappées belles et prometteuses, Édouard Glissant fut le guide inlassable, avec l'acuité du visionnaire et la générosité du conteur. Hommage au récitant du Tout-Monde et chantre de la Relation qui fut un compagnon de cœur.

Son siècle a commencé quand nos empires s'effondraient, au mitan du XXe. Né le 21 septembre 1928 à Bezaudin, en Martinique, dans la commune de Sainte-Marie, sur le flanc volcanique de la montagne Pelée en son versant océanique, Édouard Glissant est jeune étudiant dans le Paris de l'après-guerre quand il publie ses premiers écrits, œuvres d'emblée matures dont *Les Indes* (1956), ce chant devenu classique, et *La Lézarde* (1958), ce roman de l'émancipation salué par le prix Renaudot. Les avaient précédés ou accompagnés, au début des années 1950, *Un champ d'îles* (1952), *La Terre inquiète* (1954), *Soleil de la conscience* (1956) : toutes les intuitions primordiales sont déjà présentes dans les premiers coups d'éclat de ce poète d'une vingtaine d'années.

« Je devine peut-être qu'il n'y aura plus de culture sans toutes les cultures, plus de civilisation qui puisse être métropole des autres, plus de poète pour ignorer le mouvement de l'Histoire », écrit-il dans *Soleil de la conscience*, premier de ses essais où s'invente un style, qu'il affectionnera sur la fin, en écho et résonance de son œuvre proprement poétique et romanesque. Venu de la Martinique et vivant à Paris, il se dit alors « engagé à une solution française » qu'il résume d'une formule où s'affirme d'emblée son refus entêté des identités closes, fermées aux autres et aveugles aux imprévus, refusant les rencontres improbables et n'acceptant que des itinéraires balisés : savoir cultiver, dit-il, « le regard du fils et la vision de l'Étranger ».

Être à la fois dedans et dehors. Ici et ailleurs. Ici en étant ailleurs. Ailleurs en étant d'ici. Posé sur la frontière et, résolument, passeur de frontières. Telles furent, dès le départ, l'originalité et la puissance de la vision glissantienne. Sa séduction et sa force, sa force de séduction.

Loin de s'achever avec sa mort à Paris, au petit matin du 3 février 2011, à l'âge de quatre-vingt-deux ans, le siècle de Glissant ne fait donc que commencer. Car cette ancienne prescience du poète, cette intuition visionnaire du jeune Glissant est l'imaginaire même que réclame notre monde globalisé si, du moins, nous voulons lui éviter la catastrophe annoncée des fuites en avant identitaires, prévaricatrices et guerrières, destructrices de l'homme et de la nature. À la menace d'un monde uniforme, dominé par la marchandise et possédé par la puissance, Glissant opposait son Tout-Monde où les humanités sont multiples, où la diversité est le premier bien commun, où le sentiment de fragilité est la première lucidité et le principe d'incertitude la précieuse boussole.

« L'île suppose d'autres îles », affirmait-il dans *L'Intention poétique* (1969). Démontant avec patience les fantasmes d'identités à racine unique, mortifères et épuisées, qui traversent sous toutes latitudes nos temps de transition, il délivrait le seul message qui puisse efficacement les combattre. Non pas le refus de l'identité, ni des nations, ni des pays, ni même des frontières, mais l'affirmation de cette évidence que nos identités sont toutes de relation. Tissées d'autres apports, nourries de divers mondes, nées d'imprévisibles rencontres. La diversité est notre similitude et l'ailleurs notre richesse. Notre humanité est d'abord une pluralité : nous sommes faits par le monde que nous faisons et que nous frayons, modelés par les lointains qui nous portent et qui nous croisent.

C'est pourquoi Glissant préférait évoquer des humanités au pluriel plutôt qu'une humanité unique, dont le singulier risque toujours de glisser vers l'univoque, la norme dominatrice et la règle uniforme. De la même façon, il revendiquait le mot de créolisation plutôt que celui de métissage, le second concept pouvant offrir le piège d'une identité nouvelle qui ne serait qu'addition de deux autres, alors que le premier suggère un croisement de rencontres et d'échanges auquel non seulement personne n'échappe, mais dont tout un chacun est fabriqué.

Inlassablement, de tome en tome, son œuvre des dernières années n'a cessé de proposer cet horizon d'espoir à nos consciences inquiètes. *Poétique de la Relation* (1990, troisième volume de sa *Poétique*), *Traité du Tout-Monde* (1997, qui prolongeait *Tout-monde*, 1993), *Une nouvelle région du monde* (2006, début d'une *Esthétique inachevée*), *Philosophie de la Relation* (2009, sous-titré *Poésie en étendue*) sont, parmi d'autres, les jalons de cette déclinaison d'une pensée et d'un imaginaire où pourrait se ressourcer un humanisme de fraternité et de solidarité. Exemple, au hasard de son *Traité du Tout-Monde* :

> La pensée de l'Un, qui a tant magnifié, a tant dénaturé aussi. Comment consentir à cette pensée, qui transfigure, sans offusquer par là ni détourner le Divers ? Car c'est la diversité qui nous protège et, s'il se trouve, nous perpétue.

Dans cette insistance, Glissant ne faisait que conjuguer de nouveau ses lucidités précoces, preuve s'il en était besoin qu'elles ne furent jamais prétextes commodes au repli, dans une tour d'ivoire littéraire le mettant à l'abri des urgences du présent. « La politique était le nouveau domaine de la dignité », écrit-il au contraire dans *La Lézarde* à propos de son héros Mathieu – prénom qu'il donnera à son dernier fils. Totalement engagé dans le moment décolonisateur des années 1950, il avait anticipé son approfondissement et son dépassement, à rebours de cette répétition des anciennes dominations que furent des indépendances confisquées, dénis de démocratie et exacerbations des identités.

Signataire en 1960 du « Manifeste des 121 » pour le droit à l'insoumission face à la guerre d'Algérie, Édouard Glissant est alors l'un des fondateurs du Front antillo-guyanais pour l'autonomie qui sera interdit par le pouvoir gaulliste le 20 juillet 1961. Quand il intervient au congrès parisien qui, en avril, précède cette dissolution, c'est pour imaginer des petits pays dont la liberté témoignerait « pour le contact des cultures dans un monde conquis aux cultures complexes ». Jamais reniés, ses engagements d'alors portent la promesse inaccomplie des indépendances, celle qu'aujourd'hui font renaître les manifestants de Tunis ou du Caire en quête d'une nouvelle libération, démocratique et sociale[1].

Les poètes suscitent le hasard plutôt que d'y croire. Car c'est en Tunisie, à Carthage, que s'est tenu, en 2005, le dernier grand colloque international autour de Glissant, de sa poétique de la Relation et de son rôle de « passeur de mondes », en sa présence. Et c'est aussi en Tunisie que fut enterré, il y aura bientôt cinquante ans, fin 1961, son ami Frantz Fanon qui, d'une colonie l'autre, avait épousé la cause indépendantiste algérienne. Fanon, son aîné, martiniquais lui aussi, qui, dans ces mêmes années 1950 de guerres coloniales et d'émancipations arrachées, lançait à une Europe oublieuse d'elle-même : « Il ne faut pas essayer de fixer l'homme, puisque son destin est d'être lâché. »

C'était dans *Peau noire, masques blancs*[2], paru quatre ans avant le premier Congrès international des écrivains et artistes noirs, organisé par la revue *Présence africaine* à la Sorbonne, en septembre 1956. Fanon et Glissant, le benjamin de l'assemblée, en furent, aux côtés notamment de Léopold Senghor et d'Aimé Césaire. Et Glissant fut aussi du second, tenu à Rome, en 1959. De ces quatre noms qui, sous diverses formes, ont tracé, de l'Afrique à l'Amérique, ce chemin des fiertés reconquises et des humanités reconnues, Édouard Glissant est celui qui fait le lien avec notre époque, ses périls et ses défis.

1. Le décès d'Édouard Glissant est survenu alors que commençaient, depuis la Tunisie, les révolutions qui ont soulevé les peuples du monde arabe et qui, depuis, ont été réprimées et, pour l'heure, défaites.

2. Frantz Fanon, *Peau noire, masques blancs*, Paris, Seuil, 1952.

Pleinement témoin et acteur de cette époque-là, qui fut celle de la « négritude » chantée et revendiquée par et pour toute une humanité, il voyait déjà au-delà. Revendiquant et épousant ce moment nécessaire, il le transformait en même temps, dans une métamorphose qui en sauve l'essentiel. Confiant à Mediapart son hommage posthume à Aimé Césaire, il avait répondu par avance à ceux qui voudraient artificiellement l'opposer à l'auteur du *Cahier d'un retour au pays natal*[1]. Sous l'hommage au grand aîné perce sa propre définition du poète, ou plutôt d'une poésie qui s'avance au risque du monde.

La négritude de Césaire, écrivait-il,

> est à la fois de réveil de la mémoire et d'appel prémonitoire à une renaissance, elle précède en quelque sorte la floraison des négritudes modernes de la diaspora africaine, en ce sens elle diffère de celle de Senghor qui procède d'une communauté millénaire, dont elle résume la sagesse. La poétique d'Aimé Césaire est de volcans et d'éruptions, elle est déchirée des emmêlements de la conscience, parcourue des flots déhalés de la souffrance nègre, avec parfois une surprenante tendresse d'eau de source, et des boucans de joie et de liesse. Le lecteur français lui reproche parfois un manque de mesure, alors même que c'est une poésie toute de mesure, mais cette mesure-là est la mesure d'une démesure, celle du monde. Le poète est celui qui raccorde les beautés de son héritage aux beautés de son devenir dans le monde.

Cependant, à la différence de Césaire, Glissant, et c'est une autre de ses fortes singularités, ne s'institutionnalisa

1. Édouard Glissant, « Aimé Césaire, la passion du poète », Mediapart, 17 avril 2008 ; Aimé Césaire, *Cahier d'un retour au pays natal*, Paris, Bordas, 1947 ; Paris, Présence africaine, 1956.

pas en politique, fût-elle martiniquaise. « L'écriture n'a pas pour objet de précipiter le politique », rappelait-il dans ses *Entretiens de Baton Rouge* (2008), claire introduction à sa pensée, où il défendait « la nécessité poétique d'échapper à la reproduction simplifiée du politique ». Mais, de ce refus, naquit une invention paradoxale où la politique se veut autre et se fait autrement, trouvant son chemin par le détour d'une poésie toujours curieuse du monde et soucieuse du présent, attentive au malheur et généreuse au bonheur.

Nous reste aujourd'hui une œuvre immense dont la collation sera un long chantier, tant Édouard Glissant n'était jamais avare de sa création, ajoutant à ses propres écrits cent préfaces amicales et mille conversations passionnées. Poésie sans cesse, mais aussi sept romans depuis *La Lézarde*, deux pièces de théâtre dont l'inégalable *Monsieur Toussaint* (1961) : l'œuvre littéraire proprement dite est un archipel sans fin, où les textes se répondent et se prolongent, illustrant cette unité de la diversité qu'il professait. Mais jamais la construction entêtée de ce monument de littérature ne fut, chez lui, un obstacle à la disponibilité et, ce qui est encore plus rare, à l'admiration.

Seuls les poètes, aimait-il dire, n'ont pas peur d'admirer. Il l'écrit dans *La Cohée du Lamentin* (2005) à propos de son ami italien Antonio Tabucchi :

> Le pur besoin d'admirer n'est pas seulement une amorce mais un véritable engagement au change de soi. Le poète qui se doit

à son œuvre est toujours épris de la poésie des poètes. Je change, donc j'échange.

Glissant ne se contentait pas de l'écrire : il lui est souvent arrivé de provoquer des événements où divers artistes et créateurs venaient dire leur admiration en lisant des poèmes. Sa dernière œuvre publiée de son vivant fut un hommage aux autres, une vaste anthologie de la poésie du Tout-Monde au titre bachelardien, *La Terre le feu l'eau et les vents* (2010). Certes, on y croise surtout des poètes, sans hiérarchie de notoriété, mais aussi des improbables en tous genres, philosophes, politiques, cinéastes, peintres, romanciers…

De cette générosité exigeante, comme le sont toutes les franchises, un écrivain peut témoigner plus que d'autres, Patrick Chamoiseau avec lequel Édouard Glissant entretint une relation féconde. Sans doute ne dirons-nous jamais assez ce que nous devons, en tant que citoyens de ce pays-ci, la France, à leur association en forme d'alerte depuis 2007. De leur réquisitoire contre le ministère de l'Identité nationale (*Quand les murs tombent*, 2007) à leur manifeste lors du mouvement social antillais (*Pour les produits de haute nécessité*, 2009) en passant par leur adresse à Barack Obama (*L'Intraitable Beauté du monde*, 2008), ils furent parmi les premiers à s'élever en dignité face à l'abaissement national commencé avec la présidence de Nicolas Sarkozy.

Aucune œuvre n'est donnée, surtout quand elle innove, à rebours des certitudes établies. Aussi doit-on à la vérité de dire que celle-ci ne fut pas sans prix. Toujours au-dessus des plaintes, Édouard Glissant n'en laissait rien paraître, mais nous savons combien il dut faire seul son chemin. Empêché de toute carrière dans l'enseignement public après la répression du mouvement national antillais, il créa dans les années 1960 son propre établissement privé, l'Institut martiniquais d'études (IME), où s'épanouissait une pédagogie novatrice, tandis qu'il animait une revue, *Acoma*, qui s'interrompit en 1973. On le retrouve, à la fin des années 1970, au *Courrier de l'Unesco* où, autre hasard bavard, il eut pour successeur le tandem égyptien qui a pour nom Mahmoud Hussein et que sollicitent les actuels événements du Caire.

C'était, sur le papier, l'âge de la retraite, mais, faute de sage carrière, il lui fallait encore gagner sa vie. C'est ainsi qu'il devint enseignant aux États-Unis, d'abord à l'université d'État de Louisiane, puis à l'université de la ville de New York. On doit à ces années d'enseignement américaines un *Faulkner, Mississippi* (1996), superbe étude de ce frère sudiste en écriture dont il aimait citer ce drôle d'aveu : « *I am a failed Poet* » – un poète échoué, en somme. On leur doit aussi des recueils d'entretiens qui sont autant d'introductions lumineuses à son œuvre, dont le tout dernier *L'Imaginaire des langues* (2010), dialogues avec l'universitaire canadienne et québécoise Lise Gauvin, échelonnés de 1991 à 2009.

Ce long détour américain nous l'a peut-être ravi trop tôt. Tombé malade en allant rejoindre New York, au seuil de l'été dernier, Édouard Glissant n'a pas pu vaincre une accumulation de complications médicales, malgré les efforts attentionnés de son épouse, Sylvie, et de ses proches. Mais au moins cette Amérique fut-elle au rendez-vous de son génie quand la France officielle en fut quelque peu oublieuse, à l'exception notable de Dominique de Villepin qui, Premier ministre, lui avait confié une mission sur les *Mémoires des esclavages* (2007).

La proposition qui concluait ce rapport, enterré par le pouvoir sorti des urnes de 2007, est plus que jamais d'actualité :

> La grandeur d'un pays ne relève pas d'abord de sa puissance économique ou de ses capacités à se défendre [...] mais de son aptitude et de son audace à proposer le dépassement et l'ouverture d'une nouvelle route planétaire, la Route des solidarités du monde. Elle est plus difficile à baliser que les anciennes Routes de la soie, ou du sel, ou des épices, ou même de l'esclave. Entrons-y pourtant, sans naïveté ni scepticisme.

Des silences ou indifférences qu'il eut à affronter, Édouard Glissant avait d'autant moins cure qu'un solide entrelacs d'amitiés l'a toujours accompagné. Soutenu par la Région Île-de-France et par la Fondation agnès b., l'Institut du Tout-Monde en est l'un des lieux de rendez-vous, aussi nomade que son inventeur. C'est sous cette bannière qu'il lui fut dit adieu en France, le 6 février 2011, lors d'une veillée parisienne à la Maison de l'Amérique latine, dirigée par son ami François Vitrani. Puis il s'en est allé rejoindre son île-monde, la Martinique.

« S'en aller ! S'en aller ! Parole de vivant ! » : comment ne pas penser à ce cri de Saint-John Perse, son double en poésie, né en Guadeloupe, mais du côté de la plantation et de son ordre, alors qu'Édouard Glissant traçait du côté des mornes, refuges des nègres marrons. Ultime hasard convié à cet hommage, le jeune Alexis Leger et futur Perse était surnommé en créole *Ban-moin-lè* – donnez-moi de l'air, de l'espace, du vent. Reposant au cimetière marin du Diamant, face au gros rocher solitaire qui ponctue le sud de la Martinique, Édouard Glissant a de l'air et de l'espace. Et, surtout, il est vivant.

Avant de partir, Édouard Glissant a eu le temps de dire qu'il avait rêvé qu'on l'élisait ou qu'on le nommait, il ne savait plus trop, comme « âme vivante du monde ». Les poètes n'ont pas peur de l'enfance qui est toujours en eux, comme en chacun de nous. De ses spontanéités et de ses désirs. Et de ses visions et de ses lucidités. Car le poète est toujours un voyant, et Glissant l'aura été jusqu'au bout : il avait bien sûr raison puisqu'il nous lègue une œuvre vivante qu'il nous revient de laisser grandir.

Durant notre dernière conversation, alors qu'il était alité depuis plusieurs mois déjà, nous avions évoqué ces *Rain Trees*, arbres de pluie ou de vie, comme l'on voudra, qui s'épanouissent en laissant proliférer d'autres plantes, lianes et fougères sur leurs troncs et leurs branches. Oui, vivant comme un arbre, et comme la terre, l'eau, le vent qui lui donnent vie.

3

La joie de lire

En 1959, un jeune libraire du Quartier latin décidait de devenir éditeur. Il commença par lancer une collection qu'il choisit d'intituler « Cahiers libres », en hommage transparent à son ancêtre en rébellions, Charles Péguy, le fondateur des *Cahiers de la Quinzaine*. Puis, afin d'éviter toute méprise sur ses intentions éditoriales, il plaça en exergue du catalogue des premiers titres publiés ces mots du même Péguy : « Ces cahiers auront contre eux tous les menteurs et tous les salauds, c'est-à-dire l'immense majorité de tous les partis. »

Pour que lesdits menteurs et salauds ne se trompent pas d'adresse, l'artisan éditeur-libraire préféra signer ouvertement son forfait : ses « Cahiers libres » paraîtraient à l'enseigne de son nom – François Maspero, tout simplement[1]. Nulle quête de notoriété ou de gloriole dans son choix ; plus essentiellement, l'envie d'assumer ses actes dans une époque obscure où la saloperie faisait le plein dans l'abjection de la torture d'État, cette gangrène autorisée et encouragée, tandis que les

1. François Maspero est décédé le 11 avril 2015 à Paris.

menteurs ne manquaient pas, notamment parmi la gauche officielle, celle qui perdit son honneur en faisant la guerre au peuple algérien et en votant les pleins pouvoirs à Guy Mollet.

D'emblée, le parrainage de Péguy inscrivait cette aventure improbable dans une longue randonnée qui, sans doute, ne s'achèvera qu'avec l'humanité.

En historien militant, ou l'inverse pareillement, Pierre Vidal-Naquet, qui fut par la suite l'un des auteurs de l'éditeur Maspero, a souligné ce dreyfusisme qui traversait les réseaux de soutien à la cause de l'indépendance algérienne : cette intuition commune à des hommes et des femmes d'horizons divers, aussi bien libertaires que trotskystes, chrétiens de gauche que radicalement libéraux, que se jouaient dans cette affaire non seulement la souveraineté d'un peuple – l'algérien – mais, plus encore, l'âme d'une nation – la nôtre. Et que, comme toujours dans ces batailles éternelles, il s'agirait de gueuler quelques vérités contre les faussaires et les tricheurs. En référence explicite au « J'accuse… ! » d'Émile Zola, l'une des brochures du comité Audin, qui, à l'été 1958, recensait en Algérie tortures, meurtres collectifs, villages rasés et populations massacrées, s'intitulait *Nous accusons*. *Vérité-Liberté* fut le titre du journal créé en 1960 par Vidal-Naquet dans la foulée du comité Audin, chronique informée des tortures et autres crimes officiels, dont les deux concepts accolés faisaient explicitement écho au ressassement du dreyfusard Péguy : « Dire la vérité, toute la vérité, rien que la vérité, dire bêtement la vérité bête, ennuyeusement la vérité ennuyeuse, tristement la vérité triste. »

Suivre la piste Péguy pour retrouver Maspero, c'est traquer encore d'autres résonances. Après tout, Péguy lui-même tenait boutique au Quartier latin, rue de la Sorbonne, à trois pas de la place Paul-Painlevé, qui, au numéro 1, sera longtemps le siège des éditions Maspero, et à quelques minutes de la rue Saint-Séverin où l'éditeur Maspero fut libraire entêté, sous l'enseigne festive de « La Joie de lire ». Surtout, du Péguy dreyfusard, on n'a encore rien dit si l'on se contente de rappeler qu'il soutenait l'innocence du capitaine Dreyfus sans préciser qu'alors il était aussi sympathisant libertaire, influencé par ces anarchistes, révoltés ou révolutionnaires, qui réveillèrent les consciences, bousculèrent les habitudes et insufflèrent les avant-gardes – au premier rang desquels Bernard Lazare dont il sculpta la statue dans *Notre jeunesse*, en 1910. Les libertaires donc, autrement dit une gauche à la fois radicale et non conformiste, indocile et incontrôlable, inclassable en somme, tout comme le fut – et l'est encore – la gauche d'élection de François Maspero.

Avant qu'il ne se lance dans le défi des *Cahiers*, les premiers articles de Péguy parurent dans *La Revue blanche*, refuge de toutes les audaces littéraires, picturales et politiques de la Belle Époque – la seule à entretenir alors le souvenir de la Commune de Paris par une enquête fouillée auprès de ses acteurs survivants. Or son maître d'œuvre était Félix Fénéon, rescapé du « procès des Trente » de 1894 durant lequel, armé de lois d'exception qui, pour la postérité, resteront « les lois scélérates », l'ordre établi avait vainement tenté de faire un sort aux intellectuels de l'anarchie. Un temps journaliste, l'anarchiste Fénéon fut artisan de revue, de style et de mots, critique d'art incomparable, éditeur, traducteur et galeriste, défricheur de goûts et de talents, mais aussi communiste libertaire jusqu'à son dernier souffle.

Fénéon, l'ami de Mallarmé et de tant d'autres, peintres et poètes, l'élégance et la discrétion au service d'une intransigeante fidélité. Fénéon dont le portrait par Félix Vallotton en rédacteur en chef de *La Revue blanche*, courbé sur ses épreuves dans la position du correcteur, m'évoque la passion de François Maspero pour l'artisanat du livre, sans excepter aucun de ses savoir-faire. À très exactement un siècle de distance, la même passion : en 1998, dans un recueil de poésies traduites par ses soins, publié hors commerce par les libraries « L'Arbre à lettres », Maspero en témoignait comme je le fais ici – par le détour d'une admiration. Présentant ce livre d'amour – « Traduire la poésie est une démarche amoureuse. Contre la mort » –, il commence par rendre hommage à Guy Lévis Mano et à ses éditions GLM ; Mano, ce poète, traducteur, typographe, imprimeur, éditeur, dont il écrit qu'il représente pour lui « un idéal vécu : la fusion d'un artisan et d'un artiste, pour faire, simplement, un homme de métier ».

De Maspero à Péguy, aller et retour, entre passions intellectuelles et passions professionnelles, je pourrais, d'un tournant de siècle à l'autre, filer la résonance à l'infini. Car c'est ainsi : chaque fois que j'écris sur Maspero, je tombe sur Péguy. Son temps, ses postures et ses figures. Ce fut le cas notamment en 1999, dans les premières pages de

L'Épreuve – livre dédié à François Maspero[1] –, où je les embarque tous deux, complices et contemporains malgré eux, dans un coup de colère et de tristesse contre le retour exacerbé du national dans notre paysage politique, contre ses confusions et ses illusions, ses peurs et ses replis, ses aigreurs et ses rancœurs, ses haines et ses mensonges – ce retour dont l'élection de Nicolas Sarkozy en 2007 à la présidence de la République sera la sanction.

Évidemment, cet apparentement peut surprendre, tant il déjoue les étiquettes commodes et les classements automatiques. S'agissant de Péguy, il troublera ceux qui, pour l'adopter ou le rejeter, ne veulent voir que le patriote exalté de la fin, éclipsant sa jeunesse irréductible à laquelle il se voudra toujours fidèle. Quant à Maspero, cette référence dérangera ceux qui simplifient les authentiques radicalités, soit parce qu'ils les prennent à la légère, les épousant en amateurs éphémères, soit parce qu'ils les observent avec ignorance, les caricaturant en adversaires bornés. Car, de l'un à l'autre, l'enseignement est identique : il n'est pas de loyale dissidence sans véritable fidélité ; une conviction sincère n'exclut pas la lucidité critique ; embrasser la jeunesse du monde, c'est aussi sauver de la tradition.

Au-delà des personnalités et des parcours, ce ricochet est donc de pure logique : d'une « Affaire » l'autre, tout simplement. Car l'anticolonialisme fut notre affaire fondamentale qui, à l'instar de l'affaire Dreyfus, sera toujours instruite, jamais classée. Et ce que, pour l'éternité, Péguy nous enseigne

1. Edwy Plenel, *L'Épreuve*, Paris, Stock, 1999. Repris dans *L'Épreuve et la Contre-Épreuve. De la Yougoslavie à l'Ukraine*, Paris, Stock, 2022.

de la première affaire, cette mystique d'un engagement fort et entier comme le serait l'évidence même, ne devant rien aux combines et aux tactiques, Maspero nous l'a appris, vie et œuvre mêlées, pour la seconde.

Sans doute chaque génération rencontre-t-elle son épreuve fondatrice. Toutes sont uniques, évidemment. Mais toutes ont partie liée. Les résistants des premières heures sont ceux qui le comprennent d'emblée, entrevoyant ce lien fragile et se précipitant dès lors pour sauver du passé dans le présent quand d'autres se résignent, s'égarent ou se renient en piétinant le présent par amour aveugle du futur et de ses illusoires promesses. Forcément minoritaires, les audacieux de la première cohorte commencent par dire non. Non aux majorités grégaires. Non aux suivismes moutonniers. Non aux pensées automatiques. Non aux slogans uniformes. Non à la foule en somme.

« Nous avons vu la foule, toute soûlée de l'injustice qu'elle avait bue, se ruer contre un homme injustement condamné. Et nous avons connu que la foule n'est pas socialiste. » Le constat est de Péguy dans *L'Épreuve*, un texte posthume de 1898 que j'ai découvert après avoir publié mon essai éponyme. Émile Zola venait d'être condamné pour son « J'accuse… ! », une foule vindicative l'avait pris à partie et des émeutes antisémites avaient ensanglanté les principales villes de l'Algérie, alors française. La conclusion de cet article inédit inscrivait au cœur de l'espérance progressiste le refus des raisons d'État en leurs infinies variantes – de Parti, de Classe, de Nation, de Patrie, d'Identité, d'Idéologie, de Religion, etc. :

> Nous donnerons au peuple un autre enseignement que l'enseignement de haine ou de lâcheté ; nous ne serons jamais […] les courtisans de la foule, mais nous irons droit au vrai peuple et nous lui enseignerons le socialisme ; en particulier nous lui enseignerons que les socialistes doivent toujours marcher pour l'entier recouvrement de la justice, et non pas essayer de faire leurs affaires à coups d'injustices, comme ces jurés marchands de vin qui reçoivent, nous disent les journaux d'Esterhazy, autour de leurs comptoirs les compliments de leurs clients.

D'une affaire l'autre, donc. Et, entre-temps, tant d'autres affaires, de l'une à l'autre. À contre-courant, dans tous les cas. Contre l'imposture régnante. Contre le mensonge dominant. Contre l'injustice effective. Contre le conformisme satisfait. Dans les années 1930, des trotskystes et des socialistes antistaliniens invoquèrent la soif de vérité de Péguy dans leurs brochures qui dénonçaient la farce sinistre des procès de Moscou. À l'orée des années 1940, des gaullistes firent de même pour refuser l'abaissement de l'armistice, puis l'avilissement de la collaboration. Et, donc, au mitan du siècle, les partisans de l'indépendance algérienne et, plus largement, des tiers-mondes souverains à l'heure de la décolonisation et de la fin des empires – si lentes, si violentes, si douloureuses et contraintes dans le cas français. Ici, les affinités sont de principes et de réflexes, non pas de croyances ou de calculs. En somme : c'est ainsi, parce qu'il ne saurait en être autrement.

Passeur de refus, dans la fidélité aux disparus, François Maspero l'exprime à propos de ses père et frère résistants dans *Les Abeilles et la Guêpe*[1] :

1. François Maspero, *Les Abeilles et la Guêpe*, Paris, Seuil, 2002.

> C'est pour dire : des (grands) mots en *isme*, non je n'en vois guère, dans tout ce qu'ont fait mon père et mon frère. En tout cas, pas dans ce qui les a poussés à le faire. Les *ismes*, dans cette histoire, on peut toujours les mettre après coup. Mais pas avant. On peut les rencontrer en chemin. Ils ne sont pas là au départ.

Tout combat, la détermination qu'il exige, la concentration qu'il réclame, donne l'apparence d'être claquemuré dans un monde à part, à l'écart et en dehors – c'est la guêpe évoquée par Maspero, réduite à son aiguillon, sans le miel des abeilles qui l'ont précédée. Pour autant, agir par intime conviction ne signifie pas forcément se soumettre à d'inébranlables certitudes. Aussi, dans le même essai autobiographique, évoque-t-il Frantz Fanon, ce psychiatre martiniquais devenu révolutionnaire algérien après avoir été jeune soldat de la France libre, en ces termes : « Il est une phrase de Fanon qui me le rend proche : "Mon ultime prière : ô mon corps, fais de moi toujours un homme qui interroge." »

Éditeur des *Damnés de la terre* de Fanon, qui firent le tour du monde[1], Maspero nous rappelle donc qu'un engagement logique n'exclut pas le doute méthodique. Que choisir n'est pas forcément s'endormir. Que prendre parti n'est pas inévitablement perdre conscience. Fanon était à l'opposé des essentialismes identitaires et des simplismes partisans que, hélas, les indépendances nouvelles n'éviteront pas, dans une forme de survivance des anciennes oppressions sous la libération conquise.

1. Frantz Fanon, *Les Damnés de la terre*, Paris, Éditions François Maspero, 1961.

Le fil de la pensée de Fanon, poursuit Maspero, s'est interrompu, tranché en pleine action. Il appelait à extirper « la peur de l'autre ». Dans sa vision des nouvelles indépendances, l'espoir était partagé avec la lucidité critique, avec ses mises en garde contre « les mésaventures de la conscience nationale » et le danger de trahison des nouvelles bourgeoisies locales. Il n'a pas vu l'instauration des systèmes néocoloniaux mettre fin à l'espoir.

Nul hasard si le fil tiré par Fanon, d'ouest en est, des plus anciennes colonies françaises – les Antilles – aux plus récentes – la conquête algérienne, symbole de l'expansion africaine –, est aujourd'hui prolongé par son compatriote cadet, qui fut aussi son ami, le poète Édouard Glissant, visionnaire du Tout-Monde et des créolisations. Cette généalogie essentielle, dont Maspero est à la fois l'emblème et le gardien, dit ce que l'anticolonialisme portait d'irréductible, au-delà des circonstances momentanées et des causes particulières : le souci du monde et, par conséquent, des autres. Une question qui, loin d'avoir été réglée une fois pour toutes, est plus actuelle que jamais dans notre XXIe siècle, traversé de déséquilibres et de peurs, de dominations déchues et de certitudes ébranlées. Depuis ce pays, la France, ce continent, l'Europe, cette culture, d'Occident, il nous faut désormais apprendre à vivre dans un monde que nous ne dominerons pas, que nous ne soumettrons plus, que nous ne façonnerons plus à notre image. De ce long et douloureux apprentissage, achèvement de cette cavalcade par laquelle l'Occident européen s'est projeté sur le monde, la cause anticoloniale eut très tôt la prescience – et c'est pourquoi elle fait encore désordre.

Dans *Les Abeilles et la Guêpe*, c'est quand il évoque Fanon que Maspero met les points sur les i :

> On a taxé le livre de Fanon de « bible du tiers-mondisme ». J'ai été et je suis encore souvent, pour ma part, taxé d'« éditeur tiers-mondiste ». J'ai, à une époque où la pensée et la littérature restaient repliées sur les nations de la vieille Europe et de l'Amérique blanche, cherché d'autres pensées et d'autres littératures. Plus d'un tiers de l'humanité, ces années-là, « émergeait » avec les nouvelles indépendances. Il fallait lui donner la parole. Ce n'était pas le cas, alors. Je revendique ma faible part de ce travail-là. Mais je n'ai pas cru à une inversion de la hiérarchie des valeurs. Le tiers-monde, puisque c'est ainsi que l'avaient baptisé des sociologues, devait prendre sa place, jouer son rôle dans l'humanité, rien de plus, mais rien de moins. J'étais dans la ligne du projet énoncé par Sylvain Lévi en 1925 dans ces *Cahiers du mois* auxquels mon père avait participé : rabattre « l'orgueil dément de l'Europe qui prétend faire la loi au monde ».

L'œuvre entière de François Maspero – cette libre université populaire que fut sa librairie « La Joie de lire », cette ouverture à la diversité du monde et aux audaces de pensée dont atteste le catalogue de ses éditions, cette fidélité entêtée, toute de précaution envers les êtres et de respect envers les faits, qu'exprime l'ensemble de ses livres –, oui, toute l'œuvre-vie de Maspero témoigne d'une extrême cohérence dont le point d'ancrage fut, me semble-t-il, la question coloniale – moment déclencheur, thème révélateur. Et cet exemple, le sien, nous importe, pour aujourd'hui, pour demain. Car, de même que le combat contre l'antisémitisme de la fin du XIXe siècle fut annonciateur des combats décisifs du siècle suivant face au fascisme et au nazisme, de même les combats contre le colonialisme durant le XXe siècle auront été porteurs des enjeux décisifs du nouveau siècle qui a commencé. De la guerre soviétique en Afghanistan, prélude de la fin de l'URSS, à l'invasion américaine de l'Irak, ébauche du choc des civilisations, en passant par la course à l'abîme d'Israël dans l'oppression de la Palestine, ceux qui refusent de voir la pertinence de cet héritage sont, au choix, aveugles, irresponsables ou criminels.

Telle est pour moi la fidélité Maspero : une présence au monde et aux autres en forme d'alerte inquiète et soucieuse, dans l'espoir d'éviter de nouvelles catastrophes. Et, de cette présence, la question coloniale est l'épreuve cardinale, entendue au sens large comme refus des civilisations prétendues supérieures et des oppressions supposées libératrices.

Cette fidélité, un livre en porte témoignage plus que d'autres. Un livre à part, tenu quelque peu à l'écart des bibliographies les plus courantes de François Maspero, et que je voudrais ici remettre au centre et au cœur.

Car les menteurs et salauds de tous les partis ont sans doute crié victoire quand, en 1982, ils ont vu François Maspero renoncer à son métier d'éditeur. Mais ils se sont réjouis trop vite : ils avaient oublié l'auteur.

Délivré des livres des autres, Maspero, ce timide ombrageux dont j'imagine qu'il n'était pas mécontent de se cacher derrière des piles de manuscrits, nous a soudain révélé, en 1984, avec *Le Sourire du chat*, l'écrivain qu'il n'avait jamais cessé d'être en secret[1]. Romans, récits, nouvelles, reportages et enquêtes, sans compter les nombreuses traductions : prolongeant l'œuvre éditoriale qui l'avait précédée, une œuvre littéraire s'est largement imposée, avec la fidélité pour trame secrète et la photographie pour compagne complice. Dans le lot, une biographie historique fait exception : en 1993, plus d'une génération après le début de son aventure éditoriale – le temps, chez d'autres, de plusieurs retournements de veste, de cent reniements et de mille amnésies –, François Maspero s'est rappelé au bon souvenir des salauds en leur offrant leur portrait, *L'Honneur de Saint-Arnaud*[2].

Ce livre fut victime d'un malentendu. Dans leur infinie aptitude à durer, survivre aux offenses et épouser l'air du temps, les salauds ont mille ruses. Dont celle-ci : démasqués, ils trouveront le portrait avantageux. On le sait, pour escamoter un auteur dérangeant, il suffit de le proclamer fréquentable et bienséant, de l'étouffer de reconnaissance et de l'enterrer sous les honneurs. Déjà, quand, en 1990, François Maspero, avec *Les Passagers du Roissy-Express*, offrit une archéologie sociale du territoire, de ses partages et de ses déchirures, à rebours de l'empressement charitable pour les banlieues – cet humanitarisme à domicile où s'éclipsent le social et le politique –, on le gratifia de compliments dans la presse respectable de tous bords et d'une mention élogieuse dans un discours présidentiel[3]. Avec son *Saint-Arnaud*, on

1. François Maspero, *Le Sourire du chat*, Paris, Seuil, 1984.

2. *Id.*, *L'Honneur de Saint-Arnaud*, Paris, Plon, 1993 ; Paris, Seuil, 2012.

3. *Id.*, *Les Passagers du Roissy-Express*, photographies d'Anaïk Frantz, Paris, Seuil, 1990.

fit mieux, ou plutôt pire : ici et là, on le déclara fasciné par son héros, séduit par le personnage, presque complice. Ce n'était pas le verdict de lecteurs pressés, mais plutôt de lecteurs dérangés, gênés et embarrassés. Quitte à dénaturer l'œuvre, il leur fallait taire la nouvelle : par le détour d'une biographie classique, qui plus est sur un personnage lointain et oublié, l'écrivain Maspero proclamait sa fidélité à ses engagements d'éditeur.

Car, de tous les livres écrits par François Maspero, celui-ci est sans doute le plus politique et le plus actuel. Sous l'apparence d'un livre d'histoire, c'est de nous qu'il s'agit ici. De ce pays, la France. De l'idée que nous nous en faisons. De sa présence au monde, *hic et nunc*, selon que nous revendiquons ou que nous rejetons une part de son passé.

Péguy revendiquait pour ses *Cahiers* le droit de « faire des personnalités ». Il entendait par là donner « des coups pour de bon, non des coups pour la démonstration ». Parce que, ajoutait-il, « la guerre est la guerre, et, quand on se bat, on tape ». Maspero a donc choisi de se faire une personnalité, ce maréchal Achille Leroy de Saint-Arnaud qui ne s'appelait ni Achille ni Saint-Arnaud. Saint-Arnaud, à première vue, c'est la conquête de l'Algérie et le coup d'État du 2 décembre 1851, les « Arabes » enfumés et la « canaille » mitraillée. Mais c'est bien plus que cela : au travers de ses lettres, publiées après sa mort en 1854 par sa famille, louées par Sainte-Beuve comme l'exemple même de « l'esprit français », devenues l'un des bréviaires des bien-pensants du Second Empire, c'est la crapulerie personnifiée, la crapulerie établie et honorée, revendiquée et légitimée. La crapulerie d'État. Le crime national.

« Ce général avait les états de service d'un chacal », disait Victor Hugo de cet aventurier officiel, dont les crimes eurent force de loi et dont les vilenies furent montrées en exemple. « Les crimes sont faits grandement ou petitement ; dans le premier cas, on est César, dans le second cas, on est Mandrin. César passe le Rubicon, Mandrin enjambe l'égout. » Aux premières lignes rageuses de son *Histoire d'un crime*, écrites à Bruxelles au début de l'exil[1], le même Hugo frayait le chemin emprunté par Maspero : l'autopsie des petitesses, vastes misères et immenses mensonges, nichées au cœur des grandeurs glorieuses et des réputations fameuses qui font nombre de généalogies d'État. Suivra logiquement *Napoléon le Petit* dont Saint-Arnaud est évidemment l'un des principaux protagonistes, croqué dans sa superbe apparence à la page 105 de l'édition illustrée de 1879[2]. Imaginant l'inhumation provisoire, au clair de lune, des victimes du coup d'État, la gravure qui précède, page 101, en dévoile l'envers : le crime.

Où est l'honneur dans la raison d'État ? Dans la soif de pouvoir ? Dans l'appétit de conquêtes ? Dans la négation des peuples ? Dans l'indifférence aux injustices ? En faisant de Saint-Arnaud le modèle parfait de la veulerie intelligente, du banditisme réussi et de la bassesse promue, ce sont ces questions que Maspero a choisi de nous poser. Mais sa force est de le faire mine de rien, par petites touches, avec une

1. Victor Hugo, *Histoire d'un crime. Déposition d'un témoin*, préface de Jean-Marc Hovasse, notes et notice de Guy Rosa, Paris, La Fabrique, 2009.
2. *Id.*, *Napoléon le Petit*, préface et établissement du texte de Jean-Marc Hovasse, Notes de Guy Rosa, Arles, Actes Sud, 2007.

ironie placide et une distance mordante. « Aux amitiés véritables, il faut de belles cassures », disait encore Péguy. Dès lors, nul besoin de rupture grandiloquente quand il s'agit de l'ennemi. Ce n'est pas frayer avec la crapule que la déshabiller de l'intérieur. Ce n'est pas être fasciné que l'approcher au plus près. C'est au contraire lui faire la guerre loyalement, honnêtement, moralement. Péguy toujours, s'expliquant sur la bonne manière de « faire des personnalités » :

> [L]a première loyauté consiste à traiter nos adversaires et nos ennemis comme des hommes, à respecter leur personne morale […], à garder, au plus fort du combat et dans toute l'animosité de la lutte, la propreté, la probité, la justice, la justesse, la loyauté, à rester honnêtes, à ne pas mentir.

Telle est la force redoutable du travail de Maspero, de son écriture rigoureuse et sensible : en lui donnant vie et humanité, il nous oblige à côtoyer l'imposture ; il nous contraint à fréquenter ce que l'on préférerait simplement détester, et donc ignorer.

Préfaçant en 1995 l'édition de poche de *L'Honneur de Saint-Arnaud* – préface dont j'ai repris ici certains passages –, je me demandais, de façon purement rhétorique, si ce n'était pas faire grand cas d'une histoire ancienne qui nous serait devenue étrangère. Après tout, ajoutais-je, l'époque comme les contrées arpentées par ce salaud emblématique nous sont bien lointaines. La décennie suivante s'est chargée de répondre au-delà du raisonnable puisque c'est en 2005 qu'une partie de la droite française a souhaité inscrire dans la loi le « bilan positif » de la colonisation. Puis, en 2007, l'élection de Nicolas Sarkozy, l'aventurier qu'elle s'est choisie pour sauver son pouvoir, a confirmé outre mesure l'actualité de Saint-Arnaud : bonapartisme exacerbé, oligarchie renouvelée, virulence revendiquée, arrogance et suffisance, mensonges et crapuleries… Or, s'il est une constance dans ce nouveau régime, c'est bien la persistance de l'héritage colonial, des populations banlieusardes renvoyées à leur barbarie de « racailles » à l'Afrique du discours de Dakar mise en congé d'histoire, en passant par les peuples d'outre-mer dédaignés et méprisés.

Par le détour de ce voyage en saloperie universelle, François Maspero nous avait donc alertés. En ciblant ce maréchalissime bandit officiel, il nous rappelait qu'il était encore des voix françaises, en notre siècle, pour faire de Napoléon III, celui-là même dont Saint-Arnaud fit sabre au clair un empereur sur les décombres de la Deuxième République, l'incarnation de « la grandeur de la France ». Voix qui sont, depuis 2007, aux premières loges du pouvoir, de Philippe Séguin à Alain Minc, tous deux biographes empressés et enamourés de Louis Napoléon[1]. Et, dans ce bref moment de répit où l'on avait pu croire l'affaire entendue, Maspero nous réveillait en provoquant tous les inconsolables orphelins de ladite grandeur qui, aujourd'hui, sont de l'incessante fête élyséenne, recevant colifichets et décorations, postes et places, en récompense de leurs reniements et revirements.

Il faut croire que, de cette débâcle, Maspero avait eu la prémonition. Sans doute parce qu'il s'entraîne à voir, tant

1. Philippe Séguin, *Louis Napoléon le Grand*, Paris, Grasset, 1990 ; Alain Minc, *Louis Napoléon revisité*, Paris, Gallimard, 1997.

la fidélité est une ascèse de la mémoire. Ici, se souvenir, c'est prévenir. Se rappeler, c'est deviner. Et c'est une vigilance de longue haleine. Après tout, Léon Blum attendit une quarantaine d'années pour confier ses *Souvenirs sur l'Affaire*, parus en 1935, l'année du décès d'Alfred Dreyfus, juste un an avant la victoire du Front populaire. Et Maspero lui-même avait patienté autant quand, en 2004, dans un texte adressé à divers amis, il sortit de sa réserve pour défendre « l'héritage des éditions Maspero » contre leur tardive et mensongère réduction à une caricature sectaire, « structuralo-marxiste », voire « franciscano-maoïste »…

La genèse de *L'Honneur de Saint-Arnaud* est du même ordre : une alerte, légère et familière, à la manière d'un point de côté. Une alarme prémonitoire que seule une sensibilité entraînée et aiguisée pouvait percevoir. Avec sa pudeur coutumière, Maspero a préféré celer l'anecdote. Chaque été, *La Quinzaine littéraire* consacre son numéro d'août à un dossier. En 1990, les collaborateurs de la revue de Maurice Nadeau, parmi lesquels François Maspero, reçurent ainsi une note préparatoire rédigée par un membre du comité de rédaction en vue d'un numéro ayant pour thème : « Que sont “nos” ex-colonies devenues ? » Intitulée « Ce qui manque à ce numéro », elle s'ouvrait par ces mots : « Un réexamen des doctrines anticolonialistes françaises (Frantz Fanon, Jean-Paul Sartre, Me Vergès, François Maspero, Régis Debray) ». Publiée dans le numéro en question, la réponse de Maspero fut cinglante. Retraçant avec une implacable ironie son itinéraire politique, de militant et d'éditeur, cette « Confession d'un anticolonialiste » est une réplique à tous ceux qui, aujourd'hui, considèrent avec gêne et ressentiment leurs emballements juvéniles pour les indépendances et les tiers-mondes, les révolutionnaires cubains et les communistes antistaliniens. Bref, en guise de « réexamen », une fidélité revendiquée.

Or c'est au détour de cet article que revient à Maspero un souvenir d'enfance, dont *L'Honneur de Saint-Arnaud* est le prolongement et par lequel il commence naturellement : « La bibliothèque se trouvait dans une pièce très haute… » Et, sur les rayonnages de cette bibliothèque, celle du grand-père maternel, « à leur place immuable, les deux volumes reliés en noir des *Lettres du maréchal de Saint-Arnaud* ». Dans *La Quinzaine littéraire*, Maspero laisse déjà entrevoir ce qui devait lui donner l'envie de cette biographie : l'absence totale de scrupule chez Saint-Arnaud, l'aveu clairvoyant du crime qui court tout au long de ses lettres et qui n'empêchait pas Sainte-Beuve et d'autres d'en faire l'exemple idéal à offrir à la jeunesse française.

> Notre premier soin [écrivait ainsi Maspero en 1990, faisant de l'autodérision moqueuse une arme], fut de mettre en place une grande campagne de falsification historique. J'étais moi-même orfèvre en la matière : n'avais-je pas été chassé ignominieusement du Parti communiste français pour avoir diffusé un faux « Rapport secret » attribué à Khrouchtchev ? […] Donc nous n'hésitâmes pas à inventer de toutes pièces des textes prétendument accablants pour la colonisation, et à les glisser dans toutes les bibliothèques de France. […] Exemple, parmi des milliers : la dénaturation totale que nous opérâmes des lettres du maréchal de Saint-Arnaud. Pour parvenir à faire de ce représentant typique de la France humaniste une brute sanguinaire conquérant la Kabylie par le fer et par le feu, nous glissâmes dans ses lettres des phrases comme celles-ci…

Et Maspero de donner un bref aperçu des horreurs fanfaronnées par Saint-Arnaud, revendiquées avec complaisance et sans états d'âme, horreurs que, par la suite, son livre détaillera à foison. Juste un avant-goût en somme de villages brûlés, de populations massacrées, de cadavres entassés, de têtes coupées, d'enfants piétinés, etc.

« Cet homme est de chez nous. Cet homme est à nous », écrit Maspero dans le prologue de *L'Honneur de Saint-Arnaud*. Le commentant et le prolongeant dans ma préface de 1995, j'ajoutais :

> C'est en ce sens que le compte à régler est actuel, tout comme l'est – ô combien – le débat sur la Collaboration. Demain se construit dans ce perpétuel « à présent » du passé que revendiquait Walter Benjamin, à la veille de son suicide de 1940, sur la frontière close des Pyrénées, en citant Karl Kraus : « L'origine est à la fin. » La France d'aujourd'hui, celle d'une fin de règne délétère, de ruines et d'impostures, celle de la diabolisation de l'islam et des nostalgies de puissance, celle des grandes peurs méditerranéennes, est aux prises avec ses amnésies collectives, ses trous de mémoire que furent Vichy et l'Algérie, auxquels on pourrait ajouter l'oubli de la ferveur de Mai 1968, cette grande frayeur des puissants.

Ces réflexions ont beau avoir près de quinze ans[1], leur refrain nous semble encore familier. 1995, c'était la fin de l'interminable présidence de François Mitterrand dont le legs de déception et d'impuissance, de survie et d'amnésie, de renoncements et d'embarras, pèse encore sur la gauche française. Legs dont, à l'inverse, la présidence de Nicolas

1. Près de trente ans nous en séparent avec cette édition.

Sarkozy a tiré profit, brandissant comme autant de prises de guerre ces transfuges qui, passés de la gauche à la droite, ne croient pas trahir tout simplement parce qu'ils étaient déjà égarés.

Lire et relire Maspero, c'est aussi comprendre ce qui nous est arrivé. Ce que nous avons perdu en route. Ce à quoi nous n'avons pas prêté suffisamment attention.

« Notre science, c'est le détour et l'aller-venir » : cette phrase d'Édouard Glissant, dans *Tout-Monde*, pourrait caractériser François Maspero[1]. Les vraies fidélités ne sont pas des lignes droites, tracées d'avance, prévisibles et attendues. Elles s'improvisent et s'inventent dans l'échappée, la trace et la sente, ces lignes de fuite qui échappent aux esprits de système, au Grand Un et au Grand Même. Nul hasard, dès lors, si, à Paris, en juin 2006, Maspero reçut le prix Édouard-Glissant pour toute son œuvre.

Nous étions à un an de la fatale présidentielle qui verra l'avènement, dans la France du XXIe siècle, d'un ministère de l'Identité nationale. Quelques mois plus tôt, en compagnie de son disciple et complice Patrick Chamoiseau, Édouard Glissant avait publié une adresse à Nicolas Sarkozy, alors ministre de l'Intérieur. Son titre : *De loin*[2]. De loin, autrement dit au plus près, à la façon des photographes Robert Capa et Gerda Taro tels que les a fait revivre Maspero – « savoir

1. Édouard Glissant, *Tout-Monde*, Paris, Gallimard, 1995.

2. Repris dans Édouard Glissant et Patrick Chamoiseau, *Manifestes*, Paris, La Découverte, 2021.

capter ce qui se passe autour[1] ». Lors de la remise du prix, j'ai lu un extrait de leur texte, passage qui fait lien et sens, de Saint-Arnaud à Sarkozy, d'avant-hier à demain. Le voici :

> Il n'est pas concevable qu'une Nation se renferme aujourd'hui dans des étroitesses identitaires telles que cette Nation soit amenée à ignorer ce qui fait la communauté actuelle du monde : la volonté sereine de partager les vérités de tout passé commun et la détermination à partager aussi les responsabilités à venir. La grandeur d'une Nation ne tient pas à sa puissance, économique ou militaire (qui ne peut être qu'un des garants de sa liberté), mais à sa capacité d'estimer la marche du monde, de se porter aux points où les idées de générosité et de solidarité sont menacées ou faiblissent, de ménager toujours, à court et à long terme, un avenir vraiment commun à tous les peuples, puissants ou non.

Ces lignes sont une autre façon de dire la fidélité Maspero : sauver le monde en nous pour sauver l'humanité en l'homme. Qu'elles aient été écrites depuis la Martinique, « vieille terre d'esclavage, de colonisation et de néocolonisation », comme le rappelaient les auteurs, ne doit rien au hasard. Car, ajoutaient Glissant et Chamoiseau,

> cette interminable douleur est un maître précieux : elle nous a enseigné l'échange et le partage. Les situations déshumanisantes ont ceci de précieux qu'elles préservent, au cœur des dominés, la palpitation d'où monte toujours une exigence de dignité.

Depuis, nos deux écrivains n'ont cessé de récidiver, aérant le désert politique du sarkozysme apparemment triomphant

1. François Maspero, *L'Ombre d'une photographe. Gerda Taro*, Paris, Seuil, 2006.

par l'envoi des manifestes politiques les plus novateurs qui soient – contre le mur de l'identité nationale (2007), en forme d'adresse à Barack Obama (2008) et pour les produits de haute nécessité (2009). D'un mal, un bien : porter la plume dans la plaie, c'est aussi chercher la médecine. Et si, hier miroir de nos défaites, notre héritage colonial devenait, demain, le laboratoire de nos réveils ?

De quelle France sommes-nous ? C'est la question que posait Maspero dans son portrait d'un salaud. Et c'est au fond la question qu'il n'a cessé de se poser, de nous poser. Oui, quelle France ? Celle de Saint-Arnaud ou celle de Péguy ? Celle de Péguy évidemment, répond Maspero qui, lui-même, et sa modestie dût-elle en souffrir, en est l'incarnation vivante. Et j'ajoute donc, logiquement, car menteurs et salauds règnent encore : celle de Sarkozy ou celle de Maspero[1] ?

La France de Péguy donc, ce libertaire et dreyfusard, ruminant et ressassant, qui n'a cessé de nous alerter depuis ce constat, dressé en 1910 dans *Notre jeunesse* :

> Une seule injustice, un seul crime, une seule illégalité, surtout si elle est officiellement enregistrée, confirmée, une seule injure à

1. Comme celui qui le précède, écrit en mémoire d'Édouard Glissant lors de son décès en 2011, ce texte de 2009 est marqué par l'évidence que la présidence de Nicolas Sarkozy marquait une transgression politique qui ouvrait grand la porte aux obsessions identitaires dont se nourrit l'extrême droite. Loin de la refermer, les présidences suivantes, notamment celle d'Emmanuel Macron depuis 2017, ont continué sur cette voie qui, à tout le moins, malmène la démocratie française.

> l'humanité, une seule injure à la justice et au droit surtout si elle est universellement, légalement, nationalement, commodément acceptée, un seul crime rompt et suffit à rompre tout le pacte social, tout le contrat social, une seule forfaiture, un seul déshonneur suffit à perdre l'honneur, à déshonorer tout un peuple.

Et la France de Maspero, plus encore. Ce n'est pas là compliment abstrait, mais témoignage direct. François Maspero fut, pour ma génération, l'un de ces hommes rares qui nous réconcilièrent avec la France. Ayant grandi outre-mer, aux Antilles françaises – et qui le sont toujours –, puis dans l'Algérie fraîchement indépendante, c'est par le détour des livres publiés à son enseigne et de visites vacancières à sa librairie « La Joie de lire » que j'ai finalement rejoint ce pays – je veux dire par là cette promesse républicaine où l'esprit national ne se réalise que dans la fraternité universelle, ce qu'en d'autres temps on nommait l'internationalisme.

À l'époque, d'autres, qui parfois s'en vantent encore, s'amusaient à voler les livres « chez Masp ». Épousant des causes provisoires et des engagements éphémères, ils jetaient ainsi leur gourme dans le frisson de rapines honteuses, pour mieux ensuite vieillir en bourgeois repus, une fois leur jeunesse passée. La jeunesse de Maspero, elle, n'est jamais passée : elle lui est restée, comme une marque de fabrique indélébile. Comme son honneur.

« Trop de survivants sont plus morts que les morts », note-t-il dans *Les Abeilles et la Guêpe*. Alors que lui-même incarnera toujours cette jeunesse à vif de l'enfant qu'il n'a jamais cessé d'être, contemporain de ses morts chéris, jeunes pour l'éternité. Ces morts dont les sacrifices lui ont appris ce secret de vie : « Ce n'est pas tout d'être conscient que, toujours, nous guette la banalisation du mal. Il faut se rappeler que le mal a toujours commencé dans la banalité. » Entre inquiétude et espérance, distance et engagement, cette fidélité vigilante introduit aux libertés scrupuleuses. En ouverture de son premier roman, *Le Sourire du chat*, où se lisent les blessures qui l'ont façonné, François Maspero glissait déjà cette confidence, longtemps retenue : « J'ai peiné à retrouver le sens du mot liberté. »

Pour ma part, je n'oublierai jamais que ce mot, son risque joyeux comme son exigence douloureuse, il me l'a appris.

4

Résister à l'air du temps

Une voix nous manquait qui, heureusement, revient. Écoutez son doux murmure, consolant et bienveillant. C'est le bruit du réveil et de l'espoir.

« Je l'ai entendue comme je vous entends. Haute et intelligible. Tristement moqueuse. Joyeusement mélancolique » : cette voix de Jeanne d'Arc que Daniel Bensaïd nous fait entendre, traversant les parois du silence, de la résignation et de la défaite, c'est la sienne, toute de fraîcheur et de retenue, de lucidité et d'humour, d'élégance et de volonté. Et c'est peu dire qu'elle nous revigore.

Car voici un grand livre qui éclaire une œuvre encore trop méconnue[1]. Œuvre-vie d'un écrivain à part, philosophe et militant, politique et poète, indocile comme les causes qui l'animaient, inclassable comme les irréguliers qu'il défendait. Le legs, entre trace et empreinte, d'une belle personne,

1. Daniel Bensaïd, *Jeanne, de guerre lasse. Chroniques de ce temps*, Paris, Gallimard, « Au vif du sujet », 1991. Le texte repris ici est la préface de la réédition de ce livre aux éditions Don Quichotte en 2017. Daniel Bensaïd est décédé le 12 janvier 2010 à Paris.

élégante et discrète, qui restera comme un exemple pour toutes celles et tous ceux qui ne se rendront jamais à l'ordre des choses et du monde, à ses injustices et à ses mensonges.

Résolument à part, défiant les catégories et se moquant des étiquettes, tournant le dos aux stratégies éditoriales comme aux canons académiques, l'œuvre de Daniel Bensaïd ne se laisse pas aisément cerner. Son parti pris des révoltes fondatrices, insaisissables et imprévisibles, est une invite à découvrir les inépuisables émancipations qu'elles appellent. Sa fidélité aux causes de l'égalité l'entraîne dans d'incessants déplacements et dépassements, loin de toute assignation à un milieu ou à un dogme, au hasard des combats collectifs menés et des rencontres qui en font la richesse.

Bref, elle échappe et s'échappe, préférant les chemins de traverse, assumant les mélanges des genres, brassant rigueurs théoriques et flâneries littéraires, emportements militants et curiosités insatiables, urgences du présent et actualité du passé. C'est pourquoi *Jeanne, de guerre lasse* y introduit merveilleusement. Car tous les Daniel Bensaïd s'y trouvent imbriqués, jusqu'au plus secret d'entre eux en passant par les diverses nuances d'une pensée hétérodoxe, rétive à toute discipline autoritaire.

En 1991, « de guerre lasse », ce marxiste révolutionnaire décidait donc de se tourner vers Jeanne d'Arc pour retrouver le fil de l'espérance, l'érigeant en figure de la résistance universelle qui anime la grande fraternité des vaincus. Un an plus tôt, en 1990, il était parti sur les pas de Walter Benjamin, « sentinelle messianique » interpellant les faux prophètes d'une fin de l'histoire[1]. Et en 1989, il s'était fait porte-voix d'une Révolution qui venait hanter son bicentenaire à la mode sans-culotte, irrévérencieuse et querelleuse[2].

Trois livres en trois ans pour faire face à la contre-réforme néolibérale qui s'apprêtait à piétiner l'exigence démocratique et sociale, congédiant l'émancipation alors qu'au même instant, de 1989 (chute du mur de Berlin) à 1991 (fin de l'Union soviétique), s'effondrait le socialisme étatique dont Daniel Bensaïd et les siens, opposants de gauche au stalinisme, n'avaient cessé de dénoncer l'imposture. Trois livres à rebours de la littérature militante, de ses automatismes de pensée et de ses lourdeurs de style. Trois livres qui disaient le tournant d'une époque et les tourments d'un homme déterminé à en relever les défis.

Moi, la Révolution (1989), *Walter Benjamin, sentinelle messianique* (1990), *Jeanne, de guerre lasse* (1991) : ces trois livres charnières ont accompagné la bascule d'une vie qui fit écho à celle du monde. Je fus l'éditeur du premier et du troisième, dans la défunte collection « Au vif du sujet » chez Gallimard, et le passeur auprès de Plon du deuxième. Dans une inspiration où le judaïsme, comme remémoration du passé, a sa part, cette trilogie revenait à l'idéal communiste originel, ce refus de l'injustice qu'incarne la révolte des esclaves menée par Spartacus, ce sursaut de dignité que porte la Conjuration des Égaux de Gracchus Babeuf. Alors même que sa trahison

1. *Id.*, *Walter Benjamin, sentinelle messianique*, Plon, 1990. Réédité en 2010 aux éditions Les Prairies ordinaires.

2. *Id.*, *Moi, la Révolution. Remembrances d'une bicentenaire indigne*, Paris, Gallimard, « Au vif du sujet », 1989. Réédité en 2017 aux éditions Don Quichotte avec une préface d'Arlette Farge.

totalitaire s'effondrait, elle empruntait plusieurs échappées belles : « Le chemin buissonnier des hérésies, le détour de la rationalité messianique et le sentier escarpé d'une logique de l'événement », écrira-t-il par la suite.

Pour sauver l'idéal, les résolutions programmatiques et les tactiques organisationnelles ne suffisaient plus : il fallait en retrouver l'inspiration première, en donnant vie et force à un imaginaire mobilisateur, associant lumières du passé et possibles du présent. À la manière libertaire de Charles Péguy, dont il fit alors son compagnon de résistance à l'air du temps, Daniel Bensaïd se dressait ainsi, presque seul, contre ce monde moderne où l'argent impose sa loi d'airain, glacée et égoïste. Le monde, disait Péguy dans *Notre jeunesse*, « de ceux qui ne croient à rien, pas même à l'athéisme, qui ne se dévouent, qui ne se sacrifient à rien. Exactement : le monde de ceux qui n'ont pas de mystique ».

Publiant à la même époque, avec *La Part d'ombre*[1], un essai critique sur la présidence de François Mitterrand, ses renoncements inauguraux et ses corruptions insidieuses, je le lui avais publiquement (et pudiquement) dédié, en ces termes : « À Daniel, l'éclaireur ». C'est à la toute fin de ce livre que l'on comprenait le sens de cette dédicace : sa haute figure, intègre et raide, sauvait de la débâcle « cette génération confuse qui crut s'offrir un monde autour de Mai 68 et dut, en vieillissant, se contenter de provinces et de fiefs, de places et de situations, d'envies et d'ambitions ».

1. Edwy Plenel, *La Part d'ombre*, Paris, Stock, 1992.

De tous les livres d'une œuvre devenue de plus en plus prolifique tandis que son auteur avançait en âge, *Jeanne, de guerre lasse* est le plus personnel. Non seulement le seul à laisser entrevoir les ressorts intimes d'un engagement collectif, mais celui où s'assume résolument un écrivain libéré des contingences partisanes. Nul hasard sans doute : il fut écrit sous le coup de l'annonce de la longue maladie – le sida – que Daniel Bensaïd allait devoir affronter en même temps que l'époque et ses régressions. En silence, sans plainte ni protestation. Car ce fut son choix, qui n'était ni de convenance ni de préjugé. Il ne voulait pas étendre à cette résistance privée la publicité des résistances politiques, au point de faire jusqu'au bout silence public – mais non pas entre amis – sur le mal qui, vingt ans plus tard, finira par avoir raison de sa volonté.

Dialogue entre une revenante qui se sent trahie et un homme qui se pense condamné, ce livre inclassable fait ainsi entendre avec pudeur son refus de se résigner, s'apprêtant à combattre jour après jour, heure par heure, à chaque minute. Il faut le lire comme une déclaration d'amour à la vie et à ses surprises, aux êtres aimés et aux luttes partagées, à la beauté et à la bonté.

> J'ai appris à vivre ce qu'il me restait de vie, journée après journée, minute après minute ; à défendre ces instants précieux contre l'idée dévorante de la dernière fois. Du dernier automne et des dernières rousseurs par-dessus les toits. Du dernier hiver et de la dernière neige à ma lucarne. Du dernier printemps et des dernières floraisons. J'ai appris à défendre chaque parcelle du jour contre le venin du regret.

C'est apparemment Jeanne d'Arc qui parle, mais c'est Daniel Bensaïd qui se confie.

Un Bensaïd qui, désormais, s'assume tout entier, c'est-à-dire intensément poète. Jusqu'à cette trilogie inaugurale de 1989-1991, ses quatre livres précédents, dont le premier en 1968 avec Henri Weber et le dernier en 1988 avec Alain Krivine, portaient la marque de la littérature partisane, de circonstance ou de commande[1]. Or lire *Jeanne, de guerre lasse*, c'est découvrir soudain un écrivain qui, même s'il en est toujours le compagnon fidèle, n'est plus réductible à l'intellectuel militant qui, jusqu'alors, l'avait éclipsé. Les voix qui, ici, s'entremêlent, de la visiteuse d'hier au visité d'aujourd'hui, sont une réminiscence d'une voix précoce, trop longtemps retenue et étouffée : celle, notamment, de l'adolescent qui, en 1961, à l'âge de quinze ans, sous le choc du décès soudain de son père, sa douleur la plus muette, avait écrit un poème adulte dont voici les première et dernière strophes :

Lorsque je serai blanc, dans un joli drap blanc,
Lorsqu'on me conduira, couché, au cimetière,
Lorsque quelques amis me suivront à pas lents,
Lorsque je dormirai sous quelques pieds de terre,
Lorsque je dormirai dans la boîte de bois.
Loin des rires, des chants, et loin de la lumière,
Je t'en prie, pense à moi.

[…]

1. Daniel Bensaïd et Henri Weber, *Mai 68 : une répétition générale ?*, Paris, Éditions François Maspero, 1968 ; Daniel Bensaïd et Alain Krivine, *Mai si ! Rebelles et repentis*, Paris, La Brèche, 1988. Henri Weber est décédé le 26 avril 2020 à Avignon et Alain Krivine le 12 mars 2022 à Paris.

> *Mais si jamais ton cœur est gonflé de chagrin,*
> *Si ta beauté flétrie gît dans la solitude,*
> *Si tu maudis les gens et ton triste destin,*
> *Et si la vie n'est plus pour toi qu'une habitude,*
> *Si tu désires un jour connaître l'au-delà,*
> *T'enfuir de cette terre où tout est sec et rude,*
> *Pense, je serai là.*

Pas une semaine ne passe, depuis son décès, le 12 janvier 2010, à l'âge de soixante-trois ans, sans que je pense à Daniel Bensaïd. Dans cette douce remémoration résonne cette musique mélancolique qui imprégnait aussi bien sa pensée que son style. Ce style qui, toujours, fait preuve.

> Ne me parlez pas de ce que vous dites [disait encore Péguy]. Je ne vous demande pas ce que vous dites. Je vous demande comment vous le dites. Cela seul est intéressant. Cela seul m'intéresse. Parlez-moi de comment vous le dites. Cela seul prouve. Cela seul apporte et peut apporter une preuve.

Datant de 1907, cette défense du style comme vérité de l'homme figure dans un texte ainsi titré : *Un poète l'a dit…*

Péguy, le Péguy libertaire et dreyfusard d'avant *Les Cahiers de la Quinzaine*, avait lui-même écrit sa *Jeanne d'Arc*, publiée en 1897 et dédiée « à toutes celles et à tous ceux qui auront vécu leur vie humaine, à toutes celles et à tous ceux qui seront morts de leur mort humaine, pour l'établissement de la République socialiste universelle ». Tout comme les nôtres furent ancrées dans la résistance au nazisme et dans le refus du colonialisme, combats à nos yeux indissociables, la génération de Péguy vivait avec au cœur la Commune de Paris, sa formidable audace et sa terrible défaite, ce massacre versaillais du peuple ouvrier parisien insurgé pour la souveraineté d'une République démocratique et sociale.

Or c'est un souvenir communard qui fut la première empreinte politique familiale dans la vie de Daniel Bensaïd, l'autre étant l'étoile jaune, conservée depuis l'Occupation et ses persécutions antisémites, que son père sortait d'un tiroir, puis posait fermement sur le comptoir toulousain du « Bar des amis » à la première réflexion raciste d'un client. Son grand-père maternel, Hippolyte, titi parisien et prolétaire, qui avait quatorze ans pendant la Commune, fut témoin de la Semaine sanglante. Le portrait de Jean-Baptiste Clément était dans la salle à manger, et tous les ans, le premier dimanche de mai, à la tablée familiale, il fallait se lever et entonner, gaiement mais la gorge nouée, *Le Temps des cerises* :

Quand nous chanterons le temps des cerises
Sifflera bien mieux le merle moqueur…

Depuis sa mort, j'aime imaginer Daniel Bensaïd en merle moqueur, tant la formule convient bien à sa façon d'être. Sans doute moquerait-il gentiment, avec son accent chantant du Midi, cette préface en forme d'hommage. Quittant rarement cette ironie joueuse par laquelle il mettait à distance le malheur, il ne se priverait pas de charrier ceux, dont je suis, qui à son propos comme à l'évocation d'autres absences ont, disait-il, « la larme facile ». Façon de nous secouer pour que nous ne nous laissions pas aller à la déploration et que nous sachions nous ressaisir. Comment oser se lamenter quand la longue cohorte des vaincus nous réclame ?

Des vaincus dont les défaites préservent des possibles, des futurs non advenus, des potentialités inabouties. L'histoire que nous lèguent les combats de l'émancipation, sans cesse renouvelés, reste ouverte, entre progrès et regrès, alarme et sursaut, inquiétude et espérance. Prendre leur parti, n'a cessé de nous dire Daniel Bensaïd, c'est refuser le temps homogène et vide de la domination qui fige le présent dans une catastrophe sans fin. C'est, au contraire, parier sur la discordance des temps. Et, avec elle, sur l'événement inattendu, les moments rares et brefs où tout redevient possible, ces instants qui comptent pour une éternité et que l'on nomme libérations, indépendances ou révolutions.

« Or quiconque domine est toujours héritier de tous les vainqueurs. Entrer en empathie avec le vainqueur bénéficie toujours, par conséquent, à quiconque domine » : cette fulgurance de Walter Benjamin, dans ses thèses *Sur le concept d'histoire* (1940), pourrait résumer la ligne de vie de Daniel Bensaïd. Devant chaque situation politique concrète, il réfutait le principe binaire, ce « tiers exclu » des spéculations philosophiques et des théories mathématiques, par lequel les apprentis vainqueurs obligent à choisir leur camp contre l'autre. Il luttait toujours sur plusieurs fronts, dans le souci que les émancipations ne tournent pas en déceptions, que les espérances ne soient pas confisquées, que les révolutions ne soient pas trahies.

L'insistance de la Commune de Paris dans ses derniers travaux, notamment l'édition commentée de la correspondance de Karl Marx et Friedrich Engels à son propos[1], était sa façon de revisiter l'énigme principale que, par la suite, nous a léguée le terrible XXe siècle. D'enjamber ce dernier pour mieux revenir aux sources puisque c'est à propos de la Commune de Paris que Marx et Engels énonceront confusément cette « dictature du prolétariat » qui fut l'alibi de dictatures totalitaires au nom du socialisme, alors même que, dans leur esprit, la formule se dissociait de toute tyrannie d'un État, d'un parti ou d'une classe sur la société.

Comment renverser un ordre injuste sans en créer un autre ? Comment assumer cet inévitable moment d'exception, qui suppose rapports de force et luttes de pouvoir, sans céder à l'ivresse de nouvelles dominations, entre pouvoir personnel et hiérarchies bureaucratiques ? C'était bien là « l'inconnu » que cherchaient à inventer les communards.

> Défiez-vous autant des ambitieux que des parvenus ; les uns comme les autres ne consultent que leur propre intérêt et finissent toujours par se considérer comme indispensables. Défiez-vous également des parleurs, incapables de passer à l'action ; ils sacrifieront tout à un beau discours, à un effet oratoire ou à un mot spirituel.

Ces recommandations, et plusieurs autres, précédaient l'appel aux électeurs lancé par la Commune de Paris en

1. Karl Marx et Friedrich Engels, *Inventer l'inconnu. Textes et correspondances autour de la Commune*, précédé de *Politiques de Marx* par Daniel Bensaïd, Paris, La Fabrique, 2011.

mars 1871 afin qu'ils inaugurent « la véritable représentation populaire », celle où « vous aurez trouvé des mandataires qui ne se considèrent jamais comme vos maîtres ».

Jamais, en pensée comme en action, Daniel Bensaïd n'aura déserté cette interrogation primordiale qui fait de l'exigence démocratique radicale la condition d'une souveraineté populaire véritable. Dans l'action militante comme dans la réflexion intellectuelle, il n'a cessé de se poser cette question politique centrale : comment inventer une autre façon de faire de la politique qui ne soit pas la perpétuation de l'éternité politicienne, avec ses folies potentielles, quand l'ivresse du pouvoir libère la déraison des individus ?

C'est aussi pourquoi il occupe une place à part dans sa génération dont il aimait dire qu'il en refusait la « glu », n'acceptant pas d'y être assigné. Pour lui, seul le présent faisait preuve de la fidélité au passé. Comme dans ses joutes intellectuelles, son amitié n'était jamais un compromis, mais toujours une loyauté qui devait se construire plus que se dire, se prouver plus que se proclamer. En d'autres termes, et c'est encore une fois ce qui fait sa rareté et son exception, il ne dissociait pas esthétique de vie et morale de l'engagement. On ne le vit donc jamais chercher des situations de pouvoir, des postes ou des places, des positions d'autorité ou de confort. Devenu professeur d'université, à Paris VIII-Saint Denis, loin de s'isoler dans une posture académique, il continua de répondre aux urgences militantes. Quand tant d'intellectuels, fussent-ils radicaux, ne s'autorisent que d'eux-mêmes, des travaux qu'ils produisent ou du génie qu'ils s'octroient, Daniel Bensaïd n'imaginait pas réfléchir sans les autres, quels qu'ils soient, connus ou méconnus, obscurs ou renommés, côtoyés dans les engagements militants ou professionnels, camarades de Parti ou collègues d'université.

Il fut en ce sens l'héritier et le symbole d'une longue tradition, théorisée en « praxis » par Marx, que le surgissement de la question sociale, du mouvement ouvrier et du mouvement socialiste a fait naître : des intellectuels qui ne sont pas en chambre, qui rendent compte dans l'action, qui se contraignent au collectif et s'y ressourcent, qui ne dissocient pas le penseur et le militant. Mais à condition de ne pas transformer cette liberté conquise en instrument de pouvoir ou en moyen de soumission : autrement dit de refuser d'abdiquer liberté de pensée, pluralisme des débats, exigence de vérités. Et c'est ici que l'épreuve du stalinisme fut décisive, déterminant le chemin pris, dans les années 1960, par Daniel Bensaïd, à rebours de cette répétition de la servitude volontaire qu'incarnaient le communisme étatique et ses partis satellites.

Tandis que sur ses décombres, profitant du vide politique provoqué par son effondrement intérieur, le Capital et ses fondés de pouvoir s'efforçaient de faire table rase, d'immobiliser l'histoire et d'interdire l'alternative, Daniel Bensaïd commençait sa longue pérégrination de colporteur d'un passé présent, s'arc-boutant à l'à présent du passé pour combattre un présent sans futur. « Rien de ce qui s'est passé un jour ne doit être considéré comme perdu pour l'Histoire », énonce Walter Benjamin dans ses thèses de 1940. Œuvre et vie emmêlées, Daniel Bensaïd n'a jamais cessé d'être fidèle à cette injonction, acharné à sauver les promesses inaccomplies de l'émancipation.

Sauver du passé pour sauver le présent. Un passé sans frontières.

> Le passé meurt et renaît à chaque génération… En ces temps, secoués par les puissants courants de l'irrationnel et de l'inconscient, il est logique que l'esprit humain se sente plus proche de Jeanne d'Arc, mieux à même de la comprendre et de l'apprécier. Jeanne d'Arc est revenue vers nous portée par la houle de notre propre tempête.

C'est un révolutionnaire péruvien, José Carlos Mariátegui (1894-1930), qui ouvre ainsi *Jeanne, de guerre lasse*. Discrète façon, pour Daniel Bensaïd, d'embarquer dans sa remémoration l'Amérique latine qui, avec l'Espagne, fut au cœur de ses engagements internationalistes. S'ensuivent vingt-trois nuits de conversation entre Jeanne et le narrateur, du 8 mai, anniversaire de son triomphe de 1429 à Orléans, au 30 mai, anniversaire de son supplice, deux ans plus tard, en 1431, à Rouen. Vingt-trois, comme les heures d'une journée trop tôt interrompue, à l'instar d'une vie inachevée. Vingt-trois nuits de dialogue complice et enchanteur, où s'entremêlent politique et philosophie, foi et hérésie, droit et force, guerre et paix, sans compter d'improbables « philopolars », *Les Enquêtes de Philomène*, invention bensaïdienne d'énigmes joyeusement philosophiques où les meurtres sont sans cadavres et les crimes sans armes…

Mais pourquoi Jeanne d'Arc ? Parce qu'elle est un mystère inépuisable, nous répond Daniel Bensaïd. Et qu'au plus secret de ce mystère, où s'éprouvent inlassablement les passions de notre épopée nationale, il y a ce principe de résistance universelle qui anime la grande fraternité des vaincus.

> Pourquoi maintenant ? [lance la voix qui, en visitant l'auteur, vient récompenser la fidélité de son attente.] Parce que le pire c'est d'être annexée par ceux-là mêmes qui m'ont persécutée. Et qui osent prétendre que mon martyre fut mon apothéose ! M'abandonner à mes vainqueurs, ce serait perpétuer mon bûcher. Vous n'allez pas me laisser à Le Pen ?

Au fil des pages, Jeanne d'Arc devient en quelque sorte notre miroir. Excédant ses représentations, gardant toujours une part insaisissable entre histoire et mémoire, témoignage des archives et travail du mythe, elle cristallise les attentes du présent. Ajoutant sa propre Jeanne à celles, multiples, de ses prédécesseurs, de Joseph Delteil à Louis Aragon, de Georges Bernanos à Jules Michelet, de Clovis Hugues à George Bernard Shaw, sans compter la *Jeanne qu'on brûla verte* de René Char et sans oublier celle de Péguy qui avait sa préférence, Daniel Bensaïd nous propose trois résonances où notre époque s'éclaire à son souvenir.

D'abord la similitude des temps. Au début du XVe siècle, l'épopée aussi éphémère que formidable de Jeanne inaugure une époque de transition, entre crépuscule du Moyen Âge et aube de la Renaissance. Celle-là même qui, de voyage en découverte, de conquête en oppression, d'esclavage en empire, de domination de la marchandise en invention de l'Occident, va finir par projeter l'humanité dans ce monde global, aussi interdépendant qu'il est fragile, dans lequel nous vivons aujourd'hui. Ce monde, le nôtre, qui, à son tour, traverse les tumultes d'une crise de civilisation multidimensionnelle où tous les défis s'entremêlent, économiques, sociaux, écologiques, démocratiques, etc.

Entre plongée dans la barbarie ou sursaut de l'humanisme… Nos temps sont semblables, nous dit la Jeanne de Daniel Bensaïd, entre un vieux monde condamné, d'injustices et de désordres, qui refuse de mourir, et un nouveau monde prometteur, d'égalité et de fraternité, qui tarde à naître. Dans cet entre-deux, « la petite fille espérance » de Charles Péguy, dont Jeanne est la figure la plus emblématique, fait la course avec « les monstres » dont Antonio Gramsci écrivait, en 1930, qu'ils sont ces « phénomènes morbides les plus variés » nés du piétinement de l'alternative.

Un quart de siècle après sa première parution, cette *Jeanne, de guerre lasse* semble ainsi prophétique tant elle anticipait avec acuité notre époque de guerres saintes, entre djihads et croisades, de politique de la peur et de banalisation des haines. C'est à la nuit du 22 mai, celle de la « guerre des dieux » :

> La religion se chauvinise, le nationalisme se confessionnalise. Nous aurons des peuples immoraux et fanatiques, fanatiquement immoraux, immoralement fanatiques. L'immoral de l'un sera le fanatique de l'autre.

À Daniel Bensaïd qui s'alarme ainsi de temps qui déraisonnent, où « bures et armures ressortent » des placards, Jeanne oppose l'assurance que ce ne sont que « des soubresauts » :

> La foi ne vaut que par l'innocence du premier élan, par la vigueur du premier jet. Une foi recuite, remâchée, ce n'est déjà plus tout

> à fait une foi. Elle est chargée d'aigreurs. Elle doute d'elle-même. Elle peut encore soumettre, elle ne persuade plus.

Quand, tout comme nous aujourd'hui, il se demande « jusqu'où ira ce grand reflux de la conviction vers la foi, de la confiance vers la croyance », Jeanne répond par des paroles réconfortantes : « Il n'ira pas bien loin », tant « ces fois de seconde main ne déplacent plus les montagnes », empêtrées dans les fétiches de la marchandise et les commodités de la technique, pressées de « prier Dieu de les accompagner au casino » ou de suivre les cours de la Bourse.

La deuxième résonance, c'est évidemment la puissance de l'événement, cet improbable qui fait mentir l'histoire écrite à l'avance par ceux qui s'en croient propriétaires, parce qu'ils détiennent le pouvoir ou possèdent la richesse.

> Si l'on mesure à l'aune de l'expérience humaine une telle aventure, écrivait Bernanos à propos de Jeanne, elle apparaît invraisemblable. La chance de la pauvre fille était si petite, l'affaire si obscure et les intérêts en jeu si puissants.

L'audace sans calcul de Jeanne évoquera toujours ces peuples qui, un jour ou l'autre, se lancent à l'assaut du ciel, sans rien savoir de ce que sera le lendemain.

Car la première vertu des révolutions, c'est d'ouvrir l'horizon des possibles. Pour les conservateurs, tenants des désordres établis et des ordres injustes, l'histoire est toujours pavée de fatalités et de déterminismes, de pesanteurs économiques et de sujétions politiques. Quand, à la faveur de l'événement révolutionnaire, les peuples surgissent sans prévenir sur la scène, c'en est soudain fini de ces fausses évidences et de ces illusoires certitudes. L'histoire s'ouvre alors sur d'infinies possibilités et variantes où la politique redevient un bien commun, partagé et discuté, sur lequel la société a de nouveau prise.

Tout comme Jeanne fut brûlée vive par les tenants de l'ordre établi – l'Église et ses évêques, soumis à l'occupant anglais, ce même pouvoir ecclésiastique qui l'a depuis annexée en la sanctifiant –, les peuples en révolution s'avancent au péril de la revanche, tant leur simple geste de soulèvement et d'invention est intolérable aux dominants et aux puissants. Dans une coalition hétéroclite d'intérêts de puissance communs, l'ordre immuable qu'ils ébranlent s'acharnera à leur faire rendre gorge, de la longue punition de la première république noire en Haïti à la dévastation guerrière des peuples arabes de nos jours, en passant par le siège militaire de la jeune révolution russe ou l'assassinat de la République espagnole par le franquisme.

Daniel Bensaïd est mort une année avant l'ébranlement du pourtour méditerranéen depuis la Tunisie, jusqu'à enflammer tout le monde arabe, aujourd'hui en proie à de terribles contre-révolutions. Nul doute qu'il aurait suivi avec passion ce surgissement des aspirations démocratiques et sociales, tout comme la naissance des « Indignados » espagnols, au printemps 2010, dans la foulée de l'appel de Stéphane Hessel, cet *Indignez-vous !* qui fit le tour du monde, appel à frayer un chemin du possible dans le refus des impuissances et des résignations.

C'est d'ailleurs en Espagne que parut sa dernière interview, en octobre 2009, à l'occasion de la parution en espagnol de son livre, *Éloge de la politique profane*[1]. « Pourquoi

1. Daniel Bensaïd, *Éloge de la politique profane*, Paris, Albin Michel, 2008.

lutter aujourd'hui ? », lui demandait le journaliste madrilène de *Publico*, alors qu'il rejoignait l'hôpital pour son ultime combat avec la maladie. La réponse de Daniel Bensaïd résume sa pensée de l'événement, entre patience de l'attente et attention à l'imprévu :

> Auparavant, notre religion de l'Histoire nous disait qu'il y aurait une lutte finale, que, forcément, nous gagnerions. Aujourd'hui, il faut nous débarrasser des fétiches, de cette religion de l'Histoire, accepter l'incertitude, faire nôtre cette politique profane, pensée comme un art stratégique.

La troisième résonance, c'est cette éternité de la jeunesse comme défi à « l'esprit de vieillesse qui conquiert patiemment le monde » – Péguy encore. La Jeanne de Bensaïd est toute fraîcheur et toute droiture, moqueuse et entêtée. Déjouant les traquenards scolastiques et les pièges théologiques de ses persécuteurs, savants retors, elle est aussi espiègle et rusée, habile à « tricher par simplicité » – Péguy toujours. Le Gavroche parisien des *Misérables* de Victor Hugo n'est pas loin qui invitait à « étonner la catastrophe par le peu de peur qu'elle nous fait ». Comme Saint-Just, comme Rimbaud, comme Guevara et tant d'autres, Jeanne dit l'audace transgressive de la jeunesse qui n'a rien à perdre et tout à inventer.

« C'est l'éternel ressourcement de l'inspiration contre la doctrine », commente Bensaïd qui campe sa Jeanne en hérétique assumant loyalement sa confrontation avec l'orthodoxie :

> L'orthodoxie a aussi ses vertus. Celle de mettre l'hérésie à l'épreuve, de la contraindre à pousser jusqu'au bout sa logique d'hérésie. Sinon, il n'y aurait rien de sérieux, juste des déviances, des

dissonances, des dissidences dilettantes, prêtes à rentrer dans le rang. Une hérésie qui se respecte a besoin de se mesurer à une orthodoxie.

Jeanne, de guerre lasse convoque ce temps, infiniment précieux tant il est rare et passager, des indignations poétiques, des colères prophétiques et des révoltes logiques. Un temps qui n'a pas d'âge, tout comme l'œuvre de Daniel Bensaïd défie les temporalités, passeuse entre générations, de plusieurs temps et de divers lieux, bien plus qu'elle n'est ancrée dans le présent immédiat. En quête insatiable de la jeunesse du monde, éternellement menacée, éternellement recréée.

Assassinée dans sa dix-neuvième année, Jeanne n'aura jamais eu vingt ans. On se souvient de la première phrase d'*Aden Arabie* où Paul Nizan entendait ne laisser « personne dire que c'est le plus bel âge de la vie ». Nizan, « ce trouble-fête » qui secoue nos compromissions et nos renoncements, disait Jean-Paul Sartre en 1960, dans son avant-propos de la réédition en forme de redécouverte chez François Maspero[1]. Nizan qu'il portraiturait tel un revenant en colère s'en venant déranger tous ceux qui ont trahi leur jeunesse. « Nizan, l'homme qui a dit non jusqu'au bout », insistait-il, et qui, de ce fait, est en droit de parler aux jeunes et ceux-ci en capacité de l'entendre leur dire : « Ne rougissez pas de vouloir la lune : il nous la faut. »

1. Paul Nizan, *Aden Arabie* [1931], préface de Jean-Paul Sartre, Paris, Éditions François Maspero, 1960.

D'une préface l'autre, je me dis qu'il en va de même pour cet autre revenant, Daniel Bensaïd, tant sa morale de l'engagement fut aussi une éthique de vie. Mais, dans son esthétique personnelle, il ajoute quelque chose qui échappe aux codes habituellement masculins, machistes par habitude ou héritage, verticaux ou autoritaires, de la politique comme de la pensée. Hommage féministe à l'indocile pucelle, *Jeanne, de guerre lasse* donne à voir cette part de féminité – de féminisme métissant la masculinité – qui me semble indissociable de la personnalité de Daniel : une fermeté tissée de douceur, une conviction capable d'écouter, un engagement habité par la tendresse, une droiture attentive à la fragilité…

De la révolution sans-culotte de *Moi, la Révolution* à la bergère insurgée de *Jeanne, de guerre lasse*, il y a d'emblée, dans son œuvre, une insistance féminine. Il faudrait ajouter d'autres femmes notables de son panthéon revendiqué : Louise Michel, la communarde, choisie comme emblème de la dernière société de pensée qu'il fonda, ou Rosa Luxemburg, la spartakiste, dont le martyr de 1919 redoubla celui de Jean Jaurès en 1914 pour annoncer que la catastrophe européenne n'en était encore qu'à ses débuts. Dans les lettres de prison de Rosa, on trouve une leçon de vie qui ressemble, trait pour trait, à celle qu'offrit Daniel dans les dernières années de son existence : « Dans la vie sociale comme dans la vie privée, on doit prendre tout avec calme, générosité, et un petit sourire aux lèvres. »

Sentinelle messianique postée au point de bascule de l'époque et du monde, Daniel Bensaïd y campait sans tristesse. En lui, la mélancolie de l'espoir s'imbriquait dans une vitalité foncière, gourmande de rencontres, de mets et de voyages. À la différence de bien des personnages de nos sociétés marchandes, dissociés entre leur être et leur apparence, il ne s'avançait pas dans deux mondes clos, l'engagement d'un côté, le quotidien de l'autre – le contraire en somme de l'hypocrisie. Mais il refusait aussi l'écrasement d'une vie par l'autre, de la liberté de l'intellectuel par les combats du militant, de l'invention créatrice par les partis pris de la politique – le contraire même du dogmatisme.

Au cœur de l'exception que fut pour moi cet homme, cet ami, ce camarade, il y avait cette façon rare de lier totalement le fond et la forme, la façon de dire et la manière d'être, la conviction et le style. Le mot qui vient en l'évoquant est celui d'élégance. D'une élégance où la politique, cette passion déçue de nos générations, était en même temps une poétique, ce qui ne cessait d'en sauver l'imaginaire. Évoquant celle qu'on attribuait, au XIXe siècle, à Auguste Blanqui, dit « l'enfermé » pour la place prise dans sa vie par la longue durée de ses années de prison, cette élégance, dans ses manières comme dans sa mise, n'était pas une posture, entre dandysme ou élitisme. Se refusant à tout laisser-aller, sentimentalité ou mièvrerie, elle exprimait une façon d'être à soi-même pour ne pas fléchir, tenir bon, tenir droit. Son charme était un maintien, sa distinction une distance, son allure une droiture.

Mais si Daniel Bensaïd a choisi ses engagements, il n'a pas choisi ses épreuves. Ces moments qui vous révèlent à vous-même et nous révèlent aux autres. Le hasard de l'époque a voulu que, malgré ses défis à l'ordre établi, ce ne fut pas la prison, mais la maladie, cette maladie qui nous l'a ravi trop tôt. Or, dans sa façon de faire face, de résister, il y eut une extraordinaire créativité, comme un réflexe vital. Le temps était compté et, du coup, les livres se sont succédé. Sans doute aurait-il eu moins d'impatience entêtée à écrire, à dire, à partager, s'il n'y avait pas eu cette menace. Tous ses livres sont là désormais, c'est son présent. Tout Daniel est là, tous les Daniel sont là, dans une recherche ouverte aux lendemains qui mêle pensée de la tradition, pensée de l'événement et pensée de l'action. Un Daniel Bensaïd qui n'était pas soucieux de sa postérité, mais pressé de sauver et de transmettre. En ce sens, son œuvre ne lui appartient pas, elle nous appartient, elle vous appartient maintenant.

En le lisant, en le relisant, nous comprenons mieux ce qui, dans la diversité de nos choix et de nos chemins, nous unit et nous rassemble pour, ici et maintenant, aujourd'hui et demain, résister aux ombres qui menacent.

Dix ans après *Jeanne, de guerre lasse*, à l'orée d'une décennie qui allait nous faire découvrir la barbarie latente de la mondialisation heureuse dont s'étaient bercées les années 1990, ses guerres saintes, ses oligarchies gavées, ses peuples piétinés, Daniel Bensaïd publiait ses *Théorèmes de la résistance à l'air du temps*, sous l'intitulé *Les Irréductibles*[1]. Tout l'homme, cette façon de lier l'engagement politique et l'esthétique personnelle, la conviction et l'élégance, le fond et la forme, est résumé dans les derniers mots de ce précis de résistance :

1. Daniel Bensaïd, *Les Irréductibles. Théorèmes de la résistance à l'air du temps*, Paris, Textuel, 2001.

> L'indignation est un commencement. Une manière de se lever et de se mettre en route. On s'indigne, on s'insurge, et puis on voit. On s'indigne passionnément, avant même de trouver les raisons de cette passion. On pose les principes avant de connaître la règle à calculer les intérêts et les opportunités : « Puisses-tu être froid ou chaud, mais parce que tu es tiède, et ni froid ni chaud, je te vomirai de ma bouche. »

L'ultime citation est extraite de l'*Apocalypse* de saint Jean… Preuve, s'il en était besoin, que la vie militante et l'œuvre intellectuelle de Daniel Bensaïd, ce marxiste, communiste et trotskyste selon nos étiquetages et classements modernes – marxiste inventif, communiste critique, trotskyste indocile –, témoignent d'une histoire plus ancienne, plus longue et, sans doute, sans fin. La fidélité entêtée qui fut la sienne aux engagements radicaux – démocratiques, sociaux, internationaux, vitaux en somme – des années 1960 n'était en rien l'immobilité d'une jeunesse qui n'aurait pas su grandir et vieillir.

S'il reste la figure sans pareille de ce que ces années-là ont eu de meilleur, de plus intègre et de plus absolu, c'est parce qu'il s'évertua à préserver non pas d'hypothétiques, aléatoires et provisoires solidarités générationnelles, mais la longue durée des révoltes et des indignations, des refus et des colères, des principes et des exigences – en un mot, de l'espérance.

> Quand les lignes stratégiques se brouillent ou s'effacent, il faut en revenir à l'essentiel : ce qui rend inacceptable le monde tel qu'il va et interdit de se résigner à la force aveugle des choses.

Dans *Une lente impatience*[1], l'émouvante autobiographie qu'il se résolut à écrire sur l'insistance de Nicole Lapierre, il dépeint ainsi le chemin exigeant qu'il emprunta à partir des années 1980, revisitant par exemple avec méticulosité l'actualité de l'œuvre de Karl Marx bien avant que la crise financière de 2008 n'en convainque parfois jusqu'aux capitalistes eux-mêmes. Résister donc, préserver, sauver, tenir, maintenir…

Par nos temps d'incertitude et de transition, d'ébranlement et de décentrement du monde, la trace inscrite par Daniel Bensaïd pour demain et après-demain fut celle du sens des héritages et de l'intelligibilité du réel. Comme ces amers qui guident les marins au milieu des tempêtes, il se voulut tranquillement inflexible quand, tout autour, les girouettes tourbillonnaient et les feux follets s'agitaient. Ne pas perdre le fil de la raison, ne pas égarer les repères, ne pas effacer la mémoire…

Si, dans cette attitude, le style a sa part, en ce qu'il est façon de se tenir et de se vouloir, vie et œuvre imbriquées, ce n'était pas pour autant posture esthétique, comme s'empresseront de le penser, parfois en toute bonne foi, les tenants du moindre mal et des moindres mesures. « L'œil de la poésie voit parfois beaucoup plus loin que celui de la politique », écrivait-il en conclusion d'*Une lente impatience*, avant de citer l'ultime manifeste surréaliste d'André Breton, appel à secouer tous les carcans qui éternisent l'exploitation de l'homme par l'homme. Glissés en exergue de chapitres, deux vers de Paul Valéry soulignaient ce qui, ici, est en jeu : « C'est en quelque

1. *Id.*, *Une lente impatience*, Paris, Stock, « Un ordre d'idées », 2004.

sorte l'avenir du passé qui est en question » ; « Qu'est-ce qu'une théorie, si ce n'est préserver l'usage du possible ? ».

Autrement dit, sauver un passé plein d'à présent et préserver l'irruption des possibles.

Telle fut la pédagogie de Daniel Bensaïd, inlassable passeur et généreux pédagogue, formidable orateur et lumineux écrivain, mordant polémiste et ironique débatteur. Il n'était pas difficile d'être sincèrement révolté et de devenir supposément révolutionnaire dans les années 1960 et 1970. Et, dans notre pays du moins, pour la plupart d'entre nous, ce ne fut pas alors grand risque ni grande épreuve.

C'est après que les difficultés commencèrent, quand arrivèrent ces années 1980 de vents contraires, celles où, lit-on dans *Une lente impatience*, « nous n'étions plus portés par le souffle de l'époque » :

> Pour la première fois, notre génération gâtée, nourrie aux mythes progressistes de l'après-guerre, promise à voler de succès en victoire, devait apprendre à brosser l'histoire à rebrousse-poil.

Et Daniel Bensaïd de rappeler que ces temps d'adversité sont « la condition ordinaire » vécue par ceux qui veulent renverser les fatalités, tandis que nos jeunesses épanouies relevaient de l'exception privilégiée.

Ce rappel insistant fut sa leçon de vie, et c'est pourquoi celle-ci porte aujourd'hui bien au-delà de sa famille politique, la LCR hier, le NPA aujourd'hui, interpellant toutes les gauches dans leur diversité. Figure de Mai 68, membre du Mouvement du 22-Mars à l'université de Nanterre, fondateur de la Jeunesse communiste révolutionnaire, puis de la Ligue communiste, avec notamment Alain Krivine et Henri Weber, dirigeant de la Quatrième Internationale, Daniel Bensaïd a inscrit son engagement dans une autre temporalité que l'immédiateté.

Par conviction autant que par morale : avec cette certitude, chevillée à l'âme, que les arrangements avec le présent corrompent les idéaux de l'avenir.

> Comment peuvent-ils abandonner si vite ? [interrogeait-il dans *Mai si !*, publié pour les vingt ans des événements de 1968.] Pourquoi ces hérétiques se sont-ils si facilement convertis ? À croire que leur hérésie ne fut jamais qu'un snobisme.

Sa propre hérésie, loin d'une errance individuelle, était collective, par goût comme par conviction. Sans austérité ni sectarisme, sa fidélité militante exprimait son refus des itinéraires sans ancrage et sans exigence, qui prétendent ne rendre de comptes qu'à eux-mêmes. Profondément imprégné de l'espérance communiste originelle, de ses fraternités et de ses égalités, il n'envisageait pas l'engagement partisan comme un renoncement à soi, mais comme une découverte des autres.

Entre éthique de vie et ascèse de pensée, il vivait cette fidélité-là, avec ses hauts et ses bas, ses joies et ses médiocrités, ses complicités moqueuses et ses amitiés défaites, comme un incessant rappel au réel, lui qui aurait pu aussi bien s'épanouir autrement, par l'écriture et la création tant ce philosophe était, profondément, littéraire.

« Il m'arrive, confiait-il dans *Une lente impatience*, de me demander si la politique était vraiment mon genre, et si je ne me suis pas trompé de vocation. » S'il revendiquait « la passion de l'action » et « le goût de la controverse », il disait son « peu d'aptitudes pour le calcul des forces, les négociations patientes, le travail nécessaire des alliances » et, surtout, son absence totale d'appétit de pouvoir. Pour autant, ce n'était pas, chez lui, mépris pour la politique en son quotidien, ses savoir-faire et ses responsabilités :

> La suspicion envers les logiques de pouvoir est salutaire, sans doute [ajoutait-il dans le même passage]. Mais peut-on imaginer, jusqu'à nouvel ordre, une politique sans autorité, sans pouvoirs, sans organisations, sans partis ? Ce serait une sorte de politique sans politique.

Mais cet aveu d'une incapacité, à l'aune de la politique telle qu'on l'entend ordinairement, portait au-delà de son cas personnel : en émettant ce doute, Daniel Bensaïd disait aussi ce que fut l'apport des générations militantes dont sa vie témoigne avec honneur et respect, éclipsant les inconstants et les infidèles. Elles n'ont peut-être pas fondé ni créé, ni dirigé un pays, ni forgé une histoire, mais elles auront su passer le témoin, faire en sorte que l'indécente morgue des momentanés vainqueurs ne submerge pas d'oubli la mémoire des immortels vaincus, et, par-dessus tout, sauver cette promesse que l'histoire n'est jamais totalement écrite, qu'elle est aussi tissée de hasards et d'inattendus, de surgissements et de ruptures, de trouées improbables dans des ciels plombés.

L'inlassable production intellectuelle de Daniel Bensaïd s'est acharnée à défendre cette promesse d'espérance. Taupe marxienne creusant les galeries de l'imprévu et de l'inconnu (on lui doit un réjouissant *Essai de taupologie générale* illustré par Wiaz[1]), il n'a cessé de théoriser le refus des fatalités et des immobilités, des dominations inébranlables et des soumissions inévitables.

Ce furent des sommes philosophiques, prolongement de ses enseignements de professeur à l'université Paris VIII : de *Marx l'intempestif* (1995) et *Le Pari mélancolique* (1997) à son *Éloge de la politique profane*[2]. Ce fut, sous l'aiguillon de la crise, une cascade d'essais réinventant les lectures de Marx en le libérant des caricatures pour retrouver la vitalité de l'œuvre : en l'espace d'une petite année, sont ainsi parus l'introduction déjà évoquée aux écrits politiques de Marx et d'Engels sur la Commune de Paris, un pédagogique *Marx mode d'emploi* accompagné de dessins de Charb[3] et une longue introduction fort actuelle à un texte inédit de l'auteur du *Capital*[4]. Trois livres que précéda *Passion Karl Marx*, un étonnant « beau livre », abondamment illustré, sur la vie et l'œuvre mêlées d'un penseur prométhéen attaché, selon le sous-titre, à déchiffrer « les hiéroglyphes de la modernité[5] ».

1. Daniel Bensaïd, *Résistances. Essai de taupologie générale*, Paris, Fayard, 2001.

2. *Id.*, *Marx l'intempestif* et *Le Pari mélancolique* sont parus chez Fayard ; *Éloge de la politique profane* chez Albin Michel.

3. *Id.*, *Marx mode d'emploi*, illustrations de Charb, Paris, La Découverte, 2009.

4. Karl Marx, *Les Crises du capitalisme*, préface de Daniel Bensaïd, Paris, Demopolis, 2009.

5. Daniel Bensaïd, *Passion Karl Marx. Les hiéroglyphes de la modernité*, Paris, Textuel, 2001.

Impossible d'embrasser ici toute la richesse éditoriale des dernières années de Daniel Bensaïd, tant elle dépasse l'humaine mesure. Ouvert à tous les genres, disponible pour toutes les sollicitations, s'amusant même à raconter le capitalisme comme un roman policier, il ne cherchait pas à faire œuvre comme l'on accumulerait des honneurs : il vivait, tout simplement, par l'écriture. Aux livres qui viennent d'être cités, il faudrait ajouter, parus durant la même courte période, *Prenons parti. Pour un socialisme du XXIe siècle*, écrit avec Olivier Besancenot[1], *Un nouveau théologien, B.-H. Lévy*, puis *1968, fins et suites* (avec Alain Krivine) et enfin *Penser Agir*[2].

Mais c'est encore compter sans ses nombreuses contributions à la revue qu'il avait fondée en 2001, *Contretemps* (d'abord chez Textuel, puis chez Syllepse), activité collective prolongeant celle des discrètes sociétés de pensée qu'il animait, entre cercle amical et club théorique : d'abord le Sprat (Société pour la résistance à l'air du temps), puis la Société Louise-Michel à laquelle il avait donné rendez-vous pour un colloque international, les 22 et 23 janvier 2010, à l'intitulé provocateur en ces temps d'apparente faiblesse des forces émancipatrices : « Puissances du communisme ». Ce sera son seul rendez-vous manqué.

Depuis des années, Daniel Bensaïd vivait ainsi, méthodique et ponctuel : de livre en livre, d'idée en idée, de rencontre en rencontre. Sans plan préétabli, avec juste une farouche envie de survivre. Sans jamais la nommer mais sans

1. Aux éditions Mille et Une Nuits, 2009.
2. Ces trois livres sont parus chez Lignes en 2008.

jamais en faire mystère, il évoque dans *Une lente impatience* sa longue maladie et ce qu'elle a changé de sa vie :

> Se savoir mortel est une chose. Une autre d'en faire l'expérience et d'y croire pour de bon. Les proportions et les perspectives temporelles s'en trouvent modifiées. Les spéculations sur le lointain deviennent futiles. Le présent revêt au contraire de nouveaux reliefs. Il atteint à une sorte de plénitude. On cherche à vivre dans l'instant, selon l'inspiration et l'envie.

Impossible évidemment de dissocier sa vie et son œuvre de ce mal qui l'atteignit en 1990, alors même que se clôturait ce court XXe siècle qui fut aussi celui du communisme. « Le début des années quatre-vingt-dix fut proprement crépusculaire », écrit-il encore dans *Une lente impatience*. Quelles furent la part de l'époque et celle de l'intime dans ce sentiment ? Sans la maladie, l'éclaireur du futur qui, en 1989, suggérait de « tout reprendre et tout revoir, tout rediscuter et tout redisputer, tout remettre en jeu, le passé et l'avenir[1] », ce Bensaïd curieux, inventif et audacieux aurait-il accompagné avec plus de constance la sentinelle du passé qui veillait à garder intact le passage de l'espérance ? Aurait-il, quoi qu'il en dise, continué d'insuffler sa vitalité joyeuse à la politique concrète, comme il l'avait fait durant les vingt années précédentes, en activiste de l'internationalisme, notamment en Amérique latine ?

Nul ne le sait, tant les vies ne se lisent pas à rebours. Et sans doute Daniel Bensaïd opposerait-il à cette indiscrète interrogation sa verve moqueuse. Car il suffit de le lire pour trouver

1. Dans *Moi, la Révolution*, *op. cit.*

la réponse. Une question, une seule avait fini par le tarauder, qui supplantait toutes les autres. Et c'est dans *Jeanne, de guerre lasse*, dès ce livre inaugural, qu'elle figure, noir sur blanc, en évidence, tout comme l'était la lettre volée de la première nouvelle policière, celle d'Edgar Allan Poe. « Pas besoin de vérité révélée, pour avoir des principes », lui confie lors de l'une de leurs rencontres nocturnes la voix de Jeanne. Et Daniel de lui répondre en s'interrogeant douloureusement :

> Sans point fixe, quels principes ?… À quelle date s'adosser ? À quelle origine se fier ? Sur quelle pierre rebâtir ? 1917, 1793, 1789 ? Pourquoi ne pas remonter jusqu'à la révolution lente et souterraine des premiers chrétiens ? Et si tout avait mal commencé, si tout avait été mal pris dès le début !

Ces lignes d'il y a plus de vingt-cinq ans résonnent fortement en cette année 2017 du centenaire de la révolution russe. À rebours de toute orthodoxie et de tout dogmatisme, Daniel Bensaïd n'avait pas peur du doute essentiel, ce « penser contre soi-même » dont Péguy disait qu'il n'y avait rien de plus difficile, de plus douloureux. Car il tenait les deux bouts de l'exigence, ne laissant pas l'espérance émancipatrice disparaître sous le poids des remises en question. Tout reprendre par le début en restant fidèle à ce que l'on fut, pour reprendre la formule de Maurice Merleau-Ponty à propos du marxisme[1], tel pourrait être le résumé de sa quête primordiale.

Nous connaissons sa réponse, qui nous lègue une méthode comme une carte indiquerait un chemin pour sortir d'un dédale. C'est évidemment Jeanne qui l'énonce :

1. Maurice Merleau-Ponty, *Signes*, Paris, Gallimard, 1960.

> Il y a doutes et doutes. Tous ne sont pas méthodiques. Il y a des doutes faciles et paresseux. Le doute qui cherche et celui qui renonce ; celui qui va de l'avant, interroge et critique, et celui qui monologue, rentre dans sa coquille et tire les rideaux. Il y a le doute qui questionne et écoute, et celui qui doute de tout, sauf de lui-même ; celui qui résiste et celui qui se résigne à subir toutes les certitudes.

« J'ai douté, moi aussi, nous dit Daniel Bensaïd par la voix de Jeanne d'Arc. Jamais, je n'ai dit "à quoi bon". En cherchant bien, il y a toujours des raisons dans les principes. » Dès lors, nul salut dans un mythe des origines ou dans un sens de l'histoire, mais le choix d'une vigilance entêtée où la fidélité au passé est une morale de l'engagement. Jeanne-Daniel, encore :

> Les fidélités de mémoire ne sont ni dans la source où l'on remonte ni dans la mer où l'on se jette, seulement dans l'attente de chaque instant, dans la vigilance sans distraction, contre les vengeances et les revanches des voleurs de passé.

Nous voici arrivés au port, touchant au plus près l'actualité de *Jeanne, de guerre lasse*. S'il fallait un livre pour nous consoler de nos déceptions, nous sortir de l'abattement ou de la résignation, secouer nos tentations de renoncer au point de ne plus vouloir la lune, de ne plus être de ces réalistes qui, en Mai 68, demandaient l'impossible, c'est bien celui-là. Et de savoir que ce n'est pas qu'un livre, tant ces mots écrits ont aussi façonné la vie vécue de leur auteur, lui donne encore plus de poids et de force.

Le contraire d'un maître à penser, mais une pensée en actes et en liberté. Loin de prétendre en être l'exégète – d'autres, bien plus avertis, s'en chargent déjà –, j'ai voulu donner envie de la découvrir en dressant ce portrait à hauteur d'homme.

Sa voix, dans *Une lente impatience* : « On prétend souvent qu'il faut vivre avec son temps. Ce temps se meurt. Faudrait-il aussi pourrir et disparaître avec lui ? » Si, mort, Daniel Bensaïd reste pour nombre d'entre nous vivant, c'est parce qu'il s'est refusé à cette commodité et qu'il a vécu résolument contre l'époque. Il n'en a pas moins pleinement embrassé sa vie, avec gourmandise et fantaisie, dignité et simplicité.

> De la mort elle-même [écrivait-il encore], au demeurant, il n'y a pas grand-chose à dire, si ce n'est qu'avec elle on ne se réconciliera jamais. Sa place est dans le bric-à-brac métaphysique, aux côtés de l'infini et de l'éternité.

Cette mort qui parcourt, dans des pages bouleversantes, *Jeanne, de guerre lasse* :

> Les comètes qui traversent le ciel de l'Histoire sont pressées. Jésus, Saint-Just, Guevara… Comme si leur énergie se consumait plus vite. Comme si elles devaient tout donner en une saison. On ne saurait les concevoir tièdes et rassasiées. Tu n'étais pas faite pour durer.

Mort à un âge bien plus avancé que ces comètes-là, Daniel Bensaïd n'en a pas moins eu une vie trop courte. Mais nous savons bien qu'il durera. Parce qu'il fut, lui aussi et jusqu'au bout, la jeunesse même. La jeunesse du monde. Notre jeunesse.

5

Une passion décoloniale

« Sous le pont Saint-Michel coule le sang » : chaque fois que je franchis la Seine à cet endroit de Paris, que dominent la préfecture de police et le vieux Palais de Justice, j'improvise cette rengaine, dérivée du vers qui ouvre *Le Pont Mirabeau*, le célèbre poème de Guillaume Apollinaire. Apposée sur l'un des parapets, une plaque discrète témoigne désormais de cette tragédie, moins visible que les grandes lettres noires peintes à l'époque par des militants solidaires de la cause anticolonialiste algérienne, dont une photographie anonyme garde le souvenir : « Ici on noie les Algériens. »

La date du 17 octobre 1961 fait partie de notre histoire, et nous devons la regarder en face. C'est à Paris qu'une manifestation pacifique de travailleurs alors français – « Français musulmans d'Algérie », selon la dénomination officielle –, venus protester avec leurs familles contre le couvre-feu raciste qui les visait, eux et eux seuls, fut sauvagement réprimée par la police de la capitale, sur ordre de son chef, le préfet Maurice Papon. Une Saint-Barthélemy coloniale dont les historiens évaluent aujourd'hui les victimes à près de trois cents morts, sans compter de nombreux blessés et des milliers d'interpellés, souvent expulsés vers des camps d'internement en Algérie.

Au lendemain du massacre du 17 octobre 1961, Kateb Yacine (1929-1989), immense auteur algérien, s'adressait à nous tous, le peuple français :

Peuple français, tu as tout vu
Oui, tout vu de tes propres yeux.
Tu as vu notre sang couler
Tu as vu la police
Assommer les manifestants
Et les jeter dans la Seine.
La Seine rougissante
N'a pas cessé les jours suivants
De vomir à la face
Du peuple de la Commune
Ces corps martyrisés
Qui rappelaient aux Parisiens
Leurs propres révolutions
Leur propre résistance.
Peuple français, tu as tout vu,
Oui, tout vu de tes propres yeux,
Et maintenant vas-tu parler ?
Et maintenant vas-tu te taire ?

À travers la figure exemplaire de Jean-Luc Einaudi, ce livre de Fabrice Riceputi rend hommage à celles et ceux, historiens et militants, militants devenus historiens, qui ne se sont pas tus et qui ont choisi de parler[1]. Et de parler clair et

1. Ce chapitre reprend ma préface à Fabrice Riceputi, *Ici on noya les Algériens. La bataille de Jean-Luc Einaudi…*, Paris, Le Passager clandestin, 2021.

franc. Car, dans cette longue bataille mémorielle qui se poursuit encore, il ne s'agit pas seulement d'entendre l'appel à la vérité de l'histoire, mais d'être au rendez-vous, aujourd'hui même, d'un passé plein d'à présent.

Le 17 octobre 1961 est une date française aussi bien qu'algérienne. Cette manifestation est certes un des jalons de la conquête de son indépendance, si chèrement payée, par le peuple algérien : organisée par la Fédération de France du FLN, le Front de libération nationale qui menait la lutte pour l'indépendance, elle entendait consolider le rapport de force face à un pouvoir gaulliste qui, tout en engageant des pourparlers de paix, voulait affaiblir et diviser son interlocuteur indépendantiste. Mais elle est aussi un moment essentiel de notre propre histoire nationale, de ces moments dont le souvenir fonde, pour l'avenir, une mémoire éveillée, empreinte de lucidité et de fraternité.

Le 17 octobre 1961 est d'abord une manifestation légitime contre une décision administrative sans précédent depuis le régime de Vichy : un couvre-feu raciste, fondé sur des critères ethniques. Le 5 octobre 1961, le préfet de police de la Seine, Maurice Papon (dont on découvrira plus tard le rôle dans la déportation des Juifs à la préfecture de Gironde, en tant que membre de l'administration française collaborant avec les nazis), impose, au prétexte de la lutte contre les indépendantistes algériens assimilés à des « terroristes », un couvre-feu visant les « Français musulmans d'Algérie ». Ils doivent s'abstenir de circuler de 20 h 30 à 5 h 30 du matin, et les débits de boissons qu'ils tiennent ou qu'ils fréquentent doivent fermer chaque jour à 19 heures.

Le 17 octobre 1961 est ensuite une manifestation du peuple travailleur de la région parisienne, d'ouvriers et d'employés accompagnés de leurs familles, venus souvent des bidonvilles, notamment celui de Nanterre, immense, où cette main-d'œuvre industrielle était en quelque sorte parquée. Ce soir-là, c'est une partie de la classe ouvrière française, dont les cohortes ont toujours été renouvelées par l'immigration, qui défilait pacifiquement sur les boulevards de la capitale, avec cette joie d'avoir su braver l'interdit, la honte et l'humiliation. Avec surtout une grande dignité, celle de ceux qui n'ont d'autre richesse que leur travail, portée jusque dans l'habillement soigné des manifestants. D'ailleurs, le couvre-feu de Maurice Papon prévoyait une seule exception, celle des ouvriers travaillant en trois-huit, contraints d'embaucher en pleine nuit, qui devaient produire une attestation pour pouvoir circuler.

Le 17 octobre 1961 est enfin la plus terrible répression policière d'une manifestation pacifique dans l'histoire moderne de notre République. Les consignes des organisateurs étaient strictes, au point de se traduire par des fouilles préalables des manifestants : pas d'armes, pas même de simples canifs. La violence qui s'est abattue sur les manifestants, parfois même avant qu'ils ne se constituent en cortèges, dès leur interpellation sur la base d'un tri ethnique à la sortie du métro, fut d'une férocité inimaginable. Il n'y eut pas seulement les dizaines de disparus – frappés à mort, jetés à la Seine, tués par balles –, mais aussi onze mille arrestations, et une foultitude d'hommes parqués plusieurs jours durant, sans aucune assistance, dans l'enceinte du Palais des Sports de la porte de Versailles.

De cette violence inouïe, ce sont notamment des policiers qui ont témoigné le plus immédiatement, dans un paradoxe qui n'est qu'apparent. L'Amicale des policiers résistants – nous n'étions que seize ans après la fin de la Seconde Guerre mondiale – rédigea un tract anonyme, sur la foi de témoignages de gardiens de la paix, qui fut publié dans *France-Observateur*, l'ancêtre du *Nouvel Observateur*, que dirigeaient alors Claude Bourdet et Gilles Martinet. Émaillé de faits précis – notamment sur « la bonne centaine » d'Algériens pris au piège sur le pont de Neuilly, « assommés et précipités systématiquement dans la Seine » –, ce texte se dressait contre un « enchaînement monstrueux [qui] ne peut qu'accumuler les massacres et entretenir une situation de pogrom permanent ».

Dès l'immédiat lendemain du 17 octobre 1961, un appel circula à l'initiative de la revue *Les Temps modernes* qui recueillit les signatures de deux cent vingt-neuf intellectuels français, dont vingt-huit professeurs d'université. Il n'est pas inutile de relire aujourd'hui ce texte impeccable tant il fait honneur à cette France, la nôtre, qui sut dire non à l'injustice et à l'innommable, alors formidablement illustrée par la revue de Jean-Paul Sartre et Simone de Beauvoir, mais aussi par le comité Audin et son journal *Vérité-Liberté*, animé par Pierre Vidal-Naquet, Jacques Panijel et Laurent Schwartz, ou encore par l'éditeur et libraire François Maspero, irremplaçable refuge et emblème de toutes les résistances d'alors. Le voici :

> Avec un courage et une dignité qui forcent l'admiration, les travailleurs algériens de la région parisienne viennent de manifester

> contre la répression de plus en plus féroce dont ils sont victimes et contre le régime discriminatoire que veut leur imposer le gouvernement. Un déchaînement de violence policière a répondu à leur démonstration pacifique : à nouveau, des Algériens sont morts parce qu'ils voulaient vivre libres.
> En restant passifs, les Français se feraient les complices des fureurs racistes dont Paris est désormais le théâtre et qui nous ramènent aux jours les plus noirs de l'occupation nazie : entre les Algériens entassés au Palais des sports en attendant d'être « refoulés » et les Juifs parqués à Drancy avant la déportation, nous refusons de faire la différence.
> Pour mettre un terme à ce scandale, les protestations morales ne suffisent pas. Les soussignés appellent instamment tous les partis, syndicats et organisations démocratiques non seulement à exiger l'abrogation immédiate de mesures indignes, mais à manifester leur solidarité aux travailleurs algériens en invitant leurs adhérents à s'opposer, sur place, au renouvellement de pareilles violences.

Quelques mois plus tard, le 8 février 1962, cette violence s'abattait de nouveau, au métro Charonne, sur une manifestation non violente pour la paix en Algérie dont le Parti communiste et la CGT furent les initiateurs. Or l'immense émotion soulevée par les neuf morts de Charonne a longtemps fait écran au souvenir des dizaines de victimes du 17 octobre 1961. Comme si les seconds faisaient partie de notre histoire française, tandis que les premiers étaient assignés à la seule cause algérienne. Suivant pas à pas la route arpentée par Jean-Luc Einaudi, Fabrice Riceputi déploie avec autant de pédagogie que de rigueur historiennes tous les enjeux politiques de cette occultation. Et nous fait comprendre pourquoi le combat mené pour y mettre fin dépasse le seul événement lui-même et recouvre l'actualité persistante, en France, du passé colonial.

« La bataille d'Einaudi », titre initial de son livre dans sa première édition de 2015, fut celle d'un homme et d'un militant emblématique d'une génération venue au souci du monde et des autres à travers la solidarité avec les peuples opprimés et les minorités dominées. Rendre visible le 17 octobre 1961, c'était obliger la France et sa République à affronter et à assumer une vérité douloureuse qui bat au cœur de la part algérienne de notre histoire et de notre peuple. Tel fut le sens de l'appel lancé en 2011, pour son cinquantenaire, par Mediapart, réclamant la reconnaissance officielle de ce massacre colonialiste et raciste commis sur ordre de l'autorité gouvernementale par des policiers de la République française. En voici le texte :

> Il y a cinquante ans, le préfet de Police de la Seine, Maurice Papon, avec l'accord du gouvernement, imposa un couvre-feu visant exclusivement tous les Français musulmans d'Algérie.
> Ce couvre-feu raciste entraîna une réaction pacifique des Algériens, sous la forme d'une manifestation dans les rues de Paris. Au soir du mardi 17 octobre 1961, ils furent près de trente mille, hommes, femmes et enfants, à défiler pacifiquement sur les grandes artères de la capitale pour revendiquer le droit à l'égalité et défendre l'indépendance de l'Algérie.
> La répression policière de cette protestation non violente est une des pages les plus sombres de notre histoire. Longtemps dissimulée à l'opinion et désormais établie par les historiens, elle fut féroce : onze mille arrestations, des dizaines d'assassinats, dont de nombreux manifestants noyés dans la Seine, tués par balles, frappés à mort.
> Le temps est venu d'une reconnaissance officielle de cette tragédie dont la mémoire est aussi bien française qu'algérienne. Les

victimes oubliées du 17 octobre 1961 travaillaient, habitaient et vivaient en France. Nous leur devons cette justice élémentaire, celle du souvenir.

Reconnaître les crimes du 17 octobre 1961, c'est aussi ouvrir les pages d'une histoire apaisée entre les deux rives de la Méditerranée. En 2012, l'Algérie fêtera cinquante ans d'une indépendance qui fut aussi une déchirure française. À l'orée de cette commémoration, seule la vérité est gage de réconciliation.

Ni vengeance ni repentance, mais justice de la vérité et réconciliation des peuples : c'est ainsi que nous construirons une nouvelle fraternité franco-algérienne.

Dix ans ont passé qui prouvent que nous ne sommes pas au bout de nos peines et que, plus que jamais, nous devons poursuivre « la bataille d'Einaudi » ainsi que l'explique Fabrice Riceputi dans une postface inédite. Aujourd'hui, alors que paraît cette réédition, les nombreux signataires de l'appel lancé par Mediapart seraient officiellement voués aux gémonies et cloués au pilori, symboles du « séparatisme », supposés « islamo-gauchistes » et incarnation de « l'anti-France ».

Que de régression en une décennie quand l'on compare la grande diversité des signatures de cet appel de 2011, soutenu à l'époque par toutes les forces politiques de la gauche française, à l'actuel climat idéologique, aussi politiquement nauséabond que médiatiquement dominant ! La chasse aux sorcières décoloniales est officiellement ouverte à l'Université par un pouvoir macronien qui, avec le soutien de l'intelligentsia néoconservatrice, fait la courte échelle à l'extrême droite tandis qu'au Parlement les députés socialistes s'abstiennent sur un projet de loi qui, pourtant, porte atteinte à nos libertés fondamentales au prétexte de la lutte contre un

« séparatisme » imaginaire visant, en réalité, toute dissidence, toute radicalité, toute audace émancipatrice.

Trop tôt disparu, moins de trois ans après, le 22 mars 2014, Jean-Luc Einaudi figurait évidemment au nombre des signataires de cet appel de Mediapart. C'est peu dire qu'il y avait toute sa place. Vingt ans auparavant, lors du trentième anniversaire du massacre, la parution en octobre 1991 de son livre, *La Bataille de Paris*[1], avait radicalement modifié le rapport de force dans l'affrontement entre le déni officiel et l'exigence de vérité.

Non pas qu'Einaudi fût le premier ou le seul, bien au contraire. Il y avait eu, dès novembre 1961, *Ratonnades à Paris* de Paulette Péju, immédiatement saisi par la police – Paulette Péju dont Gilles Manceron exhumera, en 2011, un manuscrit inédit, coécrit avec son compagnon Marcel Péju, *Le 17 octobre des Algériens*[2]. En 1983, le roman *Meurtres pour mémoire* propulsait le massacre dans l'imaginaire national en même temps qu'il imposait un jeune écrivain, Didier Daeninckx[3].

En 1985, six ans avant *La Bataille de Paris*, Michel Levine publiait *Les Ratonnades d'octobre* avec ce sous-titre : « Un

1. Jean-Luc Einaudi, *La Bataille de Paris. 17 octobre 1961*, Paris, Seuil, 1991.

2. Paulette Péju, *Ratonnades à Paris*, Paris, Éditions François Maspero, 1961. Réédité à La Découverte Poche en 2000, précédé de *Les Harkis à Paris*, avec une préface de Pierre Vidal-Naquet ; Marcel Péju et Paulette Péju, *Le 17 octobre des Algériens*, suivi de *La Triple Occultation d'un massacre* par Gilles Manceron, Paris, La Découverte, 2011.

3. Didier Daeninckx, *Meurtres pour mémoire*, Paris, Gallimard, « Série noire », 1983.

meurtre collectif à Paris en 1961[1] ». Enfin, en octobre 1991, en même temps que paraissait le livre de Jean-Luc Einaudi, l'association « Au nom de la mémoire », animée par Mehdi Lallaoui, éditait *Le Silence du fleuve* sous la signature d'Anne Tristan, dont le texte poignant était accompagné d'une exhaustive recherche iconographique des preuves photographiques, notamment de l'indomptable reporter Élie Kagan, portant témoignage de la violence de la répression[2].

Mais ce n'est pas parce que la vérité était connue, établie par des témoins, illustrée par des écrivains, racontée par des associations, qu'elle était audible et, encore moins, entendue. L'événement Einaudi, c'est d'avoir mis fin à cette surdité dominante. Et de l'avoir fait grâce à un travail de recherche d'une ampleur alors inégalée, dont Riceputi raconte la genèse. Avec une infinie modestie devant l'ampleur de la tâche, doublée du fier sentiment d'accomplir une mission décisive, cet éducateur de métier s'est fait historien en forçant absences et silences. Absences des témoins survivants du massacre qu'il alla patiemment retrouver puis longuement écouter en Algérie même, mettant en œuvre une pratique sensible de l'histoire orale qui donnait corps et chair à l'événement. Silences des archives, verrouillées et cadenassées, qu'il réussit à percer avec l'aide de deux archivistes révoltés par l'imposition de la raison d'État à la vérité historique, lesquels payèrent le tribut de leur audace, tels des lanceurs d'alerte en avance sur leurs institutions.

1. Michel Levine, *Les Ratonnades d'octobre*, Paris, Ramsay, 1985.
2. Anne Tristan, *Le Silence du fleuve* [1991], Paris, Syros, 2001.

Ce faisant, Jean-Luc Einaudi est de ceux qui ont sauvé une génération, celle des engagements de 1968 et d'après. Militant communiste oppositionnel, ayant rejoint autour de Jacques Jurquet (1922-2020) la dissidence du Parti communiste marxiste-léniniste de France (PCMLF), il aurait pu, comme certaines figures notables de cette époque où « le fond de l'air [était] rouge », pour reprendre une formule du cinéaste Chris Marker, jeter ses idéaux aux orties des illusions dès lors qu'au tournant des années 1980 ils n'étaient plus portés par le vent favorable des mobilisations populaires et des contestations juvéniles. Ce fut tout l'inverse : refusant les tentations du reniement et du carriérisme, il transforma son militantisme partisan en engagement vital. De l'un à l'autre, il conserva la pratique de l'enquête de terrain, c'est-à-dire le souci de la parole des premiers concernés, la méfiance pour les généralisations abstraites et la recherche entêtée de la vérité des faits.

Resté éducateur pour la jeunesse, Einaudi se fit ainsi historien des obscurs et des sans-grade, dans le sillage de l'histoire du mouvement social théorisée et pratiquée par Jean Maitron, l'inventeur du *Dictionnaire biographique du mouvement ouvrier*[1]. Car *La Bataille de Paris*, réédité dans une version augmentée en 2001[2], n'est qu'un titre parmi de nombreux autres d'une œuvre foisonnante où des investigations historiques inédites côtoient des portraits humains

1. Voir Edwy Plenel, *Voyage en terres d'espoir*, Ivry-sur-Seine, Éditions de l'Atelier, 2016.

2. Jean-Luc Einaudi, *Octobre 1961, un massacre à Paris*, Paris, Fayard, 2001.

originaux. Tous ces travaux sont comme un pont jeté entre les deux rives de la Méditerranée, liant indissolublement les luttes émancipatrices en France et en Algérie. Einaudi donne ainsi vie aux causes communes partagées par des hommes et des femmes pour qui l'égalité n'était pas un mot abstrait, mais une histoire vécue.

Son œuvre rend hommage à la part de lumière du communisme dans sa version internationaliste, de fraternisation des peuples sans hiérarchie d'origine, de culture ou de condition. Commencée en 1986 avec Fernand Iveton, martyr du Parti communiste algérien, guillotiné sous un gouvernement socialiste dont François Mitterrand était ministre de la Justice, elle se poursuivit en 1991 par une enquête sur un centre de torture, à Constantine, la ferme Améziane, dont les responsables n'ont jamais été inquiétés. Puis vint l'événement de *La Bataille de Paris*, complété en 2009 par *Scènes de la guerre d'Algérie en France* et suivi d'autres enquêtes, non seulement sur la guerre d'Algérie avec *Le Dossier Younsi*, dévoilement du procès secret et des aveux d'un chef FLN en France – son dernier livre –, mais aussi sur cette jeunesse reléguée qu'il avait choisi d'accompagner professionnellement – *Les Mineurs délinquants* en 1995 et *Traces* en 2006, plongée dans les registres d'écrou d'une maison de redressement sous l'Occupation[1].

Mais, de tous les livres d'Einaudi, ceux qui m'émeuvent plus particulièrement sont ses biographies des héros ordinaires de cette résistance farouche à l'injustice. Certes des

1. Les références des ouvrages de Jean-Luc Einaudi se trouvent dans les repères bibliographiques, p. 307.

hommes, tels Maurice Laban, Algérien communiste, internationaliste et, donc, indépendantiste ; Georges Mattéi, franc-tireur, passeur de frontières et fabricant de faux papiers ; ou Georges Arnold, ce prêtre du Prado dont la foi chrétienne fut d'entière révolte. Mais aussi, et surtout, deux femmes dont les destins ont croisé la quête de Jean-Luc Einaudi. Et, sans doute, l'ont inspiré.

Un rêve algérien, sous-titré « Histoire de Lisette Vincent, une femme d'Algérie », et *Baya, d'Alger à Marseille*, biographie de la compagne de son camarade Jacques Jurquet qui fut une pionnière du féminisme en Algérie sous la bannière du Parti communiste algérien, sont des récits jumeaux. Deux femmes engagées contre toutes les dominations, de classe ou de sexe, d'origine, de genre ou de race, sans en excepter aucune, sans hiérarchiser, trier ou relativiser. Deux hautes figures qui, au-delà de leurs proches, seraient plongées dans l'oubli sans ces portraits sensibles et généreux d'Einaudi. Deux belles personnes qui, grâce aux recherches de l'éducateur historien, se sont enfin retrouvées à la fin de leurs vies après avoir été camarades durant leur militantisme algérien.

Au-delà du 17 octobre 1961, le récit de Fabrice Riceputi donne à voir cet humanisme concret, tout en actes et tissé de précautions, dont sont empreints les travaux de Jean-Luc Einaudi. À l'image de sa vie même, celle d'un homme de convictions qui ne faisait pas carrière, habité par le salut des autres plutôt que par le souci de soi. S'il réussit si bien à nous le communiquer, c'est sans doute parce que Riceputi, qui fut aussi militant dans sa jeunesse, est de la même trempe. Professeur d'histoire en collège, il est ainsi l'artisan d'un exceptionnel tombeau numérique qui offre une sépulture virtuelle aux milliers de disparu·e·s de la guerre d'Algérie. Le site « 1000autres.org » recueille, rassemble et recoupe récits, témoignages, documents sur celles et ceux qui furent « enlevés, détenus clandestinement, torturés et parfois assassinés par l'armée française[1] ».

Pour l'heure, un seul lieu de mémoire porte officiellement témoignage dans notre Hexagone des crimes commis par la France pendant la guerre d'Algérie : c'est le cénotaphe de Maurice Audin, tombe sans corps au cimetière parisien du Père-Lachaise du jeune mathématicien communiste algérois mort sous la torture en 1957. Aussi bienvenue soit-elle, la reconnaissance tardive de son assassinat par l'armée française, à mots encore retenus par François Hollande en 2014, plus explicites sous Emmanuel Macron en 2018, ne suffit pas à rendre justice à la longue cohorte des supplicié·e·s. Il manque toujours, à l'instar du discours prononcé en 1995 par Jacques Chirac à Paris sur l'emplacement du Vél' d'Hiv pour reconnaître la participation de l'État français de Vichy à la destruction des Juifs d'Europe, une parole officielle ayant le courage, au nom de la République française, de proclamer l'injustice foncière du colonialisme et de présenter à la face du monde les excuses de l'État français pour les crimes commis contre d'autres peuples.

1. Conçu par l'historienne Malika Rahal et Fabrice Riceputi, le site « 1000autres.org » utilise les vertus participatives du numérique pour un « appel à témoins » de façon à retrouver la trace des milliers de disparus de 1957 à Alger, à l'instar de Maurice Audin.

Jean-Luc Einaudi a dévoué sa vie à l'exigence de cette parole salvatrice qui, loin de diviser et fracturer, nous apaiserait et nous libérerait, à la fois consolatrice et réconciliatrice. Tant que le placard à mémoires blessées et meurtries restera verrouillé, tant qu'un passé non révolu continuera de nécroser le présent, bref, tant que la question coloniale ne sera pas soldée, la diversité de notre peuple léguée par sa longue histoire coloniale continuera d'être humiliée et bafouée, tandis que ses causes communes démocratiques et sociales se heurteront à un mur de diabolisation et de stigmatisation. Car colonialisme et racisme ont indéfectiblement partie liée : nul combat abouti contre le second, ses discriminations ordinaires et son idéologie meurtrière, si le premier est encore louangé ou honoré.

Le racisme est une machine de guerre contre l'affirmation autonome de la vitalité populaire, le cheval de Troie de sa dépossession et de sa soumission. En jetant en pâture des boucs émissaires, en accoutumant aux discriminations, en autorisant des violences, il répand le poison d'une inégalité naturelle, liée à l'apparence ou à l'origine. Et, dès lors, il légitime une remise en cause générale de l'égalité des droits. Or c'est ce dont toute l'histoire européenne témoigne, tant le racisme fut consubstantiel de la projection de notre continent sur le monde, de son accumulation de richesses, de ses appétits de domination, jusqu'à enfanter la monstruosité du crime contre l'humanité. C'est en affrontant cette vérité, et donc en soldant son héritage colonial, que l'on évitera le retour, inévitablement meurtrier, d'une hiérarchie des humanités.

Le chemin vers nos modernités est indissociable des idéologies de nations et de civilisations supérieures à d'autres, donc de peuples et de cultures inférieurs. Il fut pavé par l'esclavage (mise en servitude et exploitation forcenée des populations africaines), la conquête (prise de possession et annexion violente de territoires sur tous les continents), l'extermination (annihilation de peuples premiers, notamment les Indiens d'Amérique), le colonialisme (refus de l'égalité des droits aux indigènes), l'impérialisme (course à la puissance mondiale dont la xénophobie et le nationalisme furent les leviers), l'antisémitisme (cristallisation du racisme impérialiste en haine de l'humanité via la diabolisation du Juif – autre, différent, cosmopolite, diasporique, etc.).

Le nazisme est en effet au bout de la chaîne, comme le rappelait Aimé Césaire dans son *Discours sur le colonialisme* au mitan du siècle dernier[1] :

> C'est là le grand reproche que j'adresse au pseudo-humanisme : d'avoir trop longtemps rapetissé les droits de l'homme, d'en avoir eu, d'en avoir encore une conception étroite et parcellaire, partielle et partiale et, tout compte fait, sordidement raciste. […] Au bout du capitalisme, désireux de se survivre, il y a Hitler. Au bout de l'humanisme formel et du renoncement philosophique, il y a Hitler.

Antifascisme, antiracisme et anticolonialisme marchent de concert. Qu'ils divergent, qu'ils soient dissociés ou opposés, et la brèche par laquelle s'engouffreront les idéologies inégalitaires

1. La première édition du *Discours sur le colonialisme* d'Aimé Césaire date de 1950, à une époque où le poète martiniquais et maire de Fort-de-France était député communiste. Puis il fut réédité en 1955 aux éditions Présence africaine.

ne cessera de s'agrandir. Tel est le message que nous ont légué celles et ceux qui ont soutenu le droit du peuple algérien à être libre de sa destinée, à ne plus être infériorisé et discriminé, à revendiquer cette égalité en dignité et en droits que proclament des principes universels et qu'ont niée les dominations coloniales. Ce fut le sens de la vie et de l'œuvre de Jean-Luc Einaudi, toute de passion décoloniale dressée face à la citadelle certes branlante mais toujours debout des préjugés et des privilèges où se complaisent les tenants des civilisations, nations, cultures, origines, naissances, etc., supérieures à d'autres.

À rebours des inutiles guerres des mémoires et des fratricides concurrences des victimes, l'énoncé de la vérité sur le passé permet de se reconnaître dans le présent et de se découvrir pour le futur. C'est cet usage collectif du passé qu'avaient su inventer, avec Nelson Mandela et Desmond Tutu, les militants du combat contre l'apartheid en Afrique du Sud, au lendemain de la chute du régime raciste. L'épilogue de la Constitution provisoire de l'Afrique du Sud de 1993 utilise un mot des langues bantoues, *ubuntu*, qui désigne « la qualité inhérente au fait d'être une personne avec d'autres personnes ».

C'est, en d'autres termes, un appel à la relation, par-dessus les drames et les blessures, que ce premier texte constitutionnel traduisait ainsi :

> L'adoption de cette Constitution pose la fondation solide sur laquelle le peuple d'Afrique du Sud transcendera les divisions et les luttes du passé qui ont engendré de graves violations des droits de l'homme, la transgression des principes d'humanité au cours de conflits violents, et un héritage de haine, de peur, de culpabilité et de vengeance. Nous pouvons maintenant y faire face, sur la base d'un besoin de compréhension et non de vengeance,

d'un besoin de réparation et non de représailles, d'un besoin d'*ubuntu* et non de victimisation.

L'histoire algérienne de la France, qui touche directement des millions de Français, leurs proches et leurs descendances – parce qu'ils en viennent, parce qu'ils en sont issus, parce qu'ils y ont participé, parce qu'ils en ont été témoins ou acteurs, etc. –, attend encore son *ubuntu*. Mais ce geste à venir concerne aussi, plus largement, notre rapport collectif au long passé d'empire colonial de la France, dont l'année 1962 marque la fin bien que nos outre-mers d'aujourd'hui, des Antilles à la Nouvelle-Calédonie, en soulignent encore la persistance. Il nous revient de réinventer cette relation d'humanité mutuelle où se refonde durablement la politique des peuples, en lieu et place des intérêts à courte vue des gouvernants.

> Il n'est pas interdit [écrivait en 2004 l'historien Maurice Olender en introduction à un numéro de sa revue *Le Genre humain* autour de la Commission Vérité et Réconciliation sud-africaine[1]] de s'inspirer de cette forme d'humanité mutuelle qui fait que ce qui blesse l'un atteint l'autre, que ce qui panse l'un guérit l'autre, que ce qui autorise la mémoire et l'oubli des uns et des autres ouvre l'avenir à des projets politiques communs.

Tel serait le sens de cette nouvelle fraternité franco-algérienne à laquelle Jean-Luc Einaudi a dévoué sa vie, dans

1. *Vérité, réconciliation, réparation*, sous la direction de Barbara Cassin, Olivier Cayla et Philippe-Joseph Salazar, *Le Genre humain*, n° 43, 2004/2, Paris, Seuil.

l'idée d'une pratique sensible de la politique, d'intuition de la relation et d'écoute de l'autre.

Faisant l'histoire de l'occultation du 17 octobre 1961, Gilles Manceron, préfacier de la première édition de ce livre, raconte qu'au soir du 8 février 1962, à la prison de la Santé, un Français emprisonné pour son soutien au FLN entendit soudain un silence de plomb, alors que circulait la nouvelle des morts de Charonne. Puis, poursuit ce témoin, « d'un seul coup, on a entendu, avec l'accent algérien, monter *La Marseillaise*, le "Allons enfants de la patrie". Je vous assure qu'on était tous là à se tenir la main, et là une émotion… qui rejaillit encore aujourd'hui. C'était leur hommage aux morts de Charonne, qui étaient contre la guerre d'Algérie… et qui étaient aussi leurs morts ».

Comme ceux de Charonne le sont pour les Algériens, les morts du 17 octobre 1961 sont, eux aussi, les nôtres. Pourtant, rappelait Anne Tristan, en clôture de son *Silence du fleuve*, le souvenir de Charonne servit longtemps à les occulter :

> Les funérailles fleuves de février glissent dans les rues de Paris, effaçant des esprits les méandres glauques de la Seine. Les victimes du 17 se noient cette fois dans la mémoire des Français. Depuis, ce silence qui sépare l'humanité n'a pas été comblé.

Car il n'est d'autre séparatisme que l'oubli des autres, et plus particulièrement des opprimés, exploités et dominés. D'autre séparatisme que l'indifférence à leur sort, le refus de l'entraide, la haine de la fraternité. Contre ce déni d'humanité où se ruine notre propre condition d'être humain, l'anticolonialisme dresse un humanisme radical, sans frontières d'origine, ni privilèges de naissance, ni préjugés d'apparence. Et c'est bien pourquoi sa force subversive est intacte, au point de susciter une grande peur des bien-pensants acharnés à la discréditer et à la calomnier.

Soldat de la France libre qui, par le détour de la cause algérienne, devint le chantre des *Damnés de la terre*, le Martiniquais Frantz Fanon leur avait répondu par anticipation, dès 1952, avec cette injonction qu'aurait pu énoncer Jean-Luc Einaudi tant, toute sa vie, il y fut fidèle :

> Que jamais l'instrument ne domine l'homme. Que cesse à jamais l'asservissement de l'homme par l'homme. C'est-à-dire de moi par un autre. Qu'il me soit permis de découvrir et de vouloir l'homme où qu'il se trouve.

Oui, où qu'il se trouve. D'où qu'il vienne. Quel qu'il soit.

Achevant ce double hommage, à l'œuvre-vie de Jean-Luc Einaudi comme au récit empathique de Fabrice Riceputi, je pense à Élie Kagan (1928-1999), inlassable photoreporter des engagements qui soulevèrent nos jeunesses des années 1960 et 1970. À sa générosité joyeuse et fraternelle. À ses indignations toujours à vif. À notre camaraderie. L'objectif de son appareil photo en fit le grand témoin de la « nuit noire » du 17 octobre 1961, à tel point qu'il y découvrit sa voie de photographe engagé. Juif, il avait dû porter l'étoile jaune sous l'Occupation. Et quand, en 1969, il voulut coucher sur le papier sa colère intacte afin d'accompagner ses photos qui prouvaient le massacre, ses souvenirs s'entrechoquèrent.

Jamais publié jusqu'à ce qu'une archiviste du musée d'Histoire contemporaine de la BDIC de l'université de Nanterre l'exhume, ce manuscrit incandescent a la force évocatrice d'un poème. En voici un extrait :

17 octobre 1961 [...]
Plus tard on appellera cette chaude journée Ratonnades à Paris.
Des Arabes par milliers. Concorde, Solférino, Rue de Lille,
hommes casqués. Ma peur qui me surprend.
Octobre 61
Juillet 42
Octobre 61
Juillet 42
Métro, wagons bondés
Français, nez contre vitres, indifférents
On tire, on tue, et puis on efface vite
Et moi Seul, tout seul avec ma peur au ventre
Qui fais mon métier d'homme
Et fixe pour toujours
Le crime, l'assassinat
La mort des innocents
En espérant, Naïf
Que peut-être les images réveilleront les autres
Amorphes, endormis, égoïstes... ou pourris
[...]
Des souvenirs qui m'assaillent
16 juillet 1942
Le Vél' d'Hiv plein de juifs
Français indifférents
Et partent puis
Meurent au loin
Innocents, innocents
Et moi j'ai survécu, j'ai lu
J'ai étudié
Réussite

Faire ce que je veux
Faire ce que je dois

Comme Élie Kagan, Jean-Luc Einaudi a fait ce qu'il devait : son métier d'homme.

6

Leur République et la nôtre

Voici le roman d'une vie qui bascule, en quête d'idéal.

C'est le propos de *Paris*, ce dernier volume, après *Lourdes* et *Rome*, de la série des *Trois Villes* écrite par Émile Zola quand il eut clos les vingt volumes des *Rougon-Macquart* en 1893. Ces derniers avaient pour théâtre le Second Empire révolu, dont ils se voulaient l'« histoire naturelle et sociale ». Cette fois, l'intrigue se joue au présent immédiat, au plus près d'une jeune République, la Troisième, enfin installée à demeure. Une République dont cette réédition nous rappelle, en suivant le chemin de vérité alors emprunté par Zola lui-même, combien elle est un champ de bataille : jamais achevée ni figée, sans cesse à réinventer, toujours à refonder si, du moins, l'on veut qu'elle honore sa promesse démocratique et sociale[1].

Ce présent, qui fait la matière de *Paris*, n'a pas d'âge.

La foi et ses croyances, la révolte et ses raisons, l'engagement et ses perditions, avec en fond de scène la modernité, ses lumières et ses ombres, la richesse, ses impostures et ses

1. Ce chapitre reprend ma préface à la réédition de *Paris* dans la collection « Points Classiques », en 2021. Les références des livres cités sont p. 308.

misères, la ville, ses mystères, ses plaisirs et ses souffrances, y sont en effet les protagonistes d'une action qui peut aisément se lire en résonance avec nos débats d'aujourd'hui. Obscurantisme religieux, radicalités anarchistes, tentations terroristes, politique affairiste, arrogance capitaliste, désespérance sociale, corruption médiatique, etc. : tout ce qui se bouscule dans *Paris* nous parle encore.

Mais, ici, la vie qui bascule n'est pas seulement celle du héros principal, Pierre Froment, abbé qui finira par renoncer à la prêtrise, perdre la foi et trouver l'amour. Ni celle de son frère, le chimiste anarchiste Guillaume, qui abandonnera son projet de faire sauter le Sacré-Cœur, cette basilique construite sur la butte Montmartre, inaugurée en 1891, vingt ans après la Commune de Paris dont elle humiliait le souvenir en signe d'expiation.

Non, la vie qui bascule, de la fiction au réel, est aussi celle de leur créateur, Zola lui-même.

Ce roman, le plus ancré dans l'actualité de toutes ses œuvres, est aussi le plus explicitement politique, confrontant la politique instituée, parlementaire, ministérielle, partisane, à sa contestation radicale au nom des misères sociales et des souffrances populaires, opposant le cynisme de ceux qui vivent de la République sans y croire aux idéaux de ceux qui la vivent en gardant, chevillée au corps, la foi de l'égalité.

Après *Le Docteur Pascal*, dernier volume des *Rougon-Macquart*, Zola avait d'abord projeté un roman intitulé *Le Déchet* qu'il imaginait comme « une fresque immense, tout ce qu'une ville comme Paris tue de germes, dévore d'êtres à naître, consomme d'avortements ». Le cycle des *Trois Villes* l'a remplacé, avec *Paris* en feu d'artifice final. Or on ne peut s'empêcher de rapprocher le bouillonnement qui traverse ce « roman empli d'action », un « roman total », « le livre le plus vivant et le plus intéressant que j'aie jamais écrit » selon l'auteur lui-même, de la passion politique qui, parallèlement, saisit Zola.

Car *Paris*, sa maturation, son écriture, sa publication, accompagne ce tournant décisif, unique tant il fut sans précédent, de la vie de l'écrivain : son engagement total pour la cause d'un innocent et pour l'honneur d'un pays. C'est l'affaire Dreyfus. Depuis le 14 avril 1895, le capitaine Alfred Dreyfus est emprisonné sur l'île du Diable, au large de la Guyane, dans des conditions barbares, après avoir été jugé à huis clos et condamné, le 22 décembre 1894, pour trahison à la déportation perpétuelle et à la dégradation publique. Il s'agit d'une ignominie : Dreyfus n'est pas coupable, les preuves sont trafiquées, les témoignages sont faux et, surtout, l'antisémitisme est au ressort de cette machination.

Avant de paraître en volume, courant 1898, à la Bibliothèque-Charpentier, tout juste reprise par l'éditeur Eugène Fasquelle, *Paris* est publié en feuilleton dans *Le Journal* du 23 octobre 1897 au 9 février 1898. Or ce sont précisément les semaines où Zola entre dans la bataille pour l'innocence du capitaine Alfred Dreyfus, ou plutôt s'y jette à corps perdu tant il est convaincu qu'il y va du salut de la République et, au-delà, de la France. Les trois premiers articles de sa campagne paraissent dans *Le Figaro* le 25 novembre, le 1er et le 5 décembre 1897. Ses lettres, l'une à la jeunesse, l'autre à la France, sont publiées en brochure chez Charpentier-Fasquelle le 14 décembre 1897 et le 7 janvier 1898. Et son célèbre « J'accuse… ! », en forme de *Lettre au Président de la République*, fait la une de *L'Aurore* le 13 janvier 1898.

Les épisodes de *Paris* s'égrènent donc dans un climat de bataille rangée projetant son auteur au cœur d'une tempête qui ne s'apaise pas de sitôt. Le 7 février 1898, deux jours avant la fin du feuilleton dans *Le Journal*, s'ouvre le procès de l'écrivain, pour diffamation sur plainte du ministre de la Guerre. Procès au terme duquel il est condamné à un an de prison, peine le contraignant à se réfugier en Angleterre dans un exil qui a duré près d'une année. La violence antisémite se déchaîne, Zola devenant l'incarnation de « l'anti-France », « métèque » honni des xénophobes puisque fils d'immigré italien faisant cause commune avec les Juifs stigmatisés. Des Juifs dont il avait pris tôt la défense dans un article qui, s'il n'évoque pas le sort funeste du capitaine Dreyfus, marque le premier pas de son engagement.

Ce texte, dont le titre, *Pour les Juifs*, claque comme un défi, désigne clairement l'enjeu de l'Affaire : l'antisémitisme, sur fond de vieil antijudaïsme chrétien, cette haine de l'Autre et de l'Ailleurs, du différent ou du dissemblable, de l'étranger, du minoritaire, du dissident. *Pour les Juifs* paraît en première page du *Figaro* le 16 mai 1896 alors que le deuxième tome des *Trois Villes*, *Rome*, sort tout juste en librairie et que ce bourreau de travail mûrit déjà la suite, *Paris*, qu'il achève à l'été 1897.

Les premières lignes de l'article annoncent le sursaut d'un homme dressé contre son propre monde, son milieu littéraire, ses fréquentations amicales. Elles n'évoquent pas seulement ce qu'il lit dans la presse, notamment *La Libre Parole* férocement nationaliste, xénophobe et antisémite, d'Édouard Drumont, l'auteur à succès de *La France juive*, pamphlet publié en 1886 chez Flammarion. Un journal qui n'a pas attendu l'Affaire pour le calomnier et le salir : « Si vous aimez les images obscènes, les accouplements, les déjections, les excréments, votez Zola », y lit-on le 10 février 1896 quand l'écrivain candidate au fauteuil d'Alexandre Dumas fils à l'Académie française.

Mais la riposte de Zola porte au-delà : elle s'insurge contre ce qu'il entend tout autour de lui dans cette vie parisienne dont Drumont, qui se fait élire député d'Alger en 1898, est alors l'histrion néfaste, menant croisade contre la « juiverie cosmopolite » et proclamant que l'antisémitisme « est admis par tous ceux qui pensent ».

Personnage emblématique de la vie littéraire, auteur à succès, puissance reconnue et sollicitée, président de la Société des gens de lettres pour la seconde fois, officier de la Légion d'honneur depuis 1893, candidat régulier (et refusé) à l'Académie française, Zola ne s'abaisse pas à répondre directement à Drumont. Il cible ses complices : les bouches méprisantes, les oreilles complaisantes, les regards entendus qui accompagnent la campagne monstrueuse de *La Libre Parole*, faisant droit à ce préjugé antisémite qui rôde sans gêne ni embarras dans les salons, les banquets, les conversations entre écrivains, les discussions avec des officiels, sans parler des états-majors militaires qui feront bloc contre Dreyfus et ses soutiens. À tel point que le colonel Picquart, qui découvre la trahison d'Esterhazy, le véritable traître, cette même année 1896, ce qui l'amène à épouser la cause de l'innocence de Dreyfus, n'en était pas exempt.

> Depuis quelques années, écrit donc Zola, je suis la campagne qu'on essaye de faire en France contre les Juifs, avec une surprise et un dégoût croissants. Cela m'a l'air d'une monstruosité, j'entends une chose en dehors de tout bon sens, de toute vérité et de toute justice, une chose sotte et aveugle qui nous ramènerait à des siècles en arrière, une chose enfin qui aboutirait à la pire des abominations, une persécution religieuse, ensanglantant toutes les patries. Et je veux le dire.

Puis l'écrivain de conclure son alarme en démasquant, jusque sous son vernis social, le cynisme politicien de cette chasse au bouc émissaire :

> Exploiter les révoltes populaires en les mettant au service d'une passion religieuse, jeter surtout le Juif en pâture aux revendications des déshérités, sous le prétexte d'y jeter l'homme d'argent, il y a là un socialisme hypocrite et menteur qu'il faut dénoncer, qu'il faut flétrir.

Certes, il faudra attendre l'automne 1897 pour que Zola bascule dans l'action, précisément le temps de la conception et de la rédaction de *Paris*. Mais, plus d'un an et demi avant « J'accuse… ! », il se rangeait déjà, et pour l'éternité, aux côtés de celles et ceux qui n'accepteront jamais qu'on stigmatise, en l'enfermant dans une identité supposée uniformément menaçante ou dangereuse, une minorité, quelle qu'elle soit, de croyance, d'origine ou de culture. Oui, pour l'éternité tant, douloureusement instruits par les crimes contre l'humanité qu'ont depuis enfantés les mots de Drumont et ses semblables, nous savons combien, en toute époque et sous toute latitude, cet engrenage terrible peut encore se remettre en marche, profitant d'une éclipse de l'espoir et d'un égarement de la raison.

Ce premier pas de Zola, un pas de géant, allait en entraîner bien d'autres, comme s'il avait rompu des amarres et voguait, sur une mer agitée, à la découverte de rivages inconnus. Or, en ces lieux où campaient les tout premiers et rares dreyfusards, qui rencontre-t-il ? Des anarchistes ! C'est-à-dire nombre de ces socialistes libertaires dont les idéaux tissent l'intrigue de *Paris*, dans une étonnante projection de son roman sur sa propre existence.

En croisant le propos de *Paris* et la vie de son auteur, on découvre un écrivain saisi par son œuvre, soudain requis dans le réel par sa propre fiction. « Entre décembre 1895 et juin 1896, la conscience idéologique de Zola est en travail », écrit très justement son biographe, Henri Mitterand, soulignant ce tournant où, avec la conception de *Paris*, germe une étonnante fusion de l'imagination et de l'action qui ressemble à la traversée d'un miroir.

Cette traversée sans retour entremêle arrachements et découvertes, ruptures et enchantements.

Le 20 décembre 1897, soit moins d'un mois avant « J'accuse… ! », Émile Zola est invité à prononcer le discours d'hommage à Alphonse Daudet au cimetière parisien du Père-Lachaise. Dans le cortège funèbre, il tient les cordons du poêle en compagnie d'Édouard Drumont, l'antisémite directeur de *La Libre Parole*, et aussi de Jules Lemaître, futur président de la Ligue de la patrie française. Quelques jours auparavant, il avait vu pour la dernière fois l'auteur des *Lettres de mon moulin*, lors d'un dîner auquel participait Maurice Barrès qui, comme les Daudet, est un antidreyfusard forcené. La notoriété fait encore écran à la violence, mais pour peu de temps. Derrière le paravent du parisianisme, de ses civilités et de ses accommodements, la haine étend son emprise : « À bas Zola ! », entend-on crier, boulevard Saint-Germain, au passage du cortège qui accompagne Alphonse Daudet vers sa dernière demeure.

Dans l'ébauche de *Paris*, Zola imaginait « une action extrêmement mouvementée », emportant « tous les mondes » dans une métropole remuée « jusqu'aux entrailles ». « Une crise », résumait-il. Il ne croyait pas si bien dire, tant il va la vivre. Une crise, telle est en effet l'affaire Dreyfus : la crise morale de toute une nation. Une crise qui met à l'épreuve, fait un tri impitoyable, transforme des amis en adversaires et des ennemis en alliés.

C'est aussi cette résonance qui nous rend familiers ce roman et ses circonstances : l'impression de ressemblance avec ce qui nous arrive en nos temps incertains et troublés, quand l'intolérance porte haut, prend prétexte d'attentats pour stigmatiser une communauté, gagne des milieux lettrés, informés et cultivés, invite à faire la chasse aux séparatistes et autres mauvais Français, suggère d'épurer l'université, la recherche, l'école et les médias des pensées dissidentes et dérangeantes, promeut une conception autoritaire et identitaire de la République, fait ainsi diversion des urgences sociales et des exigences éthiques, des inégalités et des corruptions, des injustices et des discriminations…

Nous l'apprenons de nouveau : ces épreuves morales sont des moments de bascule où l'on assiste à des déchéances vertigineuses, d'anciennes gloires progressistes rejoignant avec zèle le camp conservateur, comme à des sursauts inattendus, d'anciennes figures conservatrices s'alarmant du recul des droits fondamentaux.

Ironie amère pour Zola, Fernand Xau, le fondateur du *Journal* dans les colonnes duquel *Paris* paraît en feuilleton, est alors en train de basculer dans le camp antidreyfusard – il adhère au demeurant en 1899 à la Ligue de la patrie française. Jeune journaliste, il n'avait pas trente ans quand, en 1880, il publie en brochure le récit de sa première rencontre et d'un long entretien avec l'écrivain. On y trouve cette confidence de Zola, qui annonce la stratégie payante de « J'accuse… ! » : « L'immense avantage du journalisme, c'est de donner une grande puissance à l'écrivain. »

Sous le charme, Xau nous décrit un Zola « tout d'une pièce » :

> C'est un soldat qui va droit à son but, où le devoir et la consigne l'appellent, sans se laisser émouvoir ou déconcerter. Mais c'est aussi une nature indomptable et puissante, qui se jette à corps perdu dans la mêlée littéraire et qui préférera toujours l'âcre odeur de la poudre à l'encens corrupteur des thuriféraires.

Une quinzaine d'années plus tard, le portrait semble inchangé. Mais Xau s'est tout de même trompé. Ou plutôt Zola le dément.

> Que M. Zola nous permette de lui dire [ose le jeune journaliste] : observateur attentif, physiologiste consciencieux, écrivain sincère et descripteur incomparable, il cherche à dominer son époque au lieu de vivre au milieu d'elle. Il voit la foule du haut de son balcon…

Un autre portrait montre combien Xau faisait fausse route. Tandis qu'en janvier 1898 Zola vient d'entrer avec fracas dans la mêlée dreyfusarde, un jeune intellectuel lui rend visite à son domicile parisien du 21 *bis* rue de Bruxelles. Alors socialiste libertaire, vu comme un anarchiste par les socialistes officiels ainsi que par les rapports de police, Charles Péguy, qui vient d'avoir vingt-cinq ans, mène au Quartier latin le combat contre les bandes antisémites. À coups de canne et de poing s'il le faut. « L'heure était redoutable, se souvient-il, et je voulais avoir, de l'homme qui prenait l'affaire sur son dos, cette impression du face-à-face que rien ne peut remplacer. » Zola va sur ses cinquante-huit ans, mais Péguy découvre une jeunesse d'âme inaltérée : « Je crois bien que la sincérité est le caractère le plus profond de Zola. Son entière sincérité est le fondement de sa toujours jeune naïveté. »

« C'était un paysan qui était sorti de sa maison parce qu'il avait entendu passer le coche », écrit le futur fondateur des *Cahiers de la Quinzaine* pour résumer le naturel et l'évidence de son passage à l'action. Nul portrait ne fut sans doute plus juste que cette description de Zola en lutteur paisible, sans bavardages ni artifices.

> L'homme que je trouvais [raconte Péguy] n'était pas un bourgeois, mais un paysan noir, vieilli, gris, aux traits tirés, et retirés vers le dedans, un laboureur de livres, un aligneur de sillons, un solide, un robuste, un entêté, aux épaules rondes et fortes comme une voûte romaine, assez petit et peu volumineux, comme les paysans du Centre.

Comme s'il nous parlait de nos déconvenues contemporaines, Zola confie à son jeune visiteur « la tristesse qu'il avait de l'abandon où les socialistes laissaient les rares défenseurs de la justice ». « Il pensait, commente Péguy, à la plupart des députés, des journalistes, des chefs socialistes. Il ne connaissait guère qu'eux. Je lui répondis que ceux qui l'abandonnaient ne représentaient nullement le socialisme. »

Cette conversation s'inscrit dans le sillage d'une autre rencontre qui détermina la résolution de Zola à s'engager sans réserve pour Dreyfus. Il s'agit de celle avec l'anarchiste Bernard Lazare, d'une famille juive nîmoise, que Péguy portraiture, dans *Notre jeunesse* en 1910, en héros méconnu du camp dreyfusard. C'était en novembre 1896, quelques mois après *Pour les Juifs* dont la parution était en elle-même une manifestation de solidarité. Bernard Lazare venait remettre à l'écrivain sa brochure pionnière, *L'Affaire Dreyfus, une erreur judiciaire*, tout juste imprimée en Belgique. En 1894, quelques mois avant l'arrestation d'Alfred Dreyfus, il avait publié *L'Antisémitisme, son histoire et ses causes*, publication qui avait naturellement incité Mathieu Dreyfus à le contacter pour faire éclater l'innocence de son frère.

L'inattendu, ici, croise la politique et la littérature. Dans sa vie publique, Zola ne professait pas de sympathie particulière pour les anarchistes, qui le lui rendaient bien. En 1871, jeune journaliste durant la Commune de Paris, il avait fait chorus, comme la plupart des écrivains, avec la réaction versaillaise, au point d'écrire pendant la Semaine sanglante : « Il faut que l'insurrection soit écrasée dans son berceau. » Puis, le massacre commis, d'en rajouter en évoquant la « résurrection » de Paris : « Le bain de sang qu'il vient de prendre était peut-être d'une horrible nécessité, pour calmer certaines de ses fièvres. »

Et quand la nouvelle génération anarchiste, adepte de la « propagande par le fait » – c'est-à-dire des attentats –, se leva dans l'illusion de venger ainsi les martyrs communards, Zola ne va pas se mobiliser contre les « lois scélérates » de 1893-1894 qui, prenant prétexte des violences terroristes pour criminaliser les idées contestataires, violentaient l'État de droit, faisant reculer les libertés fondamentales. « Ces bombes qui tuent les pauvres bougres » l'indignent trop pour qu'il s'engage.

Cependant elles l'amènent à s'interroger, dans un questionnement qui anticipe *Paris*, ses attentats anarchistes et ses exécutions capitales. « Aux époques troublées, la folie souffle et la guillotine pourra moins qu'un idéal nouveau », écrit-il quand, le 9 décembre 1893, Auguste Vaillant lance sa bombe dans l'hémicycle de la Chambre des députés. Puis il ajoute : « La persécution ne fait que fortifier la doctrine que l'on veut combattre. » Avec *Paris*, le propos s'affermit et se radicalise : aussi discutable soit sa violence, l'anarchisme y est décrit comme une riposte à la misère et à l'injustice. Dès lors, pour Zola, c'est bel et bien « la terreur bourgeoise » qui « fait la sauvagerie anarchiste ». Dans l'ébauche du roman, il confie qu'il n'entend pas condamner l'anarchisme mais, au contraire, « l'expliquer », « l'excuser même ».

Reste que, pour cette jeunesse révoltée, Zola faisait figure de burgrave. C'est Henri Mitterand qui, dans sa formidable biographie[1], utilise ce mot oublié pour résumer la distance que va soudain effacer l'affaire Dreyfus. Burgrave, autrement dit un vieillard dont les idées paraissent démodées.

1. Henri Mitterand, *Zola*, 3 tomes, Paris, Fayard, 1999-2002.

Or ces cercles littéraires et artistiques, où les théories anarchistes dominent, vont soudain découvrir, dans ce Zola qu'ils mésestimaient, un grand frère partageant leur quête d'idéal.

Ce sont en effet ces milieux libertaires qui furent à l'avant-garde du combat pour Dreyfus, comprenant instinctivement l'enjeu de l'Affaire, alors même qu'un antisémitisme de classe, ce « socialisme des imbéciles », selon le mot de sociaux-démocrates allemands, paralysait les gros bataillons du mouvement ouvrier.

En août 1894, se tient le procès des Trente, en application des « lois scélérates », première scène judiciaire où fut criminalisée la figure de l'intellectuel comme menace pour l'ordre social. Le plus notable des accusés, jugés pour leurs seules idées et fréquentations qui les auraient rendus responsables des attentats, est le critique d'art Félix Fénéon, qui va ridiculiser l'accusation, précipitant sa débâcle, la plupart des accusés étant finalement acquittés. Son avocat est Edgar Demange qui, quelques semaines plus tard, devient le premier avocat d'Alfred Dreyfus, arrêté le 15 octobre 1894.

Maintenant qu'il est devenu patrimoine national, le récit officiel de l'affaire Dreyfus oublie ces radicalités militantes et ces dissidences minoritaires qui en initièrent discrètement la cause quand tant de politiques installés et établis, y compris le jeune député Jean Jaurès, firent d'abord aveuglément crédit aux mensonges de l'état-major.

Si Zola, qui finit par rejoindre ces activistes de la première heure au point de devenir leur étendard, en était *a priori* fort éloigné, ce n'était pas seulement en raison de sa position de puissance au cœur de la république des lettres, mais aussi à cause de la théorie littéraire qu'il professait, le naturalisme, cible des nouvelles avant-gardes artistiques, notamment des symbolistes.

De ce point de vue, le chemin commun finalement emprunté par Émile Zola et Bernard Lazare est un retournement total.

Publiant en 1895 un recueil de ses portraits pour le supplément du *Figaro*, intitulé *Figures contemporaines*, dont les poètes Stéphane Mallarmé et Paul Verlaine sont les figures totémiques, Bernard Lazare l'ouvre par l'assassinat littéraire de Zola, bien dans la manière des assauts polémiques contre les citadelles officielles :

> On a cru qu'il était épique, alors qu'il fut seulement boursouflé, d'une boursouflure propre à cacher l'incohérence grammaticale de ses phrases et de ses périodes. [...] Il fut Révolté, de son état, mais il n'exerce plus guère. Il passe dans la vie comme un pénitent qui se frappe la poitrine et confesse ses erreurs passées. Lui qui faisait fi des distinctions, il les réclame désormais toutes, et volontiers demanderait-il le Mérite agricole parce qu'il écrivit la *Terre* et la médaille militaire parce qu'il a fait la *Débâcle*.

Un an après cet éreintement, le même Bernard Lazare écrit ce compliment à Émile Zola, après avoir refermé *Rome* dont il a apprécié le réquisitoire contre l'obscurantisme religieux, catholique en l'espèce :

> Vous avez écrit hier que vous deviendrez peut-être socialiste, vous l'êtes déjà. Votre livre et cette déclaration vous ferment l'Académie. Laissez-moi m'en réjouir et attendre avec

> impatience ce *Paris* où vous ferez lever et s'épanouir toutes les semences de *Germinal*.

La lettre est du 11 mai 1896, cinq jours avant la parution, le 16, de *Pour les Juifs*. Zola s'empresse de répondre, sans passer sous silence les anciennes offenses :

> Votre lettre m'est infiniment douce, Monsieur, et rien ne pouvait me toucher davantage que cette sympathie inattendue d'un adversaire. Ah ! si la paix pouvait se faire ainsi entre tous les esprits de bonne volonté, sur le terrain de la raison !

C'est ce qui va se produire. En imaginant *Les Trois Villes*, Zola projetait de « chanter l'hymne à l'aurore ». Et voici que cette aurore d'un temps nouveau, frais et vif, où raison, bonté et beauté convergent, devient la sienne alors qu'il approche de la soixantaine.

« Je sens se lever des étoiles nouvelles » : Jean Jaurès cite cette confidence de Zola quand il lui rendit visite dans son exil, à Norwood, près de Londres, le 10 mars 1899.

> Ah ! me disait-il avec une grande simplicité d'accent, que cette crise m'a fait du bien ! [se souvient le leader socialiste en 1901, dans un article de *La Petite République*]. Comme elle m'a rendu insensible à bien des glorioles et des vanités auxquelles, comme tant d'autres, je m'étais trop attaché ! Et comme elle m'a révélé la vie, comme elle m'a ouvert bien des problèmes à des profondeurs que je ne soupçonnais pas ! Je veux donner tout mon effort à la libération des hommes.

Péguy a sans doute le mieux résumé cette renaissance de l'écrivain par la grâce de la rencontre avec une nouvelle génération, tandis qu'il rompait avec la sienne, gagnée par la monstruosité antisémite. C'est à la fin de l'article, paru en 1899 dans la revue *Le Mouvement socialiste*, où il raconte leur rencontre de janvier 1898.

> Zola [écrit-il] changea brusquement de clientèle, ou plutôt il quitta une puissante clientèle de lecteurs pour une ardente compagnie d'hommes libres. Un très grand nombre de jeunes gens qui avaient lu passionnément les premières œuvres de Zola sont devenus de solides antisémites. La plupart des jeunes littérateurs qui se faisaient gloire de ne pas le considérer comme un maître l'ont accompagné ardemment dans la bataille civique. Tous les braves gens qui déploraient l'enseignement de ces livres sont devenus ses hommes. Ceux qui avaient conservé quelques doutes les ont vus disparaître alors. La *Lettre au Président de la République* a évidemment reçu son retentissement de l'œuvre précédente. Mais inversement elle a brusquement éclairé toute l'œuvre précédente, elle en a garanti la brutale sincérité. C'est à ce moment-là qu'une foule s'en est allée, qu'une armée est venue.

Paris est l'atelier littéraire de cette métamorphose qui va emporter Zola au-delà de lui-même. Inlassable peintre des horreurs et des laideurs du monde de l'avoir et du pouvoir, de ses profits et de ses avidités, l'auteur de *La Curée*, du *Ventre de Paris*, de *L'Assommoir*, de *Nana*, de *Germinal*, de *La Bête humaine* et de *L'Argent* – pour ne citer que quelques titres emblématiques du cycle des *Rougon-Macquart* – y laisse entrevoir sa quête inassouvie d'idéal. Critique intraitable de la République instituée, figée par les parvenus qui en vivent, immobilisée par les satisfaits qui s'en croient propriétaires, Zola cherche une République vivante et vibrante. Une République dont l'incessant mouvement émancipateur élève et relève, loin des démagogies et des corruptions qui en salissent et en rabaissent la promesse.

Nullement fortuite, la coïncidence de la parution de *Paris* et de l'engagement de son auteur pour Dreyfus annonce la fameuse distinction formulée par Péguy entre mystique et politique républicaines. Par l'intermédiaire de la foi déçue de Pierre Froment et des idéaux contrariés de son frère Guillaume, Zola nous fait comprendre qu'il y a toujours du spirituel dans l'engagement sincère pour un monde meilleur, plus juste et plus libre. Une quête d'au-delà, d'un au-delà de soi-même, de son sort, de son milieu, de sa condition. Une quête de lointain où se fraie le chemin authentique vers son prochain, dans le souci des autres plus que de soi-même.

C'est, en somme, du spirituel dans une version laïcisée, entraînant quiconque est en quête de justice, qu'il croie au ciel ou non, peu importe, sur le chemin des causes communes de l'égalité. Un spirituel bienvenu pour pouvoir mieux affronter, paisiblement, sereinement, inlassablement, ce « monde moderne » dont parle Péguy dans *Notre jeunesse* et dont Zola fut le peintre. « Le monde qui fait le malin », ajoute l'homme des *Cahiers de la Quinzaine*, ce chrétien indocile et inclassable, « c'est-à-dire : le monde de ceux qui ne croient à rien, pas même à l'athéisme, qui ne se dévouent, qui ne se sacrifient à rien. Exactement : le monde de ceux qui n'ont pas de mystique. Et qui s'en vantent ».

Simplement, honnêtement sincère, ni blasé ni résigné, pas cynique pour un sou, Zola ne faisait pas le malin. Il croyait vraiment à la justice, à la raison, à la liberté, à l'égalité, à la fraternité. Et, dans sa quête rédemptrice, se dressant de toutes ses forces contre la République réactionnaire, il s'est bel et bien sacrifié pour la République émancipatrice, la sienne, la nôtre.

Avec un courage admirable, il fit face aux haines, aux calomnies et aux insultes, aux menaces et aux violences, stoïque durant l'exil, ne se plaignant jamais, rassurant toujours les siens, déterminé et confiant. Jusqu'au sacrifice final puisque l'on pense, désormais, que sa mort à son domicile, dans la nuit du 29 septembre 1902, asphyxié par les gaz toxiques d'une cheminée défaillante, ne fut probablement pas accidentelle. La piste retenue est celle de fumistes, employés d'un petit patron connu pour ses engagements nationalistes, qui en auraient trafiqué le conduit alors qu'ils travaillaient sur les toits les jours précédents.

Rassemblant en 1866 dans *Mes haines* ses critiques littéraires et artistiques de jeune journaliste, Émile Zola fit imprimer ces mots en exergue du recueil : « Si vous me demandez ce que je viens faire en ce monde, moi artiste, je vous répondrai : "Je viens vivre tout haut." » Roman d'action dont les héros sont emportés par leur recherche d'idéal face aux bassesses et aux impostures qui ruinent la République, *Paris* nous invite à faire pareil.

Vivre tout haut, dans le souci inaltéré des deux mots sur lesquels il se clôt : vérité et justice.

7

Penser contre soi-même

Au préalable[1], je dois présenter quelques excuses ironiques devant non pas les péguystes de stricte obédience car il n'y en a pas, heureusement, mais devant les péguystes dans leur pluralité, illustrée récemment par l'ouvrage de Damien Le Guay[2]. Des excuses parce que, la dernière fois que j'ai parlé, à l'automne passé, dans cette même salle de l'Institut catholique, c'était à l'invitation des Amis d'Henri Guillemin, pour un colloque sur « Guillemin et la Révolution française », lequel historien – tous les péguystes le savent – fut quelque

1. Ce chapitre est la retranscription écrite, revue à la marge, de mon intervention orale au colloque « Pensée de Péguy – 1914-2014 » pour le centenaire de la mort au front, le 5 septembre 1914, du fondateur des *Cahiers de la Quinzaine*. Parmi les intervenants de ce colloque, organisé sur deux journées les 14 et 15 mai 2014, à l'École nationale supérieure et à l'Institut catholique de Paris, on comptait nombre d'orateurs qui, au-delà de Charles Péguy, ne s'accordent en rien sur le présent. Ma contribution côtoya ainsi celles d'Alain Finkielkraut, de Jacques Julliard, de Pierre Manent ou de Yann Moix, dont bien des désaccords me séparent. Voir Benoît Chantre et Camille Riquier (sous la dir.), *Pensée de Péguy*, Paris, Desclée de Brouwer, 2015.

2. Damien Le Guay, *Les Héritiers Péguy*, Paris, Bayard, 2014.

peu injuste avec notre ami Charles Péguy[1]. J'aggrave mon cas puisque, après-demain, je serai à Mâcon, à l'occasion de l'assemblée annuelle de cette même association, pour une conférence sur Jean Jaurès, lequel Jaurès, vous vous en souvenez en ce centenaire du début de la Première Guerre mondiale, avait été envoyé par Péguy à l'échafaud, dans une charrette, avec quelques roulements de tambour[2].

Ces excuses présentées, je voudrais y ajouter une précaution. Vous connaissez cette phrase de Péguy : « Ne me dites pas ce que vous dites, dites-moi comment vous le dites, seul le style compte. » Je vais donc, comme un artisan, bricoleur amateur, vous présenter, à partir de mon propre atelier péguyste, non pas « mon » Péguy mais son actualité pour moi, pour le métier que je pratique, le journalisme. Et, à partir de là, j'essaierai d'interroger cette diversité des péguystes d'aujourd'hui.

Le péguysme d'où je pars a deux points d'ancrage, déroulant deux fils qui sont constants dans l'œuvre comme dans la vie de Péguy.

Le premier, c'est la fidélité aux colères originelles : ne pas se rendre, ne pas céder aux corruptions du monde moderne, ne pas arriver, ne pas réussir. Et, par-dessus tout, prendre garde à cette corruption de l'argent, cet équivalent général

1. Henri Guillemin, *Charles Péguy*, Paris, Seuil, 1981.

2. « La politique de la Convention nationale, écrit Péguy en 1913, c'est Jaurès dans une charrette et un roulement de tambour pour couvrir cette grande voix », in *L'Argent, suite*, « Cahiers de la Quinzaine », 9e cahier de la 14e série, 1er janvier 1913.

qui fait que, dès lors, tout se vaut, et que, du coup, rien ne vaut plus rien. Le refus des notabilités, des officialités, même si Péguy a dû résister à quelques tentations académiques.

Ce Péguy-là, pour ma génération, fait écho, en sus du Péguy d'Edmond Michelet et de 1940 face à l'abaissement de Vichy[1], à ces antitotalitaires qui, durant les années 1930, à l'époque des procès de Moscou et des grandes purges, dans leur description de l'imposture stalinienne, dans leur critique pionnière de ce mensonge qui aujourd'hui est une évidence, citaient Péguy en exergue de leurs brochures. Par exemple, ce « Dossier des fusilleurs » en 1936 de la revue littéraire et sociale *Les Humbles* réclamant une commission d'enquête sur le premier procès de Moscou[2]. En exergue, ceci, du Péguy dreyfusard : « Qui ne gueule pas la vérité quand il sait la vérité se fait complice des menteurs et des faussaires. »

De la même manière, ce péguysme-là est aussi celui des intellectuels engagés contre les guerres coloniales dans les années 1950 et militant contre la torture durant la guerre d'Algérie. Pour ne prendre qu'un exemple, François Maspero qui, lançant sa maison d'édition tandis que les Éditions de Minuit faisaient le même ouvrage salutaire pendant cette période sombre de notre histoire, plaça en slogan de ses premiers « Cahiers libres » cette phrase de Péguy que je cite de mémoire : « Ces cahiers auront contre eux tous les salauds de tous les partis. »

1. « L'Appel du 17 juin 1940 » est un tract diffusé par Edmond Michelet (1899-1970) à Brive-la-Gaillarde qui reprend un passage de *L'Argent* de Charles Péguy pour refuser la défaite et inviter à la résistance.

2. *Les Humbles*, n° 9-10, octobre 1936, avec notamment des contributions d'André Breton, de Georges Henein et de Victor Serge.

C'est donc le premier point d'ancrage : le refus de toutes les raisons d'État face au crime, au mensonge, à l'imposture. C'est ce qui fait que nous croyons au ciel ou que nous n'y croyons pas – comme c'est mon cas –, que nous pouvons nous retrouver à l'enseigne de ce chrétien indocile, inclassable et intraitable. Parce que nous partageons avec lui cette évidence qu'il y a une dialectique de l'inquiétude et de l'espérance, et que nos inquiétudes sont l'antichambre de nos espérances.

Le second point d'ancrage tourne autour de la question de la vérité. Le mot vient d'être cité. Non seulement dire la vérité, la gueuler s'il le faut, mais accepter de la recevoir. Même si elle dérange, bouscule ou inquiète. J'ai cité le combat antistalinien, et je voudrais évoquer une autre figure pionnière du combat antitotalitaire, dont les livres – *1984*, *La Ferme des animaux* – sont devenus canoniques. George Orwell disait, je cite de mémoire, que « produire une information, c'est publier ce que d'autres ne veulent pas que vous publiiez, tout le reste n'est que communication ». Et aussi que « parler de liberté n'a de sens qu'à condition que ce soit la liberté de dire aux gens ce qu'ils n'ont pas envie d'entendre ».

Je reviendrai sur Péguy et la vérité, sur Péguy et le journalisme, mais je voudrais souligner combien cet écho de la vérité nécessaire et douloureuse résonne dans d'autres œuvres. On le retrouve dans le dernier cours au Collège de France de Michel Foucault, *Le Courage de la vérité*[1]. Ce courage, ce

1. Michel Foucault, *Le Courage de la vérité, Le Gouvernement de soi et des autres II. Cours au Collège de France 1984*, Paris, Seuil / Gallimard / Éd. de l'Ehess, « Hautes Études », 2009.

n'est pas seulement de la dire, mais c'est surtout de la recevoir. L'incessant défi démocratique, c'est de créer les conditions pour que la société accepte d'entendre la vérité, même si elle en est dérangée, même si elle en est remise en cause.

De la même manière, Hannah Arendt, dans *Vérité et politique*, un texte fameux de 1967[1] que je tiens pour le manifeste philosophique du journalisme, oppose les vérités d'opinion, les vérités de point de vue, les vérités de préjugé, de conviction, de raisonnement, de croyance, d'identité, d'origine, d'appartenance – et il y en aura toujours d'innombrables, honorables ou détestables, raisonnables et folles – à d'autres vérités qui, dit-elle, sont infiniment plus utiles et plus nécessaires, mais qui sont aussi les plus menacées dans notre monde moderne. Ce sont les vérités de fait, ces vérités recoupées, sourcées, documentées, contextualisées.

La preuve qu'elles sont autrement indispensables, c'est que les pouvoirs ne les aiment guère, au point, soulignait déjà Arendt, qu'ils voient les apporteurs de ces vérités de fait, sur le présent ou sur le passé, comme des ennemis beaucoup plus dangereux que les opposants politiques et idéologiques. En démultipliant la libre expression des opinions, la révolution numérique vient aussi confirmer combien la production et la réception de ces vérités de fait déterminent l'intensité démocratique. Si ces vérités de fait, qui fondent un rapport de raison au réel, ne réussissent pas à s'imposer au cœur de l'espace public, de ses débats et de ses médias, le risque est grand qu'il n'y ait plus que l'affrontement des opinions, y

1. Hannah Arendt, « Vérité et politique », dans *La Crise de la culture*, Paris, Gallimard, « Folio Essais », 1989.

compris les pires, excitant les haines et appelant les violences, au point d'installer une guerre de tous contre tous.

Vous aurez compris qu'en partant de ces deux points, la fidélité aux colères originelles et cette question décisive de la vérité, j'en arrive forcément à ce métier que j'ai choisi par hasard, à ce métier dont j'ai fait un engagement : le journalisme.

Face à ce qui le mine, face à ce qui le corrompt, face à ce qui l'abaisse, ce journalisme de gouvernement qui ne cherche sa caution qu'auprès des pouvoirs installés, qu'ils soient politiques ou économiques, et cette presse d'industrie, où d'autres intérêts que l'information viennent se mêler de notre métier pour entraver son libre exercice, Péguy est évidemment une bouée de secours.

Son grand œuvre est un quinzomadaire, ces *Cahiers de la Quinzaine* dont le premier numéro commence par cette « Lettre du provincial », que cette assemblée, je suppose, connaît par cœur [1]. Il y défend, bravache, l'idée d'un « journal vrai », d'un « cahier de renseignement ». Il revendique d'emblée le devoir de dire ces vérités qui dérangent les vérités officielles, les vérités d'État, les vérités de partis. En somme, de dire ce qui ne sera pas dans les journaux. Il le dit, vous le savez, à partir d'une expérience vécue, la censure du compte rendu sténographique qu'il avait fait d'une première assemblée des diverses associations socialistes. Lucien

1. Charles Péguy, « Lettre du provincial », *Cahiers de la Quinzaine*, 1er cahier, 5 janvier 1900.

Herr et d'autres lui imposèrent, le traitant d'anarchiste, de ne pas publier cet étalage des échanges, des débats et des désaccords entre les divers courants de la gauche de l'époque, autrement dit de sa pluralité. Et c'est alors que, dans cette « Lettre du provincial », il annonce son programme : dire la vérité, toute la vérité, rien que la vérité – « Dire bêtement la vérité bête, ennuyeusement la vérité ennuyeuse, tristement la vérité triste ».

Derrière cette proclamation, il y a un engagement qui va au-delà de son enjeu éthique : les vertus de l'événement, de l'inattendu et de l'inédit. Cette vérité qui dérange est forcément un événement tant nous ne l'attendons pas. Elle nous surprend et nous bouscule, elle nous fait réfléchir et nous met en mouvement, elle nous oblige à regarder et à affronter ce que nous ne voulions pas voir, ce qui contredit nos vérités d'opinion, nos vérités d'appartenance, nos certitudes et nos préjugés. Bref, elle nous déplace, et ce déplacement est essentiel dans ce qui est au cœur des idéaux républicains et démocratiques : l'émancipation. Autrement dit, ne pas être fixé à demeure par l'origine, la croyance ou l'appartenance, ne pas être immobilisé, ne pas être enfermé, ne pas être assigné à résidence.

Sur ce chemin de liberté, le présent est un champ de bataille. Péguy disait que, journaliste de quinzomadaire, il travaillait dans les misères du présent : « Dis-moi comment tu traites le présent, et je te dirai quelle philosophie tu es. » Pour Péguy, cela signifiait ne pas être tranquille d'avance, ne pas se rassurer à bon compte, bref, ne pas anticiper demain. C'est pourquoi je dis souvent que les journalistes doivent être interdits d'avenir, qu'ils ne doivent pas prédire le futur tant le présent suffit déjà à les occuper, lequel est encombré par le passé. C'est une vieille sagesse puisque, dans l'Ancien Testament, il est interdit de prédire l'avenir. Version religieuse : si l'homme prétend prédire l'avenir, il empêche la venue du Messie, il se met à la place de Dieu. Notre version laïcisée, c'est que l'événement est ce Messie. L'événement qui surgit, improbable, imprévu, imprévisible, inattendu. Donc, si l'on prétend écrire par avance cette histoire comme si elle était déjà prévisible alors que son récit dépend de nos actions dans le présent, c'est se fermer à la venue de ce Messie qu'est l'événement, ne pas l'entrevoir, ne pas l'accueillir.

« Ne pas vouloir être tranquille d'avance. Ne pas anticiper demain. » C'est ce que recommande Péguy face à ce « monde moderne et intellectuel [qui] ferait tout (et il a tout fait) pour s'évader de la fécondité, de la liberté, de la vie, pour échapper à ce présent qui est fécond, libre, vivant ». « Penser au lendemain. Notre mort », résume-t-il d'une sentence dans un long développement ressassant bien dans sa manière : « Se mettre en avance, se mettre en retard, quelles inexactitudes. Être à l'heure, la seule exactitude. » Être au rendez-vous du présent, la seule garantie de ne pas être tranquille.

Toutes ces citations sont extraites du même texte, resté inédit du vivant de Péguy[1]. C'est cet écrit posthume qui inspire ici mon propos, jusque dans son titre puisqu'on y lit ceci : « Se battre contre l'ennemi ou se battre contre soi-même. Tout est heureux en un certain sens dans la première catégorie et en un certain sens tout est malheureux dans la deuxième. »

1. Charles Péguy, *Note conjointe sur M. Descartes et la philosophie cartésienne [Posthume]*, in *Œuvres en prose complètes*, *op. cit.*, tome III, p. 1278 *sq.*

Oui, se battre contre soi-même. Contre les siens. Contre son monde. Rien de plus difficile. Rien de plus douloureux. Rien de plus redoutable.

J'ai donc choisi de partir de ce texte posthume, écrit des derniers temps de Péguy, juste avant son départ pour la mobilisation générale et sa mort au front, à Villeroy, le 5 septembre 1914. On traduit souvent le « se battre contre soi-même » par un « penser contre soi-même » que l'on retrouve en écho chez Jean-Paul Sartre et dans les commentaires qu'il fait lui-même en 1964 de son roman autobiographique *Les Mots* : « Je me suis toujours efforcé à penser contre moi-même. »

Penser contre soi-même, c'est évidemment la question la plus difficile. Dans ce qui nous occupe ici, cela signifie accepter des nouvelles qui nous dérangent, accepter de traiter des informations qui contredisent nos convictions, assumer des vérités qui nous fâchent avec nos amis, révéler des faits qui nous feront mauvaise réputation, qui nous exposeront et nous isoleront, qui nous vaudront des calomnies et des insultes.

Ce texte de Péguy, la *Note conjointe sur M. Descartes et la philosophie cartésienne*, est immensément riche. C'est un écrit devenu testamentaire qui documente la fidélité sur l'essentiel de Péguy : redevenu chrétien et patriote revendiqué, il ne ralliera pas pour autant ses ennemis d'hier qu'il combattait, au sens propre des bagarres du Quartier latin, lors de l'affaire Dreyfus. Il y dit clairement combien il ne cédera pas à l'Action française et aux tentations que lui proposent Charles Maurras et ses amis antisémites.

> Rien n'est contraire aux mystiques françaises comme les politiciens de l'action française [écrit-il]. Rien n'est contraire aux mystiques de la vie spirituelle comme les politiciens de la vie spirituelle[1].

Il s'agit bien de cette Action française toujours vivace, qui fut le laboratoire intellectuel de nos extrêmes droites antirépublicaines, nationalistes, inégalitaires, identitaires, racistes, antisémites, xénophobes.

C'est aussi dans ce texte qu'il y a les phrases les plus terribles sur le journal et sur le journalisme – il me faut bien, à mon tour, penser contre moi-même. Péguy y dit que nous ne sommes plus que des « macules de journaux » et qu'un « affreux piétinement de lettres ». Mettant en cause ce que nous appelons aujourd'hui les pensées uniques, les vulgates médiatiques, les pensées automatiques, il souligne combien, saisi par la marchandise – rappelez-vous ses polémiques sur la publicité dans *La Petite République* du temps de Jean Jaurès –, le journal uniformise et banalise, combien il crée ce flux où aujourd'hui efface hier qui sera oublié par demain.

Son réquisitoire est sans appel, et il faut le lire aujourd'hui en faisant du seul mot « journal » l'équivalent de nos médias contemporains :

> C'est en ce sens que l'invention du journal est sans aucun doute celle qui fait époque, celle qui marque une date depuis le commencement du monde et cette date est la date même du

1. L'absence de lettre capitale à l'« action française » est le choix de Péguy.

> commencement de la décréation. Il y a quelque chose de pire que d'avoir une mauvaise pensée. C'est d'avoir une pensée toute faite. Il y a quelque chose de pire que d'avoir une mauvaise âme et même de se faire une mauvaise âme. C'est d'avoir une âme toute faite. Il y a quelque chose de pire que d'avoir une âme perverse. C'est d'avoir une âme habituée.

Sur le champ de bataille du présent, il est aussi un journalisme qui nous désarme. Un journalisme qui nous habitue à l'intolérable, à l'inacceptable, à l'insupportable. Aux suivismes, aux conformismes, aux automatismes de pensée. « Tout homme moderne est un misérable journal », écrit encore Péguy qui concède toutefois « qu'il y a des bons et des mauvais journaux », « une bonne et une mauvaise presse ; et peut-être beaucoup d'entre-deux ».

J'aime cette *Note conjointe* pour la tension qui l'anime, intense et tragique tant l'habite l'interrogation du Péguy chrétien dans son rapport à l'Église – comment rester libre dans sa croyance, comment croire et ne pas se soumettre, comment sauver cette indocilité qui fait les intranquilles ? Ce Péguy-là est sans âge : il parle à nos vies, interpelle leurs bilans, interroge leurs traces. Il invite à l'introspection, aux inventaires douloureux. « Se vaincre soi-même, la seule défaite qui soit exacte et la seule aussi qui soit totale, écrit-il. La seule manière irrévocable d'être vaincu. »

Avant de s'éclipser, Péguy interpelle sa génération, ses déchirures amicales, ses chemins divergents : « Ils ont quarante ans. Ils savent qu'une blessure ne se guérit jamais. Et que la plus imperceptible est aussi celle qui ne pardonnera pas. » Dans son sillage, je souhaite ici interpeller les hommes de soixante ans que nous sommes[1], rassemblés autour de Péguy et pourtant divisés. Dans une invite à penser contre nous-mêmes, les péguystes, et dès lors sans doute à oser penser Péguy contre Péguy.

Face aux antipéguystes, il m'est arrivé d'écrire que ceux qui ne sont d'accord sur rien seront toujours d'accord contre Péguy, cet indocile, cet inclassable, ce libertaire au bout du compte[2]. Mais la vraie question qui nous est posée aujourd'hui, dans nos temps incertains, de doute et de transition, c'est d'essayer de comprendre pourquoi certains, qui, dans le présent, ce présent-ci, ne sont, intellectuellement et politiquement, d'accord sur rien, se trouvent d'accord sur Péguy – ce dont témoigne ce colloque.

Sauf à nous dérober au présent, il nous faut interroger la diversité de cet héritage, alors que les divergences se creusent et qu'elles sont peut-être irrémédiables. Dans cette interrogation, j'ai amené mon sauf-conduit. C'est une belle lettre, que je garde comme un talisman, que m'avait adressée, en décembre 1991, Jean Bastaire, qui nous a quittés l'été dernier et auquel, sans doute, vous avez rendu hommage au début de ce colloque. Jean Bastaire qui fut si longtemps l'âme de *L'Amitié Charles Péguy*. C'est une lettre qu'il m'envoie après une conversation au journal où je travaillais à l'époque, *Le Monde*, dont le fondateur, Hubert Beuve-Méry, était

1. Soixante-dix aujourd'hui, dix années après cette conférence.
2. Voir Edwy Plenel, *L'Épreuve, op. cit.* ; repris dans *L'Épreuve et la Contre-Épreuve. De la Yougoslavie à l'Ukraine, op. cit.*

farouchement péguyste, jusque dans sa critique de la mainmise de l'argent sur la presse.

Prolongeant notre échange, il m'écrit combien, selon lui, Henri Guillemin s'est trompé dans sa critique de Charles Péguy : non, malgré la violence de ses écrits contre Jaurès, malgré son patriotisme guerrier le rapprochant du camp nationaliste, malgré cette évolution qui l'éloigne de ses engagements libertaires de jeunesse, malgré la tentation de l'Académie française et de ses honneurs, Péguy ne s'est pas rendu.

> Pour ma part [me disait Bastaire], je m'efforce d'avoir une ferveur honnête, lucide et nullement idolâtrique. Péguy n'a pas tout dit et n'a pas toujours eu raison. On peut être allergique à l'œuvre et à l'homme. Encore faut-il ne pas se tromper sur son gabarit. Avant tout, Péguy exige d'être aimé par des hommes libres, et d'abord libres à l'égard de lui. Il a répété que les vrais maîtres n'ont pas d'élèves, de disciples, mais des fils. Ceux-ci ne reproduisent pas, ne copient pas, mais créent à leur tour, au besoin contre leur géniteur.

Sur ce chemin de pensée contre nous-mêmes, soit contre Péguy et contre les péguystes, cette lettre est mon premier sauf-conduit. Le second est un témoin qui, dans mon panthéon personnel, est mon péguyste préféré : Jules Isaac. Avant d'être l'historien que nous connaissons, il fut ce jeune garçon d'une famille juive pas particulièrement religieuse qui était beaucoup plus jeune que Péguy et qui le connut comme son chef dans l'affrontement avec les antidreyfusards : ce Péguy batailleur, meneur d'hommes tapant à coups de canne contre les ligues factieuses de ce qu'on n'appelait pas encore l'extrême droite. C'était son maître. À tel point qu'à la fin de ses jours, commençant à raconter sa vie, il n'en achèvera qu'un tome, *Expériences de ma vie*, qui est un hommage à Péguy, le Péguy dreyfusard du temps où « tout était pur, tout était jeune[1] ».

Or Isaac nous a aussi laissé le témoignage d'une alarme durant ce moment d'hésitation ou de tension douloureuse de Péguy que nous discutions avec Jean Bastaire. Ce sont des lettres d'Isaac à Péguy où le premier s'inquiète de ceux qui courtisent le second. *L'Amitié Charles Péguy* les a publiées[2], et il faut les lire en ayant en tête la divergence postérieure de l'historien républicain avec son maître en liberté à propos de la Première Guerre mondiale. Jules Isaac ne fut pas seulement le principal auteur des manuels scolaires connus comme « le » Malet-Isaac, autorité enseignante en somme, patron de l'agrégation d'histoire[3]. Ancien combattant de 14-18, il fut aussi un grand historien et, à ce titre, l'un des premiers à interroger la responsabilité de la France et de ses alliés dans la boucherie patriotique, sans faire porter la responsabilité uniquement sur l'Autre, l'Allemand, l'ennemi[4].

Ami fidèle jusque dans la vérité triste, Isaac écrira : « Qu'on relise les débats à la Chambre, on verra qui avait raison, qui était lucide, de Jaurès ou de ses adversaires, que

1. Jules Isaac, *Expériences de ma vie. Péguy*, Paris, Calmann-Lévy, 1960.

2. « Correspondance Charles Péguy-Jules Isaac », textes présentés, établis et annotés par Géraldi Leroy, *L'Amitié Charles Péguy*, n° 96, 24e année, octobre-décembre 2001.

3. Sur Jules Isaac, voir André Kaspi, *Jules Isaac ou la Passion de la vérité*, Paris, Plon, 2002.

4. Jules Isaac, *Un débat historique, 1914 : le problème des origines de la guerre*, Paris, Rieder, 1933.

soutenait Péguy. » Face à la légende militariste qui voulait que la loi des trois ans augmentant la durée du service militaire ait sauvé la France en péril, il démontre au contraire, dans son livre, qu'elle l'a affaissée. Bref, Isaac n'avait pas le péguysme béat, encore moins conservateur, convaincu que son maître en vérité avait lui-même mordu la ligne à propos de Jaurès en se laissant saisir par la passion nationaliste. Mais les lettres qui m'accompagnent ici ne concernent pas ce désaccord posthume. Contemporaines du basculement de Péguy vers la foi et la nation, elles font écho aux tourments qui, de nos jours, traversent la galaxie péguyste.

C'est d'abord une lettre de 1908 où Isaac s'alarme, à propos de Romain Rolland et de « son antisémitisme honteux, panaché de fausses sympathies sociologiques », de ce qui se publie dans les *Cahiers de la Quinzaine* où, derrière un philosémitisme hérité de l'affaire Dreyfus, se laisse entrevoir la persistance d'un vieux fond d'antijudaïsme chrétien.

> C'est très à la mode aux *Cahiers*, je le sais bien [écrit Isaac à Péguy le 30 mars 1908]. C'est tout ce que je déteste. J'aime beaucoup mieux l'autre antisémitisme, le vrai, celui de Drumont et de Léon Daudet. C'est plus franc, plus intelligent et plus propre[1].

Jules Isaac vise ce philosémitisme qui souhaite la ressemblance et n'accepte pas la différence. Celui que l'on retrouve dans nos débats d'aujourd'hui qui parlent d'assimilation,

1. Édouard Drumont est l'auteur de *La France juive* (1886) et le fondateur de *La Libre Parole*, qui furent parmi les pires instruments de diffusion de l'antisémitisme en France à la fin du XIXe siècle. Léon Daudet fut rédacteur en chef de *L'Action française*.

ou plutôt l'exigent en demandant à l'autre – le juif hier, le musulman aujourd'hui – de ne plus être autre, de se diluer en s'assimilant, de s'effacer en somme. Alors qu'accepter vraiment l'autre, c'est d'abord l'accepter tel qu'il est. Donc Jules Isaac s'en inquiète :

> Je suis sûr, mon ami, que tu comprendras ma révolte [écrit-il à Péguy]. Comment vivre, comment travailler, comment lutter contre tant d'ennemis, si nos propres amis s'amusent ainsi aussi à nous tirer dans le dos – par amitié bien entendu.

Mais il y a mieux, ou pis : une lettre du 12 juillet 1911. Professeur en province, Jules Isaac confie la distance persistante entre cette jeunesse dreyfusarde qui les unit et ce monde parisien que côtoie alors Charles Péguy. « C'est malheureusement un fait que les milieux qui te sont ouverts désormais me sont rigoureusement fermés », écrit-il, avant de poursuivre :

> On te connaît fort bien dans ces milieux lyonnais – bourgeoisie catholique, « libérale » ou conservatrice, et comme de juste antisémite – mais il y a contre toi des préventions qui seront malaisément dissipées. Ici on n'évolue pas, on couche sur ses positions depuis l'affaire Dreyfus, on ne désarme pas. […] À parler franc, ils seront avec toi, mon ami, quand tu ne seras plus avec nous. Égoïstement, je souhaite que ce jour n'arrive pas, n'arrive jamais.

Il n'arrivera jamais, en effet, ce jour. Comme je l'ai rappelé tout à l'heure, Péguy tiendra bon sur l'essentiel. Mais cette interpellation péguyste de Péguy par Isaac, dans sa résonance avec la catastrophe européenne, interroge la diversité baroque, improbable et conflictuelle, du péguysme d'aujourd'hui.

Vous savez ce qu'il en fut de Jules Isaac, révoqué en 1940 en vertu du statut discriminatoire des Juifs pris par l'État français de Vichy. Survivant par miracle, il perdit sa femme, sa fille et son gendre dans le génocide, tous trois assassinés à Auschwitz. Dès lors, il va consacrer le reste de sa vie à traquer l'antisémitisme jusque dans ses racines chrétiennes. Fondateur de l'Amitié judéo-chrétienne, il luttera contre « l'enseignement du mépris », titre de son dernier ouvrage[1], et ira jusqu'à Rome secouer la papauté, nouant une amitié fructueuse avec Jean XXIII, qui ne sera pas sans effet sur le concile réformateur dit Vatican II.

Si j'évoque avec insistance cette dissonance d'Isaac, c'est pour interroger les postérités péguystes et les combats qui les traversent jusqu'à nos jours. À l'exact opposé de la position où campe Jules Isaac, il y a l'académicien Maurice Barrès qui prit en otage l'héritage de Péguy avec le premier article d'hommage au mort tué à l'ennemi. Ce Barrès qui avait écrit, à propos du capitaine innocent victime de l'antisémitisme : « Que Dreyfus soit coupable, je le déduis de sa race. » Le Barrès de la terre et des morts, de l'identité racinée, de l'origine immuable, de l'immobilité et de la fixité. Ce Barrès dont toute l'œuvre et toute la vie sont un démenti au Péguy dreyfusard et libertaire, toujours présent dans *Notre jeunesse* en 1910.

Péguy est-il totalement innocent de cette récupération ? Impossible de se dérober à cette question qui rejoint le

1. Jules Isaac, *L'Enseignement du mépris*, Paris, Fasquelle, 1962.

constat actuel que, tout comme les antipéguystes sont fort divers, nombre de péguystes ne sont présentement d'accord sur rien, rien de rien, hors leur commune fréquentation de l'œuvre de Charles Péguy.

Le passé ne manque pas d'indices qui racontent les mêmes bascules contemporaines où les révoltes s'éclipsent en conservatismes, jusqu'aux plus rances. Ainsi de Daniel Halévy, l'auteur de cette *Apologie pour notre passé* à laquelle répond *Notre jeunesse*[1], cet ami dreyfusard qui s'éloigne et, finalement, s'égare. En juin 1940, pendant la débâcle, avec Jacques Copeau, nommé administrateur de la Comédie-Française, Halévy y fait lire des textes de Péguy. Mais, un an après, sous l'Occupation qu'il va passer entièrement à Paris, le même publie un livre qui nous rappelle que le passé ne garantit rien du présent et que seul le présent fait preuve.

À la fin de ces *Trois épreuves*, il y a un chapitre qui s'intitule « Le Maréchal ». Le livre est publié en 1941, alors que le premier statut des Juifs est en vigueur depuis plusieurs mois, et Daniel Halévy y écrit ceci, à propos des « principes » de la Révolution nationale incarnée par Pétain dont il espère la concrétisation en actes : « Rien n'a été établi que des points de départ, rien n'a été donné que des directives. » Puis il énumère, évoquant successivement « la restauration religieuse », « l'Éducation nationale », « l'économie industrielle » ou « la France rurale », sans oublier de mentionner, comme en passant, l'air de rien, employant des mots dont on sent qu'ils ont

1. Daniel Halévy, « Apologie pour notre passé », *Cahiers de la Quinzaine*, 11e série, 10e cahier, avril 1910 ; Charles Péguy, « Notre jeunesse », *Cahiers de la Quinzaine*, 11e série, 12e cahier, juillet 1910.

la force de l'habitude : « Directives quant à la défense de l'indigénat menacé par l'immigration et l'invasion des allogènes »[1].

D'un côté, Daniel Halévy, d'ascendance juive, baptisé et élevé dans le protestantisme, ami de Marcel Proust et compagnon de Charles Péguy, qui donne acte au pouvoir pétainiste de son antisémitisme d'État. De l'autre, à la même époque, le jeune Daniel Cordier, venu de l'Action française pour rejoindre la France libre par patriotisme et devenir secrétaire de Jean Moulin, qui se défait de son antisémitisme en découvrant le port imposé de l'étoile jaune lors d'une mission clandestine à Paris. L'un qui, devenu maurrassien, accompagne la catastrophe. L'autre qui, pensant contre lui-même et les siens, s'y refuse et l'affronte.

C'est ce dont il nous faut prendre la mesure : l'origine ne protège de rien. Aucun héritage ne préserve de l'épreuve du présent.

Nous voici ainsi arrivés à nos temps qui, même entre péguystes, font partage, douloureusement et radicalement.

Ce sont ces temps de crise dont Antonio Gramsci a donné la meilleure définition. Lequel Gramsci fut un lecteur de Péguy dont il salua *Notre jeunesse*, en 1916, dans *Avvenire*, à une époque où Mussolini, le futur fasciste, était, comme lui, socialiste. Vous connaissez la phrase tant elle est désormais rabâchée : la crise est ce moment où l'ancien se meurt tandis que le nouveau n'est pas encore né. La crise, c'est donc

1. Daniel Halévy, *Trois épreuves : 1814, 1871, 1940*, Paris, Plon, 1941, p. 143-144.

ce vieux monde qui tarde à mourir tandis que le nouveau a du mal à naître. Mais il y a la suite, qui dit l'essentiel, le cœur de la pensée gramscienne : « Pendant cet interrègne, on observe les phénomènes morbides les plus variés. » Ce qu'une traduction poétique résume avec éclat : « Dans ce clair-obscur surgissent des monstres. »

Autour de nous, les monstres d'aujourd'hui ne manquent pas, monstruosités politiques d'un temps où les repères se brouillent, où la confusion gagne, où les principes s'égarent. C'est leur surgissement que, pour finir, je veux interroger en rappelant cette postérité contradictoire de Péguy qui n'épargna pas sa descendance et obligea à batailler pour le sauver. Faut-il rappeler que Marcel Péguy, l'un de ses fils, remonta à rebours la filiation, ni nationaliste ni raciste, de son père ? Qu'il a fallu se battre, pied à pied, citation contre citation – merci Edmond Michelet[1] –, pour préserver Charles Péguy de son annexion par la Révolution nationale dont son fils Marcel se faisait complice, voire artisan ?

Dès lors, voici l'hypothèse que je vous propose, pour expliquer ces filiations contradictoires, au point d'être parfois radicalement opposées.

Il y a une tension chez Péguy entre la question sociale, dont le ressort est l'égalité, et la question nationale, dont le piège est l'identité. C'est par le repli sur le national – ses protections, ses exagérations, ses crispations, voire ses

1. Avant d'être une figure du gaullisme d'État, Edmond Michelet fut un résistant de la première heure. Son acte initial fut, le 17 juin 1940, de distribuer des tracts dans les boîtes aux lettres de Brive qui dénonçaient l'esprit de défaite et appelaient au sursaut sur la base de citations de Charles Péguy.

privilèges – que peut se glisser le rejet de l'égalité naturelle, de l'égalité sans privilège de naissance, d'origine, de croyance, d'apparence, etc., et, au bout du compte tant la pente est fatale, de l'humanité commune, bref, du genre humain.

C'est une question clé que *L'Amitié Charles Péguy* a fort bien documentée dans un colloque de 1995[1]. L'une des contributions rappelle que, pour Charles Maurras et l'Action française, même l'Évangile est un texte dangereux parce que révolutionnaire. Tout simplement parce que l'égalité l'anime : tout le monde n'est-il pas bienvenu au royaume de Dieu ? L'égalité, c'est le cœur de la bataille, son âme, son secret, son énergie. Une bataille qui ne finira jamais tant sa proclamation est un scandale pour tous les privilèges sans cesse renaissants, défendant leurs positions acquises, leurs rentes immuables, leurs dominations intouchables. L'égalité est ce qui met en mouvement l'émancipation. C'est tout simplement, depuis la proclamation de l'article premier de la Déclaration des droits de 1789, le moteur de ce qui, en France, finira par prendre forme et nom de République. Une République avec adjectifs, démocratique et sociale. En mouvement permanent, toujours inachevée, promesse vivante parce que inaccomplie.

Il ne saurait y avoir de République d'autorité, crispée, barricadée ou verticale. Ceux qui imaginent ainsi la République, tel un ordre figé et fini, en vérité la contestent. La République en France, c'est une devise qui proclame une tension, une vitalité en somme. La liberté, ce peut être la

1. Françoise Gerbod et Françoise Mélonio (sous la dir.), *L'Égalité au tournant du siècle. Péguy et ses contemporains*, Paris, Honoré Champion, 1998.

possibilité de s'enrichir, donc de créer des inégalités. La fraternité, ce peut être le fait de choisir ses frères, donc d'en exclure d'autres. C'est par conséquent le mot central qui donne à la devise républicaine sa dynamique positive, collective et imaginative : l'égalité. Égalité des droits, égalité des possibles, conquête de nouveaux droits, conquête de nouveaux possibles. Ne pas être prisonnier de la naissance, de la fortune, du diplôme, de l'origine et, bien au contraire, naître libres et égaux, en dignité et en droits, pour cheminer librement, inventer, créer, imaginer.

Notre adversaire de toujours, qui fut aussi celui de Péguy, défend l'inégalité naturelle. Il théorise la hiérarchie des êtres, des origines, des identités, des cultures, des croyances, des sexes. Et, ce faisant, il met en guerre l'humanité avec elle-même. L'obsession de l'étranger est son cheval de Troie, habituant sous la peur de l'Autre, du différent et de l'errant, du divers et du dissemblable, à la haine de l'humanité. L'identité pathologique, qui fixe et fige, est son alibi, à l'inverse de l'identité véritable, tissée de relations, d'entraide et d'échanges. Bernard Lazare, que Péguy campa en figure morale du dreyfusisme originel, y répondait par avance dans *Notre jeunesse* : « Je ne me sens chez moi que dans une chambre d'hôtel. »

À l'inverse, il est arrivé à Charles Péguy lui-même, par exemple dans ce superbe texte, la *Note conjointe*, de céder aux pathologies de l'identité. La citation, désastreuse tant elle essentialise et clôture, parle d'elle-même :

> On peut dire que dans le monde moderne les Français sont encore les représentants éminents et peut-être les seuls de la race

> chevaleresque, et que les Allemands sont les représentants éminents, et peut-être les seuls, de la race de domination. Et c'est pour cela que nous ne nous abusons pas lorsque nous croyons que tout un monde est intéressé dans la résistance de la France aux empiétements allemands. Et que tout un monde périrait avec nous. Et que ce serait le monde même de la liberté. Et ainsi que ce serait le monde même de la grâce. Jamais l'Allemagne ne referait une France. C'est une question de race. Jamais elle ne referait de la liberté, de la grâce. Quand les Français disent qu'ils se taillent un empire colonial, il ne faut pas les croire. Ils propagent des libertés. Quand Napoléon croyait qu'il avait fondé un immense empire, il ne faut pas le croire. Il propageait des libertés.

Péguy, qui ne pouvait ignorer que Napoléon avait rétabli l'esclavage et supprimé la liberté de la presse, n'en affirmait pas moins que l'empire était « un système de liberté ».

> Je ne dis pas que nous valons mieux que les autres [poursuit-il dans ce même passage de la *Note conjointe* qui essentialise les peuples et diabolise l'ennemi à venir, allemand en l'espèce]. Nous sommes une race. Et ils [les Allemands] sont une certaine autre race. Nous sommes hommes. (Nous sommes pécheurs.) Nous ne sommes pas toujours de bons maîtres. Nous sommes toujours de mauvais dominateurs.

Péguy s'entête et s'enferre :

> Aucune véritable philosophie de la liberté ni même aucune véritable pensée de liberté n'a jamais pu naître en Allemagne. Ce qu'ils nomment liberté c'est ce que nous nommons une bonne servitude. Comme ce qu'ils nomment socialisme c'est ce que nous nommons un pâle centre gauche. Et ce qu'ils nomment socialiste c'est ce que nous nommons par ici un bon conservateur.

Le contexte, en l'occurrence l'impérialisme et le militarisme allemands, ne saurait servir d'excuse. Dans ces périodes de crise, de transition et de passage, le piège qui nous est tendu est invariablement la quête du bouc émissaire par l'essentialisation de l'origine, de l'étranger, des communautés, des nations. Au bout de ce chemin de perdition, nous ne trouverons que l'exclusion dont aucune humanité ne réchappe.

Voilà, j'en ai terminé. La phrase prêtée par Péguy à Jaurès pour mieux rompre n'a pas d'origine connue et attestée : ce « rien ne fait de mal » que Péguy brandissait pour réfuter cette philosophie du progrès qui croit l'histoire écrite et tracée par avance, inconsciente des regrès qui la menacent. Mais, paradoxalement, alors même que Péguy voulait ainsi souligner combien l'histoire avance au risque du tragique, au carrefour de l'événement et de l'audace, c'est en vérité Jean Jaurès qui eut la prescience de la tragédie : cet emballement des nationalismes, leur affrontement meurtrier, cette essentialisation des peuples et la catastrophe qui pourrait en naître.

Comment, en cette année 2014 du centenaire du début de la catastrophe européenne, ne pas interroger cette figure du Péguy tué à l'ennemi, une balle dans le front, en première ligne de ses hommes qu'il menait à un immense massacre ? Ce Péguy qui, dans son choix de cheminer à part, a peut-être ressenti comme un apaisement cette mobilisation générale où, tout d'un coup, il appartient et adhère, n'est plus seul, suit la masse et la foule. Où, soudain, le libertaire indocile n'est plus à côté et en dehors, mais au-dedans et au cœur.

Il n'en reste pas moins qu'en ces temps où certains réduisent la République à un chant – *La Marseillaise* –, à une date – le 14 Juillet – et à un drapeau – tricolore –, trois symboles que le régime de Vichy n'avait pas supprimés, nous devons rappeler, avec Péguy, quelles que soient ses contradictions et ambiguïtés, que la République, c'est un mouvement créateur, l'opposé d'un ordre immobile et immuable.

C'est ce qu'avait tenu à me rappeler Jean Bastaire dans sa lettre : « Un fatras vivant vaut mieux qu'un ordre mort. Avec un fatras, avec un désordre vivant, il y a toujours de la ressource, et de l'espoir. Il n'y a plus aucun espoir avec un ordre mort. »

C'est de Charles Péguy, évidemment, qui ajoutait : « Fatras, c'est en définitive le mot même de la liberté »[1].

1. Charles Péguy, « De la situation faite au parti intellectuel dans le monde moderne devant les accidents de la gloire temporelle », *Cahiers de la Quinzaine*, 1er cahier, 9e série, 6 octobre 1907.

8

Une vérité qui dérange

Canard. *Outka* en russe. Tel fut le nom de code donné à l'opération montée par les services spéciaux soviétiques pour assassiner Léon Trotsky au Mexique, où il s'était réfugié depuis 1937. Quand, en mars 1939, le recevant dans son bureau du Kremlin, Joseph Staline en avait personnellement donné l'ordre à son organisateur, Pavel Soudoplatov, il lui avait assuré que « le Parti n'oublierait jamais ceux qui y auraient pris part et veillerait non seulement sur eux, mais sur chacun des membres de leur famille ».

Se rappelant dans ses *Mémoires*[1] cette entrevue, décisive pour la suite de sa carrière, Soudoplatov ajoute ce commentaire : « Pour nous, les ennemis de l'État étaient nos ennemis personnels. » Nul idéal n'était en jeu dans cette affaire qui s'acheva, le 20 août 1940, par le meurtre d'un adversaire politique qui n'avait d'autres armes que ses idées et ses écrits, un homme devenu le symbole universel de l'opposition de

1. Pavel et Anatoli Soudoplatov, avec Jerrold et Leona Schecter, *Missions spéciales. Mémoires du maître-espion soviétique Pavel Soudoplatov*, préface de Robert Conquest, Paris, Seuil, 1994.

gauche au stalinisme. Non, le seul moteur de ce crime était la défense des intérêts d'un État et de ses dirigeants, assimilée à une affaire de famille comme on le dirait dans un clan mafieux, avec la même soumission, le même aveuglement et la même violence.

Le nom de code avait été suggéré par Leonid Eitingon, l'agent soviétique qui en fut le coordonnateur sur le terrain, amant de la mère de l'assassin, Caridad Mercader – qui en fut aussi la pourvoyeuse. Pourquoi « canard » ? Parce qu'« en russe, racontera Soudoplatov, outre son sens normal, ce mot s'applique à la désinformation. L'expression courante "quand les canards volent" signifie que des journaux répandent de fausses nouvelles ». Il ne s'agissait donc pas seulement de tuer un homme, mais de tuer la vérité dont il était porteur.

Le livre que vous avez entre les mains est paru en France dix ans avant l'assassinat, en 1930[1]. *Ma vie* avait été écrit par Trotsky l'année précédente, au tout début de son exil hors de l'URSS – cette Union des républiques soviétiques socialistes dont il avait été, avec Lénine, le principal accoucheur lors de la révolution russe de 1917. Cette même année 1929 parut le premier bulletin des opposants de gauche au régime stalinien. Son titre : *La Vérité*.

Oui, dire la vérité. Et dire non au mensonge. « Qui ne gueule pas la vérité quand il sait la vérité se fait complice des menteurs et des faussaires » : à l'automne 1936, au lendemain du premier procès de Moscou – signal des grandes purges où la plupart des survivants de la génération révolutionnaire

1. Ce chapitre reprend ma préface à la réédition de *Ma vie*, dans la traduction de Maurice Parijanine, Paris, Éditions du Détour, 2019.

d'Octobre allaient être exterminés –, on pouvait lire cette phrase attribuée à Charles Péguy en exergue d'une revue libertaire, *Les Humbles*, dont le « dossier des fusilleurs » réclamait une commission d'enquête sur la terreur stalinienne.

Parmi les contributeurs réguliers de cette revue, outre l'écrivain prolétarien Marcel Martinet, l'inventeur du surréalisme André Breton ou l'anarchiste bolchevique Victor Serge, il y avait Maurice Parijanine, l'exceptionnel traducteur des œuvres de Trotsky – dont ce livre-ci – et de quelques autres écrivains russes. Parijanine, pour « le Parisien », un pseudonyme que prit Maurice Donzel en 1920 à son retour de Russie où il avait vécu les premières années de la révolution. Correcteur de métier, il y était parti en 1907 pour gagner sa vie comme professeur de français. Il est mort chômeur en 1937. Un humble, en effet.

Durant ces années 1930 qui allaient bientôt plonger l'Europe et, avec elle, le monde dans la nuit totalitaire et dans l'horreur génocidaire, ils furent alors bien peu nombreux à s'élever contre l'imposture stalinienne qui accélérait cette course à l'abîme, au point de composer un temps avec le fascisme – le pacte germano-soviétique, officiellement traité de non-agression entre l'URSS et l'Allemagne nazie, fut signé en 1939. Qu'au final la résistance héroïque et l'immense sacrifice du peuple russe durant la Seconde Guerre mondiale aient permis la défaite du nazisme ne peut effacer ce fait d'histoire : son avènement et son expansion furent facilités par l'aveuglement stalinien imposé depuis Moscou au mouvement communiste.

Issue de la révolution bolchevique, enfantée par ses sectarismes avant-gardistes et par ses violences dictatoriales, une nouvelle classe bureaucratique dont Staline était le fédérateur en remontait le cours à l'envers, piétinant ses idéaux originels, liquidant la génération révolutionnaire, généralisant un amoralisme politique où la fin justifie toujours les moyens, mettant en scène des procès truqués et des aveux extorqués sous la torture, remplaçant l'internationalisme par une défense du « socialisme dans un seul pays » qui renouait avec un instinct nationaliste de puissance grand-russe, identifiant la cause socialiste mondiale à la défense inconditionnelle de l'État soviétique promu « patrie socialiste », semant le poison des haines fratricides en s'autorisant les pires calomnies au point de ne pas hésiter à utiliser les armes de l'adversaire fasciste – la xénophobie, voire l'antisémitisme.

Ce que l'on nomme aujourd'hui « trotskysme » prend ici sa source. Ce n'est évidemment pas brevet de lucidité politique toujours garantie. Encore moins de pureté ou de sainteté. Sous cette étiquette, on a pu aussi compter des sectarismes dont les méthodes étaient en miroir des virulences staliniennes. Mais, aujourd'hui que l'URSS et le mouvement communiste mondial dont elle prétendait être le centre sont un continent englouti, on ne comprend rien à cette histoire défaite sans reconnaître ce sursaut des consciences qu'a porté Trotsky, dans une solitude tragique, au sein même de ce courant idéologique. La référence à Charles Péguy, au Péguy libertaire dont l'affaire Dreyfus sera l'école politique, n'était pas hasardeuse : face au mensonge d'État stalinien, le trotskysme originel fut le dreyfusisme du communisme.

Gueuler la vérité quoi qu'il en coûte. Sauver le principe de sa négation. Sauver l'espoir de sa débâcle. Sauver la révolution de sa trahison. Défendre l'internationalisme contre le chauvinisme, le droit des peuples contre le pouvoir des États. Tout comme les dreyfusards entendaient défendre et restaurer la République française, ses idéaux démocratiques et sociaux, contre le mensonge de l'état-major et la perdition antisémite. C'est sans doute ce que les tenants des ordres établis, qu'ils soient réactionnaires de droite ou conservateurs de gauche, ne pardonneront jamais à ce que recouvre, tel un fourre-tout, cette étiquette « trotskyste » qu'ils diabolisent de concert : avoir été la mauvaise conscience face aux espérances trahies, tout en s'efforçant d'en sauver la promesse d'émancipation malgré ces trahisons.

De ce combat universel, sans cesse recommencé face aux chagrins politiques et aux déceptions militantes, *Ma vie* fut le socle. Premier livre écrit en exil par Trotsky, à la demande d'un éditeur allemand qui avait fait le voyage à Istanbul pour vaincre ses réticences à l'autobiographie, il posait un trait d'union entre les deux premières vies de son auteur et la troisième qui commençait juste. Donnant âme et chair au militant professionnel d'avant 1917 face à la monarchie tsariste, racontant ses prisons et ses évasions, ses pérégrinations incessantes à l'étranger, un récit alerte y légitime le souffle révolutionnaire qui en fit un leader extrêmement populaire, puis un chef de guerre victorieux immensément puissant, et cependant rapidement désarmé par le pouvoir qu'il avait lui-même contribué à instituer.

Dès lors s'installe la tension, aussi extrême qu'intime, qui traversera l'ultime décennie à vivre d'un homme obligé de se battre contre les siens. En 1929, Trotsky a cinquante ans, et c'est d'ailleurs le titre qu'il aurait voulu donner à son livre : un demi-siècle. Désormais projeté sur cette « planète sans visa » qu'annonçait prophétiquement son dernier chapitre, exilé successivement en Turquie, en France et en Norvège, sans jamais pouvoir y trouver un asile durable, avant d'être enfin accueilli au Mexique, il va assister à la disparition de ses amis les plus chers, de ses proches, de ses camarades, de ses enfants, de sa famille, tous victimes de la persécution stalinienne. Jusqu'à ce que vienne son tour, le crâne fracassé par le piolet de Ramón Mercader.

Face à ce désastre, toute son énergie sera concentrée sur ce seul objectif : ne pas renoncer, ne rien renier, ne pas capituler. « Capitulards », ce sera d'ailleurs l'épithète donnée par l'opposition de gauche à ces vieux bolcheviques devenus l'ombre d'eux-mêmes en égrainant leurs aveux à la barre infâme des procès de Moscou. J'ai sous les yeux les « comptes rendus sténographiques des débats », édités en français par le Commissariat du peuple de la justice de l'URSS, de ces trois procès dont les actes d'accusation ciblaient invariablement Trotsky : « Centre terroriste trotskiste-zinoviéviste » (1936), « Centre antisoviétique trotskiste » (1937), « Bloc des droitiers et des trotskistes antisoviétique » (1938). Ces buttes témoins livresques d'une inquisition moderne, où les accusés dénonçaient eux-mêmes leurs crimes imaginaires, se faisant complices de leurs bourreaux, sont une littérature de l'abjection.

Alors que le fascisme mussolinien était au pouvoir en Italie depuis 1922 et le nazisme hitlérien en Allemagne depuis 1933, le stalinisme n'avait d'autre priorité que de liquider des dirigeants communistes et de décapiter l'armée soviétique – le procès conduisant les plus hauts généraux de l'Armée rouge à l'échafaud eut lieu à huis clos en 1937. Et ce crime, avec sa mise en scène totalitaire, gangrenait le mouvement communiste mondial au-delà de l'Union soviétique. Dans le recoin de bibliothèque qui me tient lieu de musée des horreurs, je garde par exemple telle brochure de propagande, éditée à Paris en 1937, où les trotskystes sont ainsi portraiturés : « Une bande d'espions, d'assassins, d'agents de diversion, de provocateurs, d'agents directs du fascisme, ennemis féroces de l'humanité tout entière ». « Hitléro-trotskistes » : ce ne fut pas qu'une injure, mais aussi l'arme du crime, un appel à la liquidation.

C'est une vieille histoire : le spectre d'Abel hante définitivement Caïn après son meurtre fratricide. Car il faut que le colosse stalinien ait eu conscience de son immense fragilité, autrement dit de son imposture essentielle, pour dépenser tant d'énergie à persécuter, de par le monde, cette infime minorité de communistes révolutionnaires qui se dressait contre lui. La disproportion des forces était incommensurable, l'opposition de gauche restant condamnée à la marginalité, fût-elle glorieuse et héroïque. Ainsi la contre-attaque éclatante de Trotsky face aux procès de Moscou ne sera traduite en français qu'en 2018 ! Il s'agit des comptes rendus de la commission d'enquête conduite par le philosophe américain John Dewey, dont les auditions eurent lieu en 1937 au Mexique, à Coyoacán. « Le vieux », comme l'appelaient les jeunes militants, avait lui-même sollicité ce démocrate libéral, au sens anglo-saxon du terme, alors que Dewey n'avait aucune sympathie pour la violence révolutionnaire, dont Trotsky était la figure vivante.

Versions originales anglaises, *The Case of Leon Trotsky* – les auditions, 618 pages – et *Not Guilty* – le rapport final, 424 pages, concluant par un ferme « non coupable » – sont aussi dans ma bibliothèque, comme un contrepoison salvateur face au virus malfaisant du mensonge et de la calomnie. Il suffit de les lire pour constater que Trotsky, aucunement ménagé par ses interpellateurs, n'eut aucun mal à en faire litière. Hélas, dans la marche à l'abîme qui conduisit à ce moment tragique où il fut « minuit dans le siècle », selon la formule trouvée par Victor Serge, ce Cassandre n'était entendu que par une minorité de dissidents et d'irréguliers, refusant d'aliéner leur liberté de penser et d'agir. Surtout, il dérangeait de tous côtés. Non seulement parce qu'il avait, le premier, pris la mesure du danger national-socialiste, alors que les démocraties elles-mêmes composaient avec Hitler – comme l'illustreront en 1938 les accords de Munich –, mais surtout parce que, dans son opposition au stalinisme, il était resté révolutionnaire. Radicalement, indéfectiblement.

« Se battre contre l'ennemi ou se battre contre soi-même. Tout est heureux en un certain sens dans la première catégorie et en un certain sens tout est malheureux dans la deuxième. » La réflexion est de Péguy dans un texte écrit à l'été 1914, juste avant son départ pour la mobilisation générale et ses tueries de masse[1]. Elle s'applique parfaite-

1. Voir le chapitre 7, p. 169 *sq*.

ment à la condition du Trotsky des années 1930, chef de l'Armée rouge devenu chef de l'opposition à Staline. Face à ce dernier, il se campait en seul héritier légitime de Lénine – position que *Ma vie* installe d'emblée –, alors que la victoire de son adversaire allait obliger ses partisans à interroger la dynamique révolutionnaire elle-même, les causes de sa bureaucratisation, les violences qui l'avaient enfantée, les dénis de démocratie et les refus du pluralisme qui l'avaient précédée.

Plus tard, dans les décennies qui suivront l'assassinat, Natalia Sedova, sa veuve – décédée en France, à Corbeil, elle lui survivra jusqu'en 1962 –, elle-même militante, confiera que Trotsky n'avait cessé de lui dire dans les dernières années : « Il faut tout, absolument tout repenser ! » En somme, penser contre soi-même, affronter cette réalité sinistre qu'elle avait résumée d'une phrase terrible, dont l'écrivain Jean-François Vilar fera le titre d'un roman sans pareil : « Nous cheminons entourés de fantômes aux fronts troués[1]. » Et ces fantômes ne sont pas venus de nulle part. Or, surabondante, tant il écrivait comme pour vaincre le temps qui allait manquer, l'œuvre du Trotsky exilé permet d'en remonter la trace.

En 1936, dans *La Révolution trahie*, il taille en pièces la théorie du parti unique, ce Parti-État dressé contre le pluralisme politique et la diversité sociale, critiquant de fait l'interdiction des partis d'opposition, y compris d'autres tendances révolutionnaires, prise par la jeune République soviétique.

1. Jean-François Vilar, *Nous cheminons entourés de fantômes aux fronts troués*, Paris, Seuil, « Fiction & Cie », 1993.

Dans son *Staline* posthume, auquel il travaillait encore à la veille de son assassinat, il reconnaît combien la guerre civile fut une école de brutalité autoritaire et de commandement bureaucratique où le stalinisme se forgera, jusqu'à enfanter ce totalitarisme dont Trotsky sera l'un des premiers analystes et théoricien :

> « L'État, c'est moi » est presque une formule libérale en comparaison avec les réalités du régime totalitaire de Staline. Louis XIV ne s'identifiait qu'avec l'État. Les papes de Rome s'identifiaient à la fois à l'État et à l'Église – mais seulement dans les époques du pouvoir temporel. L'État totalitaire va bien au-delà du césaropapisme, car il embrasse l'économie entière du pays. À la différence du Roi-Soleil, Staline peut dire à bon droit : « La Société, c'est moi. »

Mais, en même temps, dans l'affrontement politique, Trotsky défendait pied à pied l'héritage dont il était comptable, assumant cette violence révolutionnaire accoucheuse d'une histoire qui, pourtant, allait se retourner contre la révolution elle-même. Si, dans *Ma vie*, il passe rapidement sur certains épisodes, en revanche, dans les polémiques des années suivantes, il ne se dérobera pas. Qu'il s'agisse de la répression du soulèvement des socialistes révolutionnaires dès 1918, de l'écrasement de la révolte des marins de Cronstadt en 1921, de la décision d'assassiner la famille du tsar, des exécutions sommaires ou des prises d'otages ordonnées sur le front pendant la guerre civile, il ne cachait rien et assumait tout, même s'il n'en était pas forcément le principal décisionnaire. Comme s'il redoutait, selon la formule consacrée des débats militants, que l'on jette le bébé avec l'eau du bain, le projet révolutionnaire lui-même avec son coût sanglant.

Toutefois, la tragédie soviétique ne se résume pas à la violence intrinsèque à tout processus révolutionnaire de renversement d'un ancien régime, après le 1917 russe comme après le 1789 français. Elle pose définitivement la question de l'avant-gardisme qui confisque la révolution au profit d'une élite autoproclamée et qui, parallèlement, démobilise les masses qu'elle prétend émanciper. Trotsky lui-même y succombera, proposant en 1921, contre l'avis de Lénine, « la militarisation des syndicats » afin de mener la bataille de la production dans un pays dévasté, c'est-à-dire un renforcement de la dictature guerrière au lieu d'un retour à la vie démocratique. Autrement dit, que l'exception devienne la règle. Une exception que Staline finira par incarner.

Assassinée en 1919 à Berlin, Rosa Luxemburg n'était plus là pour lui rappeler ses précoces mises en garde – si lucides et si visionnaires – aux bolcheviques. S'inquiétant de les voir comprimer ce « pouls de la vie populaire » où battent l'inventivité politique, son pluralisme et ses délibérations, elle leur avait parlé franc[1] :

> Certes, toute institution démocratique, comme toute institution humaine, a ses limites et ses lacunes. Mais le remède qu'ont trouvé Lénine et Trotsky – supprimer carrément la démocratie – est pire que le mal qu'il est censé guérir : il obstrue la source vivante d'où auraient pu jaillir les correctifs aux imperfections congénitales des institutions sociales, la vie politique

1. Rosa Luxemburg, *Sur la révolution. Écrits politiques, 1917-1918*, traduit par Claudie Weill, Paris, La Découverte, 2002.

> active, énergique, sans entraves de la grande majorité des masses populaires.

Le socialisme, leur assénait Rosa Luxemburg, ne saurait être octroyé d'en haut. Si « l'on peut décréter l'aspect négatif, la destruction », il n'en va pas de même de « l'aspect positif, la construction : terre-neuve, mille problèmes »[1]. Pour résoudre ces problèmes, la liberté la plus large – l'activité la plus large – de la plus large part de la population est nécessaire. Or la liberté, insistait-elle, « c'est toujours au moins la liberté de celui qui pense autrement[2] ». Et ce n'est pas elle, mais la terreur qui démobilise et démoralise :

> Sans élections générales, sans une liberté de presse et de réunion illimitée, sans une lutte d'opinion libre, la vie s'étiole dans toutes les institutions publiques, végète, et la bureaucratie demeure le seul élément actif[3].

Ne peut-on lire comme un remords caché de Trotsky que *Ma vie* se termine par une tendre évocation de Rosa Luxemburg ? Et cela juste après qu'il s'est lui-même questionné à haute voix : « Est-ce que la dictature révolutionnaire a donné les résultats qu'on attendait d'elle ? » Dans la foulée, avant le point final, il convoque même Proudhon, « ce Robinson Crusoé du socialisme » dont il dit qu'il lui est pourtant étranger. Cette présence de la figure tutélaire du socialisme libertaire fait étonnamment écho aux ultimes disputes qui, dix

1. *Ibid.*
2. *Ibid.*
3. *Ibid.*

ans plus tard, partageront les fidèles entourant Trotsky. Ainsi de son affrontement avec Victor Serge, anarchiste devenu blochevique, mais resté profondément libertaire, miraculeusement sauvé du goulag soviétique en 1936, quelques mois avant le premier procès de Moscou.

Traducteur en français de *Leur morale et la nôtre*, paru en 1939, où Trotsky défendait que « le moyen ne peut être justifié que par la fin » – la justification de cette dernière étant qu'elle doit permettre « tout ce qui mène réellement à la libération des hommes » –, Victor Serge n'avait pas hésité à porter la plume dans la plaie. Témoin et acteur à Petrograd – redevenue aujourd'hui Saint-Pétersbourg après s'être appelée Léningrad – de l'effervescence révolutionnaire, il avait rappelé ce « jour noir » de 1918 « où le Comité central du Parti décida de permettre à des commissions extraordinaires d'appliquer la peine de mort sur procédure secrète, sans entendre les accusés qui ne pouvaient se défendre ». « Ce jour-là, ajoutait-il sobrement, le Comité central pouvait rétablir ou ne pas rétablir une procédure d'inquisition oubliée de la civilisation européenne. Il commit en tout cas une faute. »

Une faute qui mena à l'enfer des procès staliniens. « L'émancipation des ouvriers ne peut être l'œuvre que des ouvriers eux-mêmes », écrivait pourtant Trotsky dans *Leur morale et la nôtre*, mais sans remonter à la source de la confiscation qui a fini par assassiner l'espérance.

> Il n'y a donc pas de plus grand crime [ajoutait-il] que de tromper les masses, de faire passer des défaites pour des victoires, des amis pour des ennemis, d'acheter des chefs, de fabriquer des légendes, de monter des procès d'imposture – de faire en un mot ce que font les staliniens.

Victor Serge approuvait évidemment mais n'en restait pas là : « Quand et comment le bolchevisme a-t-il commencé à dégénérer ? », ne cessa-t-il d'interroger du vivant du « vieux ». Fuyant le nazisme, il retrouva Natalia Sedova-Trotsky au Mexique où il mourut en 1947, son dernier livre étant une *Vie et mort de Trotsky*, empreinte de cette fidélité critique qui tisse les véritables loyautés.

Au fond, Trotsky connaissait la réponse car il l'avait tôt énoncée. C'était dans sa jeunesse, lors d'une vive polémique contre Lénine et sa conception avant-gardiste du Parti, raison pour laquelle il relativisait cet écrit afin de ne pas donner d'arme supplémentaire à ses calomniateurs. Réponse au célèbre *Que faire ? Questions brûlantes de notre mouvement* de Lénine, *Nos tâches politiques*, paru en 1904 à Genève, interpellait ce « fétichisme organisationnel » dont le « substitutisme politique » menait à « la dictature sur le prolétariat ». Ainsi, prophétisait-il, « l'organisation du Parti [en vient] à se substituer au Parti, le Comité central à l'organisation du Parti et, finalement, le dictateur à se substituer au Comité central ». Comment ne pas y lire une prescience du stalinisme ?

On ne pardonne pas aux voyants. Dans la tragédie antique, ces devins sont aveugles, les dieux les ayant punis de leur audace et de leur curiosité par la perte de leurs yeux. Mais, dès lors, ils voient ce qui échappe aux hommes ordinaires. Leur regard mort diffuse une lumière vivante. Quelles qu'en soient les faiblesses humaines, fautes ou erreurs, la vie de Trotsky éclairera longtemps le chemin de celles et ceux qui n'entendent pas se résigner à l'ordre des choses et du monde, à ses injustices et à ses oppressions. C'est pourquoi, bien que vaincue, elle dérange encore ses vainqueurs, héritiers d'un Thermidor stalinien mené jusqu'à son terme avec la restauration capitaliste – cette nouvelle oligarchie issue de l'ancienne bureaucratie.

Dès lors, quels qu'en soient les atours et les contextes, à Washington, Paris, Moscou ou Pékin, les tenants des ordres établis seront toujours d'accord sur Trotsky même s'ils ne sont d'accord sur rien. Depuis qu'entre 1989 et 1991 l'URSS s'est effondrée sur elle-même avec son empire est-européen, consacrant la victoire par défaut d'un capitalisme qu'elle prétendait combattre, l'antitrotskysme et ses légendes noires sont revenus en force. On les retrouve aussi bien dans une biographie anglaise, celle de Robert Service parue en 2009[1] – non seulement truffée d'erreurs grossières, mais le campant en dictateur pire que Staline –, que dans une série russe de 2017 diffusée depuis sur Netflix[2], qui le dépeint en assoiffé de pouvoir et séducteur invétéré. Dans les deux cas, les clichés antisémites que charriait la propagande stalinienne sont conviés, du cosmopolitisme sans patrie à l'ambition sans retenue.

La promesse de Staline fut honorée par ses successeurs. Juste après la chute de l'URSS, le 12 février 1992,

1. Robert Service, *Trotski*, traduit par Martine Devillers-Argouarc'h, Paris, Perrin, 2011.

2. *Trotsky*, série créée par Konstantin Khabenski en 2017 pour Netflix.

l'organisateur de l'assassinat de Trotsky, Pavel Soudoplatov, reçut le certificat de réhabilitation qu'il réclamait en tant que « victime des répressions politiques » – il avait été condamné et emprisonné après la mort du prétendu « petit père des peuples ».

Après avoir purgé vingt ans de prison au Mexique, l'assassin du fondateur de l'Armée rouge, Ramón Mercader, rejoignit sa « patrie du socialisme » où il fut fait Héros de l'Union soviétique et reçut l'Ordre de Lénine. Sa tombe est à Moscou, mais c'est à La Havane qu'il est mort, d'un cancer, en 1978.

Ce détour cubain nous offrira en 2009, avec *L'homme qui aimait les chiens* de Leonardo Padura, le meilleur roman vrai de toute cette histoire[1]. Un tour de force littéraire où se confirmait que, pour penser, sous toutes les latitudes, « la fatigue historique et l'utopie pervertie », selon les mots de Padura, parcourir la vie de Léon Trotsky, ses espoirs formidables, ses luttes enthousiastes et ses combats perdus, restera toujours de bon secours.

1. Leonardo Padura, *L'homme qui aimait les chiens*, traduit de l'espagnol par René Solis et Elena Zayas, Paris, Éditions Métailié, 2011.

9

Ce sommeil éternel

« La mort est un sommeil éternel. »

Le 9 octobre 1793, dix-neuvième jour du premier mois de l'an II de la République, les habitants de Nevers, chef-lieu du département de la Nièvre, apprirent ainsi la nouvelle de la mort de Dieu : en lisant ces six mots sacrilèges au bas d'un arrêté placardé au coin des rues. « Relatif à l'exercice des cultes et aux enterrements », ce texte fut sans doute la plus audacieuse des tentatives de déchristianisation révolutionnaire, au point d'inspirer favorablement la Convention à Paris et d'être pris en modèle en province. « La République ne reconnaissant point de culte dominant ou privilégié », il stipulait que tous les cultes ne pourraient désormais être exercés « que dans leurs temples respectifs », exigeait que soient « anéanties toutes les enseignes religieuses qui se trouvent sur les routes, sur les places et généralement dans les lieux publics », et enfin défendait « sous peine de réclusion à tous les ministres, à tous les prêtres de paraître ailleurs que dans leurs temples avec leurs costumes ».

Mais on pouvait aussi y lire ceci, qui ne manque pas de poésie :

> Dans chaque municipalité, tous les citoyens morts, de quelque secte qu'ils soient, seront conduits au lieu destiné pour la sépulture commune, couverts d'un voile funèbre sur lequel sera peint le sommeil, accompagnés d'un officier public, entourés de leurs amis revêtus de deuil et d'un détachement de leurs frères d'armes. Le lieu commun où leurs cendres reposeront sera isolé de toute habitation, planté d'arbres, sous l'ombre desquels s'élèvera une statue représentant le sommeil. Tous les autres signes seront détruits. On lira, sur la porte de ce champ consacré par un respect religieux aux mânes des morts, cette inscription : la mort est un sommeil éternel.

En rédigeant cet arrêté peu banal, son auteur avait pris soin de préciser en préambule que « le peuple français ne peut reconnaître d'autre culte que celui de la Morale universelle ». Il se nommait Joseph Fouché, alors commissaire en mission de la Convention. Oui, Fouché, celui-là même dont le nom est resté synonyme d'amoralisme, évocateur d'intrigues et de mensonges, de complots et de trahisons, de basse police par-dessus tout.

Deux siècles plus tard, ce Fouché nivernais, méconnu bien qu'il nommât Nièvre son premier enfant en hommage au département où il régnait alors en maître, hante l'énigme de sa postérité. Les mânes de celui qui mourut en 1820, à soixante et un ans, duc d'Otrante après avoir été successivement girondin et montagnard, président du club des Jacobins puis homme-orchestre du complot de Thermidor, conseiller de Gracchus Babeuf puis homme lige de Bonaparte, ministre de la Police sous la République, le Consulat, l'Empire et la Royauté restaurée, ses mânes donc n'eurent pas droit à ce paisible sommeil éternel que l'obscur professeur de l'Oratoire de Jésus, révélé à lui-même par la grâce d'une déferlante révolutionnaire, appelait de ses vœux.

Nul ne fut sans doute plus haï, détesté et caricaturé, après sa mort. À droite comme à gauche, Fouché dérangeait le siècle qu'il vit naître et qu'il avait pourtant, plus que d'autres, anticipé. « La figure déshéritée de Fouché effrayait d'aridité. Le prêtre athée, le dur Breton, le cuistre séché à l'école, tous ces traits étaient repoussants dans sa face atroce… » Que Michelet, l'intraitable républicain, s'enflamme pour dire son aversion – quitte à malmener les faits : notre homme ne fut jamais ordonné prêtre – ne saurait surprendre : sur sa liste intime des assassins de cette France qui, écrivait-il, « n'aura jamais qu'un seul nom, inexpiable, et qui est son vrai nom éternel : la Révolution », Fouché figurait en tête. Mais voici que Thiers partage la même détestation, ne discernant qu'« une figure louche » sous les traits de ce constant et patient artisan de l'ordre établi – une discipline que le Versaillais massacreur de communards pratiqua pourtant avec autant de zèle, mais bien moins d'élégance. Les royalistes ne sont pas en reste, dénonçant le conventionnel régicide et futur mitrailleur de Lyon, grand tueur d'aristocrates lors de la reprise en main fin 1793 de la cité rhodanienne, rebaptisée pour l'occasion Ville-Affranchie. Quant aux tenants du parti bonapartiste, ils n'auront de cesse de rappeler la méfiance avérée de Napoléon pour ce ministre fureteur et inquisiteur « qui un jour fouille dans mon lit, et l'autre dans mon portefeuille ».

Fouché, ce ne serait donc que cela ? Un vulgaire opportuniste, un fourbe serviteur, un flic sournois, un imposteur ? Non, ce fut un politique, et l'un des plus grands. Sulfureux et repoussant, Fouché dérange parce que, sous l'apparence tortueuse de son parcours et l'énigmatique complexité de son personnage, il dit la vérité de la politique moderne, telle que nous en subissons, aujourd'hui encore, l'emprise.

Par la magie de cette écoute flottante qui leur permet de débusquer les secrets enfouis sous le vacarme de l'opinion commune, les écrivains l'ont su avant les historiens. Dès 1841, Balzac en dressa un portrait flatteur dans *Une ténébreuse affaire* : « ce singulier génie », « le seul ministre que Napoléon ait eu », « l'un des hommes les plus extraordinaires et les plus mal jugés de ce temps »… Mais c'est à Stefan Zweig que l'on doit le premier monument littéraire entièrement dédié à « celui qui fut le plus remarquable de tous les hommes politiques ». Il n'est pas indifférent que, en 1929, ce Viennois inquiet, futur suicidé dans son exil brésilien, en 1942, quand il était minuit dans le siècle, ait consacré l'un de ses nombreux essais biographiques à Joseph Fouché[1]. Le duc d'Otrante incarnait à ses yeux une figure excessivement présente et actuelle, celle de la politique admise et convenue, traditionnelle en un mot, qui, à force de révérence au réel et de soumission aux circonstances, laissait venir l'irréparable dont les peuples feraient les frais.

> Chaque jour [écrivait-il alors, sans savoir combien la décennie suivante allait lui donner raison], nous constatons encore que, dans le jeu ambigu et souvent criminel de la politique, auquel

1. Stefan Zweig, *Fouché* [1929], traduit de l'allemand par Alzir Hella et Olivier Bournac, Paris, Grasset, « Les Cahiers Rouges », 2003.

les peuples confient toujours avec crédulité leurs enfants et leur avenir, ce ne sont pas des hommes aux idées larges et morales, aux convictions inébranlables qui l'emportent, mais ces joueurs professionnels que nous appelons diplomates – ces artistes aux mains prestes, aux mots vides et aux nerfs glacés. Si donc, réellement, comme le disait déjà Napoléon, il y a cent ans, la politique est devenue « la fatalité moderne », nous voudrions essayer, pour nous défendre, de découvrir les hommes qu'on trouve derrière cette puissance et ainsi le redoutable secret de leur pouvoir. Je présente donc l'histoire de Joseph Fouché comme une utile et très actuelle contribution à la psychologie de l'homme politique.

Qu'un romancier ait été le premier à prendre sa vraie mesure posthume n'aurait sans doute guère surpris Fouché. De son vivant, n'avait-il pas su séduire et utiliser l'un des maîtres de la corporation, Charles Nodier ? Le futur bibliothécaire de l'Arsenal, autour duquel se presseront les grandes plumes du moment, de Balzac à Nerval, en passant par Hugo, Lamartine, Dumas, Sainte-Beuve, etc., fut en effet en 1813, à son corps plus ou moins défendant, l'un des agents d'influence de notre homme, alors gouverneur général d'Illyrie, dont il recueillait les vraies-fausses confidences en télégraphiste zélé pour en nourrir sa très officielle gazette, justement nommée *Télégraphe des provinces illyriennes*. Nodier s'en souviendra en écrivant ses souvenirs de jeunesse, glissant cette épitaphe à rebours des caricatures de son ancien informateur : « Je conviendrai de beaucoup de choses, avant de convenir que Fouché a été bien jugé. »

Toutefois, la sagacité de Stefan Zweig ne doit rien au hasard, fût-il plaisamment littéraire. L'écrivain autrichien puisait à très bonne source, en l'occurrence au grand œuvre de Louis Madelin, par lequel l'histoire universitaire évita enfin les sentiers battus. Publiée en 1900 chez Plon, cette thèse en Sorbonne reste inégalée – et, hélas, aujourd'hui introuvable en librairie[1]. On lui doit une découverte essentielle, minutieusement argumentée : que Fouché l'inconstant fut, en fait, le constant artisan d'une préservation de l'État hérité de la Révolution, de cette machinerie nouvelle où prenait forme le pouvoir politique de la bourgeoisie.

> Si Fouché [écrit Louis Madelin] parut ondoyant et divers, disposé à servir tous les gouvernements et à les trahir, on ne peut, à notre sens, dire qu'il n'eut pas dans sa vie un dessein déterminé. Son intérêt lui avait imposé des principes, un principe tout au moins, et il y resta fidèle, même lorsqu'il avait toute l'apparence de le desservir. Ce principe, qu'il faut bien connaître pour comprendre cette vie, c'est le maintien sous les régimes des idées et des institutions essentielles de la Révolution.

Sous ses habits successifs, Fouché reste un produit de cette Révolution qu'il ne cesse de trahir en croyant la sauvegarder en secret. D'une Révolution certes interrompue, immobilisée et figée. Mais dont il n'oublie pas qu'elle l'a fait ce qu'il est, en ouvrant le jeu des possibles, en bousculant les places et les situations. Et c'est paradoxalement dans ce passage de témoin, entre rupture et continuité, fidélité et traîtrise, authenticité et duplicité, qu'il invente, expérimente et perfectionne la négation même de l'invention révolutionnaire :

1. Ce texte fut écrit il y a trente ans en préface des *Mémoires* de Joseph Fouché (Paris, Arléa, 1993). Depuis, la biographie de référence a été rééditée : Louis Madelin, *Joseph Fouché*, préface de Jacques-Olivier Boudon, Paris, Nouveau Monde Éditions, 2010.

ne plus forcer l'événement, mais le suivre ; ne pas faire obstacle à ce qui doit arriver, mais accompagner le mouvement dans l'espoir de l'infléchir. « Pourquoi vous en allez-vous ? demandera-t-il un jour à l'un de ses collaborateurs. Il faut toujours rester sur le terrain. » Rester dans le jeu quitte à en changer les règles, se maintenir au pouvoir quoi qu'il en coûte, accepter la dictature du réel en se promettant de l'amadouer.

« Il faut avant tout avoir la main à la pâte », répétera-t-il à un autre de ses fidèles. C'est donc ce qu'il fit, non sans cohérence et obstination, inlassablement homme des circonstances, fabriqué par elles plus qu'il ne les façonnait. Ou, mieux encore, des circonstances et de ses intérêts, car celui dont la rumeur publique fera, en 1815, le deuxième capitaliste et le premier propriétaire foncier de France n'oublia jamais de se servir au passage, sans que ce comportement trahisse un appétit particulier pour le lucre – Fouché ferait plutôt figure honnête au milieu des corruptions dont il fut le témoin –, mais simplement parce que les jeux politiques étaient alors sans honte des jeux financiers, antichambre de notre modernité où l'argent sera promu en valeur étalon des êtres et des choses.

En ce sens, Fouché fut bien l'homme de son milieu. Sous la Révolution, le futur duc d'Otrante était Fouché de Nantes, élu en 1792 par cette ville dont il était issu, fils de capitaine au long cours, l'un de ces marins marchands devenus bourgeois aisés grâce au commerce des épices et à la traite des esclaves. Le conservatisme du Fouché d'après-Brumaire, ce « modérantisme » qui n'imagine guère qu'une République de propriétaires, s'enracine ici : dans ce port embourgeoisé par l'effet du commerce triangulaire, de ses profits et de ses misères.

> Arrière le génie de la démolition [proclamait ainsi le premier texte politique de notre homme, son programme électoral de septembre 1792]. Celui de la Convention doit être essentiellement réparateur. Ce sont donc des architectes en politique que vous devez y appeler.

Mais, fin 1792, au lendemain de l'avènement de la République qui sonne l'accélération du processus révolutionnaire, « avoir la main à la pâte » supposait d'accompagner les destructeurs de l'ordre ancien. D'autres se seraient rebiffés, raidis dans leur orgueil de nantis ; Fouché, lui, et c'est là son génie, se radicalise, suit le mouvement, le précède même, disponible pour aller jusqu'au bout de l'aventure… si elle réussit. Éphémère girondin, il ne se contente pas de rejoindre la Montagne : il flirte avec les hébertistes, les gauchistes du moment, fort en gueule et populiste à souhait, choquant même Robespierre par son anticléricalisme forcené. Le voici donc, en 1793, commissaire de la Convention à Lyon, signant – avec Collot d'Herbois, mais on s'accorde à lui en attribuer l'exclusive paternité – un étonnant manifeste inspiré par un communisme primitif. Loin d'accroître l'énigme du personnage, ce texte – que ses *Mémoires* se gardent bien d'évoquer – l'éclaire : l'acharnement postérieur de Fouché à se compromettre pour survivre est à la mesure de cette folle espérance déçue. Il n'y a pas de contradiction, le Fouché démagogue de 1793 apprend à épouser sans vergogne l'air du temps.

> Tout est permis à ceux qui agissent dans le sens de la Révolution [écrit-il alors] : il n'y a d'autre danger pour le républicain que de rester en arrière des lois de la République ! Quiconque les prévient les devance ; quiconque outrepasse en apparence le but n'est souvent même pas encore arrivé. Tant qu'il y aura un être malheureux sur la terre, il y aura des pas à faire dans la carrière de la liberté. [...] La Révolution est faite pour le peuple ; il est bien aisé de comprendre que, par peuple, on n'entend pas cette classe qui, privilégiée par ses richesses, a usurpé toutes les jouissances de la vie et tous les biens de la société. [...] La Révolution serait un monstre politique et moral, si elle avait pour but d'assurer la félicité de quelques centaines d'individus et de consolider la misère de vingt-quatre millions de citoyens. Ce serait une illusion blessante pour l'humanité que de déclamer sans cesse le mot d'égalité si des intervalles immenses de bonheur devaient séparer l'homme de l'homme. [...] Agissez donc en grand : prenez tout ce qu'un citoyen a d'inutile ; car le superflu est une violation évidente et gratuite des droits du peuple. Tout homme qui a au-delà de ses besoins ne peut plus user ; il ne peut qu'abuser. Ainsi, en lui laissant tout ce qui lui est strictement nécessaire, tout le reste, pendant la guerre, appartient à la République et à ses membres infortunés.

Tel était, en 1793, le futur duc et multimillionnaire dont le second mariage fut célébré religieusement à l'église sous le patronage d'un roi. Le même homme pourtant, la même démarche, le même entêtement. Pour continuer à « avoir la main à la pâte », quand retombe la vague révolutionnaire et que menace la guillotine, il précipite l'heure de la chute de l'Incorruptible en se faisant, dans l'ombre, l'artisan de Thermidor. Pour autant, Fouché ne se convertit pas à la revanche thermidorienne, à ses haines et à son indécence, fréquentant même les quelques bastions de résistance jacobine. Arrêté en août 1795, libéré par la grâce d'une amnistie avant l'avènement du Directoire, il disparaît trois ans, méditant sur l'échec de ce à quoi il avait fini par croire, et revient enfin par la grande porte, nommé ministre de la Police par Barras et Sieyès en juillet 1799.

D'éclipse en retour, dans un mouvement de balancier, ce ministère sera dorénavant, sous les régimes qui suivront, sa rente de situation, faisant sa réputation et sa postérité. Contrairement aux idées reçues, Fouché ne fut pas homme de complot ni de répression, ne se privant pas de déconseiller vivement à ses troupes les raccourcis provocateurs :

> Ce genre d'actions ne peut être approuvé [écrira-t-il en 1807]. Ce n'est pas là faire la police, mais faire de la police [*sic*]. La véritable police écarte les moyens du crime et n'en fournit point les occasions ; elle prévient les délits et ne les provoque pas. Ces sortes de pièges exposent la force publique à des dangers qu'elle n'est pas toujours sûre de surmonter. Ils égarent l'opinion en ce qu'ils mettent au rang des moyens de l'administration des ruses que ne peuvent avouer ses véritables principes.

Renseignement et prévention furent ses véritables objectifs. D'abord savoir, avant d'agir : tenir les fils, anticiper l'événement, sentir le vent.

> La police [écrira-t-il en l'an VIII] est une surveillance constante de l'ordre de toutes les parties de la société… Le regard de la police est partout, et presque toujours son action se borne à voir.

Au service de cette ambition, il construira une mécanique de précision, pourchassant dans les rapports de ses agents les « aperçus vagues et moraux », guettant l'information pertinente et utile, et veillant à ce que cette machinerie ne puisse fonctionner qu'entre les mains d'un seul, les siennes.

C'est de ce poste d'observation et de manœuvre qu'il mettra désormais « la main à la pâte », accompagnant sans cesse ce qui lui paraît inéluctable dans des intrigues qui ne manquent pas de conviction, appliquant les ordres pour mieux les détourner à son profit, épargnant notamment jacobins et anciens conventionnels, s'offrant même le luxe d'accorder une pension à la sœur de Robespierre. Ouvrier du 18 Brumaire quand il sait la République à prendre, il sera un adversaire farouche du Consulat à vie avant d'être, en 1804, le premier à réclamer l'Empire. Négociant en coulisse avec les Anglais quand il sait la chute de Napoléon inévitable, il prendra langue avec les royalistes et les surprendra en opérant lui-même la Seconde Restauration après Waterloo. À l'abri de ce zèle de néophyte, il tentera de faire face à la Terreur blanche, avant que les ultras n'obtiennent enfin son départ. Proscrit, il s'en ira mourir à Trieste (aujourd'hui en Italie) – dans un port, comme de juste pour ce Nantais qui faillit être marin, n'eût été une santé fragile, et qui dut se contenter d'eaux troubles.

La fable a donc une morale. Le républicain secret finit en monarchiste avoué. Cette politique, la sienne, si habile à conserver mais inapte à créer, soucieuse de protéger l'héritage mais incapable de rompre, n'a donc rien empêché de ce qu'elle voulait éviter. Cette disgrâce définitive, survenant après trois échecs, sanctionnés par de provisoires évictions, en 1802, en 1810 et en 1815, consomme la défaite de l'habileté. Fouché a-t-il sincèrement cru défendre la Révolution sous l'Empire ? Mais que restait-il à sauvegarder, sinon quelques anciens révolutionnaires, quand s'annonçait, entre autres par sa faute, l'immense amertume d'une Royauté restaurée, puis d'un Empire rétabli ?

Fouché fut sans cesse du côté des vainqueurs, adoptant leur calendrier et épousant leur gloire, tandis que les vaincus reprenaient lentement leur perpétuelle marche, toujours inachevée, toujours en devenir, vers l'espérance. Tout autre que lui aurait été accueilli sans réserve dans les généalogies conservatrices pour service rendu à l'ordre établi. Or la postérité le retint en lisière, partenaire obligé mais peu fréquentable, comme s'il était victime du préjugé social qui entoure la police, chargée d'occulter ce qui dérange et, de ce fait, témoin de ce que l'on voudrait cacher. Mais ce n'est pas seulement qu'il en sait trop, c'est surtout qu'il vend la mèche.

Longtemps discutés, objets de procès et de poursuites, finalement authentifiés par Louis Madelin – à l'exception de la fin, œuvre de quelque « teinturier » –, ses *Mémoires* posthumes, publiés en 1824, en témoignent, même si Fouché est loin de s'y livrer toujours à visage découvert. Le lecteur pourra y lire ce que d'ordinaire un politique professionnel n'avoue pas, à savoir que le seul critère de réussite est la durée au pouvoir et non la fermeté des convictions, que l'indifférence aux autres et la fidélité à soi sont les garanties du succès, que mener deux politiques de front et choisir celle qui triomphe est le b.a.-ba du métier, etc. La « haute police » de Fouché, c'est cela : une recette de fabrication. Plus que l'envers de la haute politique, son ressort caché.

« Pourquoi ce type achevé, complet d'opportuniste n'a-t-il rencontré qu'impopularité, haine, outrage, mépris dans ce siècle d'opportunisme ? », se demandait en 1900 Louis Madelin, pensant sans doute à certains de ses contemporains, ces « radicaux » de nom qui ne connaissaient que les engagements opportuns et qui ne sont pas sans descendance actuelle.

> Ce qui perd Fouché [répondait-il], c'est ce manque de tenue, d'hypocrisie que la politique, comme le monde, impose aux pires scélérats, s'ils ne veulent servir de boucs émissaires. Il y avait chez Fouché une sorte de vanité à passer pour capable de tout lorsqu'il s'agissait d'arriver et de se maintenir. [...] Il était réellement un fanfaron des trahisons. [...] Fouché avouait plus qu'il ne péchait.

Aussi ses *Mémoires* complètent-ils utilement *Le Prince* de Machiavel, comme une sorte de manuel actualisé et illustré. L'un comme l'autre, pour reprendre le commentaire de Paul Veyne sur le Florentin, ont pour originalité « de faire en le disant ce qu'on a toujours fait en le sachant, mais sans le dire – on croirait un homme du “milieu” qui fanfaronne[1] ». N'y aurait-il donc, pour l'éternité, que cette politique-là ? Aucun espoir de forger, un jour, une politique de la morale, une éthique de la politique ?

En s'éteignant dans la nuit du 25 au 26 décembre 1820 à Trieste, Joseph Fouché nous lègue la question, à charge pour nous d'inventer la réponse. Quelques mois plus tôt, l'un de ses anciens confrères de l'Oratoire de Jésus, son

1. Machiavel, *Le Prince et autres textes*, préface de Paul Veyne, Paris, Gallimard, « Folio », 1980.

ancien collègue à la Convention et son ancien partenaire dans le complot contre Robespierre, Jacques-Nicolas Billaud-Varenne, avait rendu l'âme en Haïti, terre d'exil et de révolution qu'il avait gagnée à l'issue de sa déportation en Guyane ordonnée par la réaction thermidorienne qui avait fait de lui sa cible privilégiée. Ayant refusé toute amnistie, vécu comme un ascète et condamné le coup de Brumaire, il mourut en disant ceci : « Mes ossements du moins reposeront sur une terre qui veut la liberté ; mais j'entends la voix de la postérité qui m'accuse d'avoir trop ménagé le sang des tyrans d'Europe. »

On l'avait surnommé le Rectiligne.

10

L'origine de la catastrophe

Au début de l'année 2015, l'ONG Oxfam, qui entend combattre la pauvreté dans le monde, nous obligeait à regarder ce que nous ne voulons pas voir : l'inégalité incommensurable que produit la marche insensée de nos sociétés avides, matérialistes, consommatrices et égoïstes, où la compétition et l'accumulation deviennent le seul idéal de vie, au détriment de la solidarité et de la fraternité, de la précaution et de la générosité.

À partir de données ouvertes, produites par les milieux financiers eux-mêmes, Oxfam démontrait que les richesses des 80 individus les plus riches du monde sont désormais équivalentes à celles détenues par les 50 % les moins bien lotis de la population mondiale. Autrement dit, 3,5 milliards d'habitants de notre planète se partagent les mêmes richesses que ces 80 personnes immensément fortunées. Ce rapport de l'ONG, dont ce n'est là qu'une des accablantes démonstrations, était ainsi intitulé : « Insatiable richesse : toujours plus pour ceux qui ont déjà tout ».

Ce monde-là, le nôtre, court à la guerre comme des somnambules iraient à l'aveugle vers des précipices. Il court à la guerre de tous contre tous pour échapper à ses responsabilités, pour fuir les injustices invivables dont il est comptable, pour étouffer sous des guerres d'identités, de civilisations et de Religion l'exigence radicale d'égalité et de justice qui pourrait l'obliger à remettre en cause ses dominations, ses prévarications, ses corruptions.

Le livre que vous tenez entre vos mains dit la vérité de ce monde, en dévoilant ses impostures et ses mensonges[1]. C'est le livre d'un juste et d'un héros. D'un juste par devoir, d'un héros par nécessité. D'un homme qui, d'expérience vécue, sait que ce monde irresponsable est aussi un monde criminel. Un monde où le crime s'épanouit, se légitime, s'étend et se répand sous l'apparence de la notabilité et de la respectabilité. Parce que c'est un monde où le pouvoir politique et l'avoir financier ont renoncé à la durée et à la complexité, vivant dans un présent immédiat où seuls comptent le profit et la survie, donnant la priorité à l'urgence sur l'essentiel plutôt que de faire de l'essentiel l'urgence. L'essentiel, c'est-à-dire : les questions démocratiques, sociales, écologiques, celles dont dépend le vivre-ensemble d'humanités réunies autour de leurs causes communes.

Extraordinaire réflexion à haute voix d'un praticien de la justice italienne, *Le Retour du Prince* est un livre incontournable pour comprendre pourquoi le mot « mafia » est devenu

1. Ce chapitre reprend ma préface à l'ouvrage de Roberto Scarpinato et Saverio Lodato, *Le Retour du Prince. Pouvoir et criminalité*, traduit de l'italien par Deborah Puccio-Den, Lille, La Contre Allée, 2015.

le vrai nom commun de notre monde dérégulé, ce monde sorti de ses gonds dont la « mafiosisation » est le ressort caché, sans frontières géographiques ni sociales. Un monde où le conflit d'intérêts, cette prolifération des intérêts privés à l'abri de l'intérêt général, est de fait institutionnalisé ; où l'abus de pouvoir est ainsi légitimé, par accoutumance et résignation ; où la corruption devient « un code culturel qui façonne la forme même de l'exercice du pouvoir » ; où les plus hautes classes dirigeantes et possédantes pratiquent sans vergogne l'illégalité pour elles-mêmes.

Compagnon des juges antimafia Giovanni Falcone et Paolo Borsellino assassinés en 1992, le procureur Roberto Scarpinato est aujourd'hui au sommet du parquet de Palerme, en Sicile[1]. Vivant sous escorte policière permanente depuis plus de vingt ans, il est le magistrat dont les enquêtes ont dévoilé les liens entre la mafia d'en bas, cette mafia traditionnelle dont la violence est mise en exergue, et la « haute mafia », celle de la bonne société, au croisement des affaires économiques et des clientèles politiques, dans une subordination de la première à la seconde. Mais, né en 1952, il est aussi un homme de sa génération, fidèle aux aspirations démocratiques, sociales et morales de sa jeunesse au point d'envisager, dans une Italie où le parquet est indépendant du pouvoir exécutif, son métier comme un engagement.

> Le pouvoir s'insinue jusqu'aux replis les plus insoupçonnés de nos vies [expliquait-il à sa traductrice en français, Anna Rizzello,

1. Roberto Scarpinato a pris sa retraite de la magistrature en janvier 2022, à l'âge de soixante-dix ans. Il est depuis devenu membre du Sénat de la République italienne, élu sur la liste du Mouvement 5 étoiles.

dans *Le Dernier des juges*[1]]. En 1968, circulait un slogan qui mérite d'être rappelé : « Si tu ne t'occupes pas de politique, la politique s'occupera de toi. » Comprendre le fonctionnement du pouvoir est donc une notion transversale à tous les niveaux de la vie, sans distinction entre droit et culture, personnel et public.

Scarpinato nous enseigne ici ce qu'il a compris du pouvoir, explorant sa part d'ombre, arpentant sa face cachée, bien au-delà du cas italien. Ou, plutôt, comme l'avait écrit Leonardo Sciascia à propos de la seule Sicile[2], en faisant de l'Italie la métaphore d'un monde dont l'oligarchie régnante épouse en secret les codes des milieux criminels, leurs transgressions des lois ordinaires et leurs refus des règles communes.

Paru en Italie en 2008 et édité pour la première fois en France en 2012, *Le Retour du Prince* est donc un livre dont on ne sort pas indemne. Car il nous apprend que la corruption n'est pas à la marge, mais au cœur d'un système dirigeant qui a promu l'argent et le pouvoir en seules valeurs de référence. Roberto Scarpinato l'a appris par son travail de magistrat, et ce fut une expérience douloureuse. « Vous savez ce qui est écrit dans l'Ecclésiaste ? Celui qui accroît son savoir accroît sa douleur » ; c'est Anna Rizzello qui raconte cette confidence en ouverture du *Dernier des juges*. Et de commenter : « Il sait, et cette connaissance a changé sa vie à jamais. La douleur de savoir est inscrite sur son visage et dans ses gestes. »

1. Roberto Scarpinato, *Le Dernier des juges*, entretien avec Anna Rizzello, Lille, La Contre Allée, 2011.

2. Leonardo Sciascia, *La Sicile comme métaphore. Entretiens avec Marcelle Padovani*, Paris, Stock, 1993.

Intellectuel féru de culture classique, Scarpinato rappelle, au début du *Retour du Prince*, que les oracles de la Grèce antique étaient souvent aveugles, à l'instar du plus connu d'entre eux, Tirésias. Cette cécité ne tenait pas du hasard, explique-t-il : « Pour accéder à l'essentiel, il est nécessaire de se rendre aveugle à l'inessentiel. » C'est ainsi que justice véritable et journalisme authentique ont d'emblée partie liée : donner à voir pour donner du sens, ce qui, nous concernant, signifie débusquer l'information d'intérêt public en échappant à la diversion du divertissement.

Car tout est fait pour nous empêcher de bien voir, c'est-à-dire d'entrevoir l'essentiel. Loin d'être une nouveauté de nos sociétés d'immédiateté et de superficialité médiatiques, c'est l'antique ruse de toutes les dominations. Intellectuel de pouvoir, et donc au service du pouvoir, le cardinal Mazarin, ce jésuite d'origine italienne qui conseillait Louis XIV, rappelait que « le trône se conquiert par les épées et les canons, mais se conserve par les dogmes et les superstitions ».

Partant de cette formule, Scarpinato en vient à ce qu'il considère comme la théorisation la plus explicite de cette domination par l'aveuglement des sujets, tandis que ceux qui sont au sommet se réservent une sorte d'« hyper-voyance ». La référence ne manque pas d'ironie puisqu'il s'agit de Joseph de Maistre, l'ancêtre de Patrice de Maistre, cette discrète figure de l'oligarchie française dévoilée par l'affaire Bettencourt[1] :

1. Chargé de la gestion des actions de Liliane Bettencourt, alors principale actionnaire de L'Oréal, et de son patrimoine, Patrice de Maistre a été condamné en 2015 à trente mois de prison dont un an avec sursis et à

> Si la foule gouvernée peut se croire l'égale du petit nombre qui gouverne, il n'y a plus de gouvernement [écrivait ce penseur de la contre-révolution]. Le pouvoir doit être hors de portée de la compréhension de la foule des gouvernés. L'autorité doit être constamment gardée au-dessus du jugement critique à travers les instruments psychologiques de la religion, du patriotisme, de la tradition et du préjugé.

Lutter contre la corruption, c'est faire tomber cette mise en scène. Ruiner ses faux-semblants, dissiper ses mystères, démasquer ses impostures. Et c'est bien pourquoi l'enjeu de cette lutte n'est pas que judiciaire, mais fondamentalement politique. La corruption est au ressort d'un système culturel qui met à distance les gouvernants des gouvernés, tout comme les possédants des exploités. Bref, qui isole, désarme et désoriente le peuple. Car cette distance repose sur l'incompréhension, la perte de sens, la confusion des repères, l'abaissement des idées.

> Tout itinéraire de libération, personnelle et collective, implique un processus de déstructuration des impostures culturelles qui imprègnent nos vies dès le plus jeune âge [confie Scarpinato à la fin du *Dernier des juges*]. Voilà pourquoi le combat pour la construction d'un pouvoir au service des Hommes, et non sur les Hommes, passe forcément par le champ du savoir : tant qu'on ne se construit pas un savoir libéré des chaînes du pouvoir, celui-ci se perpétue, égal à lui-même, maintenant les individus dans cette illusion qu'ils se déterminent de manière autonome.

---

250 000 euros d'amende pour « abus de faiblesse », assortis de dommages et intérêts d'un montant de 12 millions d'euros. Il a renoncé à faire appel de cette décision après un accord avec la famille Bettencourt.

Du journalisme à la justice, cette bataille du savoir contre sa confiscation par les tenants de l'avoir et du pouvoir, à l'abri de l'opacité et du mensonge, est décisive pour restaurer la politique comme bien commun et comme bien vivre en favorisant son renouvellement du bas vers le haut. Sinon, nous serons condamnés à vivre sous le règne d'une oligarchie déguisée en démocratie. Et ce sera de notre faute : par indifférence envers la corruption, par tolérance à l'égard de son amoralité, par silence devant ses dégâts – richesse volée, humanité dévoyée, principes bafoués, servitude acceptée, imposture tolérée, etc.

Pour mieux le faire comprendre, jusqu'à saisir ce qui se joue ici non seulement d'essentiel mais d'éternel, Scarpinato remonte le fil du temps et du sens. Et, dans cette exploration, il nous fait comprendre que, s'il y a entre elles, selon les périodes, des différences de degré dans la violence, il n'y a pas de différence de nature entre les ruses du pouvoir criminel et celles du pouvoir oligarchique.

Il commence par le mot « imposture » : de *imponere* en latin, soit imposer. Dans le langage ecclésiastique, rappelle-t-il, le verbe *imponere* désignait parfois le fait de « faire porter le poids d'une croyance par le biais d'une tromperie ».

> L'histoire du pouvoir, y compris dans ses déclinaisons criminelles telles que la mafia, la corruption et le terrorisme, pourrait donc se réécrire comme un récit de voyage au royaume de l'imposture, lieu de construction et de perpétuation de fausses croyances utiles au maintien du pouvoir.

Puis vient le mot « obscène » : de *ob scenum*, soit ce qui opère « hors scène ». Ce qui n'est pas sur scène et, donc, ne relève pas de la mise en scène. « Le véritable pouvoir est toujours obscène », affirme Scarpinato. D'où il découle que le dévoilement de cette obscénité est le moyen le plus efficace pour l'ébranler, dans une stratégie du faible au fort. Montrer l'obscénité qui surprend, révolte ou indigne, c'est-à-dire dévoiler le hors-scène afin de briser l'omerta qui permet au pouvoir, celui de l'argent comme celui du crime, d'échapper à la honte du dévoilement. La honte, soit en italien *vergogna*, du latin *vereor gogna*, autrement dit « je crains le pilori ».

Car le secret est l'obscénité foncière de ce pouvoir, et c'est bien pourquoi, dès qu'il est mis à nu, sa réalité vraie, son avidité, sa brutalité et sa vulgarité nous sidèrent et nous stupéfient. Sur scène, dans ses lieux institutionnels, ce pouvoir met en avant l'apparence d'une représentation destinée au public. Hors scène, il se livre à ses trafics, combines et arrangements au nom de ses intérêts bruts et brutaux, sans aucune fioriture. D'où l'enjeu décisif du dévoilement, dont magistrats et journalistes indépendants sont les acteurs souvent calomniés, toujours attaqués.

Comme l'ont illustré, en France, maintes polémiques politiciennes ou pressions judiciaires face aux révélations journalistiques, de l'affaire Bettencourt aux affaires Sarkozy en passant par l'affaire Cahuzac, la question de la vérité factuelle, concrète, matérielle, celle des témoins, des documents et des enregistrements, est la plus disputée, sur ce chemin de justice où le pouvoir risque d'être démasqué, entre obscénité et honte. Scarpinato l'explique dans l'un des rares passages où il convoque son expérience concrète de procureur, avec cette tristesse définitive de celui qui a vu et entendu l'obscène.

> Les vocations de héros et de martyrs se faisant rares de nos jours [écrit-il], seules les machines brisent de temps à autre le silence artificiel dont le pouvoir s'est entouré : lorsque les résultats des procès pénaux sont rendus publics, les enregistrements issus des micros espions et des écoutes téléphoniques permettent aux citoyens sans pouvoir d'entendre, en direct et sans censure, la voix secrète du pouvoir. Et c'est comme soulever un coin du rideau pour entrevoir une réalité dégradante, derrière tous les sépulcres blanchis qui occupent le devant de la scène.

Rejoignant les alarmes de son compatriote Roberto Saviano, le journaliste auteur du désormais célèbre *Gomorra*[1], Scarpinato nous met en garde contre une réduction de la criminalité mafieuse à la seule violence visible, celle de la mafia d'en bas, ancrée dans les misères sociales et les désespoirs populaires. « La méthode mafieuse perd de sa visibilité, écrit-il : non parce qu'elle disparaît mais parce qu'elle se propage. » Aussi s'en prend-il à cette « vulgate médiatique selon laquelle la mafia ne serait qu'une sale affaire criminelle parsemée de fusils à canon scié et de dissolution de cadavres dans l'acide ».

Selon Scarpinato, la mafia des tueurs, cette « mafia militaire » issue des milieux populaires que chroniquent les médias, fait écran à la « haute mafia » qu'il a su démasquer au risque de sa vie dans ses enquêtes : ces politiciens, notables et financiers qui en sont les véritables bénéficiaires. Car, insiste-t-il, citation du Code pénal italien à l'appui :

> [L]'association mafieuse se caractérise par sa finalité particulière, qui ne consiste pas simplement à commettre des crimes,

1. Roberto Saviano, *Gomorra. Dans l'empire de la camorra*, traduit de l'italien par Vincent Raynaud, Paris, Gallimard, 2007.

> comme c'est le cas des associations criminelles ordinaires, mais à conquérir illégalement des espaces de pouvoir, en particulier économique et politique.

Et cette finalité de l'association mafieuse suppose un moyen qui est précisément « ce mal obscur qui ronge le pouvoir » :

> Une minorité organisée, composée de sujets dotés de différentes formes de pouvoir (social, politique, économique et quelquefois militaire) mises à disposition du collectif dont la force devient ainsi invincible au regard de quiconque appartient à la majorité non organisée.

Limpides, ces définitions suffisent à renverser l'idée, si répandue en France, d'une exception italienne dont nous serions épargnés.

L'Italie mafieuse ne vous est pas étrangère, lancent à la face de l'Europe et du monde aussi bien Roberto Scarpinato que Roberto Saviano. Ce dernier ne cesse d'ailleurs de s'étonner de l'indifférence ou de l'inconscience françaises vis-à-vis de la très concrète présence des diverses mafias italiennes en France, qui vont de pair avec notre complaisance pour la criminalité corse. « Voilà ce qu'est la France, aujourd'hui : un carrefour, un lieu de négociations, de réinvestissements et d'alliances entre cartels criminels », écrit Saviano en préface de l'édition française d'un de ses livres dont le titre sonne comme un défi, *Le combat continue*[1]. Sur-

1. Roberto Saviano, *Le combat continue. Résister à la mafia et à la corruption*, traduit de l'italien par Marguerite Pozzoli, Paris, Robert Laffont, 2012.

tout, insiste-t-il, cette extension des mafias d'en bas est complémentaire des pratiques mafieuses d'en haut. C'est ainsi que le système bancaire international n'a guère fait la fine bouche, depuis la crise de 2008, pour récupérer et blanchir l'argent du crime afin de renflouer ses caisses et de trouver des liquidités.

S'il est un symbole criant, aussi en évidence que l'était *La Lettre volée* de la nouvelle policière d'Edgar Allan Poe, de ce brouillage des frontières entre finance officielle et argent criminel, ce sont bien les paradis fiscaux, ces havres à l'écart des lois communes où oligarques et mafieux dissimulent la richesse détournée et volée de nos nations. En conclusion de son livre sur *Les Paradis fiscaux*[1], le journaliste Nicholas Shaxson résumait l'enjeu politiquement décisif que recouvre la tolérance pour les paradis fiscaux, voire leur encouragement ainsi que l'incarne la place du Luxembourg au cœur de l'Union européenne :

> Les paradis fiscaux sont un facteur déterminant de la façon dont le pouvoir politique et économique fonctionne dans le monde aujourd'hui. Ils permettent aux personnes, aux entreprises et aux pays les plus riches de conserver leurs privilèges, sans qu'il n'y ait pour cela aucune bonne raison. Les paradis fiscaux sont le théâtre où les millionnaires affrontent les pauvres, les multinationales les citoyens, les oligarchies les démocraties : à chaque fois, le plus riche l'emporte.

1. Nicholas Shaxson, *Les Paradis fiscaux. Enquête sur les ravages de la finance néolibérale*, traduit par Emmanuel Fourmont, Bruxelles, André Versaille éditeur, 2012.

Autrement dit, si une guerre acharnée n'est pas faite, avec constance et détermination, à cette finance dissimulée, cachée et opaque, aucune politique socialement progressiste ne pourra durablement s'imposer, encore moins faire ses preuves. Car cet adversaire-là est déloyal, fourbe et secret, violent et puissant, sans frontières et sans états d'âme, tout comme l'est le crime organisé.

« L'offense à la vérité est à l'origine de la catastrophe » : dans son exceptionnelle maïeutique démocratique, Roberto Scarpinato cite le devin Tirésias, clairvoyant bien qu'aveugle. Dans *Œdipe roi*, la tragédie de Sophocle, rappelle-t-il, c'est cet oracle qui lance au tyran de Thèbes, lequel l'interrogeait sur le mal mystérieux qui rongeait sa ville : « L'assassin que tu cherches, c'est toi. » Façon de dire que, face à la corruption, nous serons tous cet assassin si nous continuons à regarder l'inessentiel et à nous aveugler sur l'essentiel. Et, dès lors, complices de cette « mafiosisation » du monde qui s'étend à l'abri de notre indifférence et de notre passivité.

Roberto Scarpinato est de ces justes exemplaires qui ne s'y résignent pas. « Vivez comme si vous deviez mourir demain, mais pensez comme si vous étiez éternels » : il a fait de cette maxime antique de la culture grecque, qu'il considère comme « l'apogée de la sagesse humaine », sa devise personnelle. Le 19 juillet 2012, il fut au rendez-vous de cet engagement sans concession pour l'une de ses rares apparitions publiques : l'hommage à son ami Paolo Borsellino, vingt ans après son assassinat.

D'emblée, il commença son discours en forme d'adresse au juge disparu en s'étonnant de la présence

> aux premiers rangs, aux places réservées aux autorités, des personnages dont la conduite semble être la négation même des valeurs de justice et d'égalité pour lesquelles on t'a assassiné. Des personnages au passé et au présent équivoques dont les vies dégagent, pour utiliser tes mots, cette puanteur du compromis moral que tu exécrais tellement et qui s'oppose au frais parfum de la liberté.

Qu'ils aient au moins la grâce, sinon de rester chez eux, du moins de se taire, poursuivit-il :

> Vous qui ne croyez à rien si ce n'est à la religion du pouvoir et de l'argent, et qui n'êtes pas capables de vous élever au-dessus de vos petits intérêts personnels, taisez-vous le 19 juillet, car ce jour est dédié au souvenir d'un homme qui a sacrifié sa vie pour que des mots comme État, Justice et Loi aient enfin un sens et une valeur dans notre pauvre et malheureux pays.

Dans ce discours bouleversant, il y a notamment ce rappel qui vaut plus que jamais, ce passé plein d'à présent :

> Toi et Giovanni [Falcone] avez surtout été d'extraordinaires créateurs de sens. Vous avez accompli la mission historique de rendre l'État aux gens, car c'est grâce à vous et à des hommes comme vous que, pour la première fois dans l'histoire de notre pays, l'État se présentait sous des traits crédibles auxquels il était possible de s'identifier, et dire « L'État c'est nous » prenait du sens. Vous nous avez appris que, pour construire ensemble ce grand Nous qui est l'État démocratique de droit, il est nécessaire que chacun retrouve et cultive la capacité de tomber amoureux de la destinée des autres. Lors des cérémonies publiques, on se souvient de toi comme d'un exemple du sens du devoir. Ils te

> sous-estiment, Paolo, car tu nous as appris quelque chose de beaucoup plus grand. Tu nous as appris que le sens du devoir est peu de chose s'il est réduit à une exécution détachée et bureaucratique de nos propres tâches et à l'obéissance à nos supérieurs.

Roberto Scarpinato terminait son hommage par l'engagement de « découvrir la vérité », c'est-à-dire ces « forces obscures et puissantes » qui se cachent derrière la main du bourreau. Il a tenu promesse. Après avoir été convoqué devant le Conseil supérieur de la magistrature (CSM) italien pour ses fortes paroles, puis évidemment blanchi après une large protestation populaire, et enfin nommé début 2013, par le même CSM, procureur général au parquet de Palerme, il a requis en 2014 la comparution immédiate de deux officiels, et non des moindres – un général et un colonel –, pour leurs liens avec la mafia.

Peu après, alors que son bureau est théoriquement aussi inaccessible qu'un bunker nucléaire, il y trouvait, posée en évidence, une lettre de menace très bien rédigée et fort bien renseignée. Aucune trace d'intrusion sur les caméras de surveillance. Rien, aucun indice, de manière à faire comprendre que la menace est au plus près, au plus proche, de l'intérieur de l'État lui-même et de l'oligarchie qui se l'approprie.

Quelques semaines plus tard, le 19 octobre 2014, Scarpinato était à Paris, sous escorte policière toujours, à l'invitation de Mediapart pour accompagner l'appel « Nous, citoyens contre la corruption… » lancé par des journalistes, des magistrats, des juristes, des policiers, des universitaires, etc. Avec des mots simples, sur le ton de l'évidence, il confia à la foule rassemblée au Théâtre de la Ville, place du Châtelet, l'expérience douloureuse dont est né *Le Retour du Prince*, entre témoignage et réflexion.

> Quand j'étais un jeune magistrat en début de carrière [a-t-il expliqué], je croyais qu'il existait une ligne de démarcation précise entre le monde des criminels et celui des honnêtes gens. Mais année après année, j'ai dû me rendre compte que les deux mondes communiquaient entre eux par des milliers de chemins secrets qui traversent les terrains de la politique et de l'économie. En effet, en suivant les traces des assassins aux mains tachées de sang, et en suivant les traces des capitaux de la corruption et de la mafia blanchis dans le monde entier, je me suis retrouvé à juger plusieurs hommes insoupçonnables au sommet des institutions, de la politique et de la haute finance.

Son intervention se termina par un appel à l'Europe pour qu'elle se ressaisisse, en faisant des urgences démocratiques et sociales le cœur de son agenda politique.

> Ce que je souhaite et que j'espère ce soir, c'est que la lutte italienne contre la corruption et contre la dégénérescence oligarchique du pouvoir ne reste pas une expérience isolée, mais qu'elle devienne une expérience partagée aussi en France et dans d'autres pays, pour construire ensemble une Europe démocratique. Nos pères et nos ancêtres ont lutté ensemble pour défendre l'Europe contre les monstres fascistes et nazis, en mourant par millions sur les champs de bataille, et ils nous ont laissé en héritage le bien de l'État démocratique de droit. Aujourd'hui, c'est à nous qu'il incombe de défendre ce précieux patrimoine de civilisation et de le transmettre à nos enfants en défendant ensemble la démocratie contre les nouveaux monstres de la corruption, des mafias, de la spéculation financière et du pouvoir oligarchique qui se déguise en pouvoir démocratique.

Cet appel, me semble-t-il, résonne encore plus fort depuis que d'autres monstres, ceux du terrorisme, ont pris la première place dans l'agenda de nos gouvernants. Ce n'est pas sous-estimer leur danger ni relativiser les crimes des terroristes que de souligner que les oligarchies du pouvoir et de l'avoir seront irrésistiblement tentées de les utiliser comme diversion. « Ayez peur, et laissez-nous nous occuper du reste ! », disent-elles à des populations affolées par l'émotion et saisies d'incompréhension. Or ce que nous apprend ce livre d'un sage, c'est que les désordres du monde, ceux-là mêmes qui prennent parfois figure de terreur, sont aussi les nôtres, nourris de nos renoncements, de nos accommodements, de nos aveuglements.

Le Retour du Prince nous oblige à affronter cette vérité qui dérange. Et c'est pourquoi il sera indispensable à toutes celles et à tous ceux qui se sentent responsables et comptables de notre avenir commun.

11

La fable du pouvoir

Sur la Toile numérique, le site du musée Jean de La Fontaine propose toutes les morales de ses deux cent quarante fables, classées par ordre alphabétique, *L'Aigle et la Pie* en ouverture, *Les Voleurs et l'Âne* pour conclure[1]. Assurément de bonne volonté, cette invite virtuelle, depuis la très réelle ville picarde de Château-Thierry, dans l'Aisne, où la maison natale du poète abrite ledit musée, me semble cependant la moins bonne des entrées en matière. Pour retrouver La Fontaine, plutôt que de commencer par ces morales de fin, mieux vaut partir du début. Le début, autrement dit la fable elle-même, son style et son propos, sa musique et ses caractères, son goût et son humeur.

Les morales, en effet, lui ont joué un bien mauvais tour. On leur doit un trop long contresens : cette image scolaire d'un maître en prudence, professant une bien-pensance du juste milieu, toute d'aversion pour le risque et d'amour des précautions. En somme, une morale de la résignation :

1. C'était en 2007. Rénové, ce site propose désormais l'entièreté des *Fables*.

rester à sa place, calculer et économiser, épargner et s'épargner, surtout ne pas s'exposer. Loin de nous rapprocher de l'auteur, ce refrain nous en éloigne, étouffant son audacieuse jeunesse sous le préjugé d'une poésie édifiante. Comme si une philosophie moyenne, de survie, d'arrangement et d'accommodation, avait recouvert une sagesse moins ordinaire, plus authentique et plus fraîche.

Même un lecteur aussi averti que Roland Barthes a failli s'y laisser prendre. Interrogé par un journal sur ses lectures de l'été 1975, il confia avoir lu chaque soir quelques fables de La Fontaine[1]. C'était si plaisant, ajoutait-il, qu'avec ses amis vacanciers il en fit un jeu, s'amusant à chercher parmi eux ici le rat et l'éléphant, là la belette ou le corbeau, ailleurs le loup et l'agneau… Plaisir du texte et des situations qui, par contraste, lui souligna cet héritage de lecture pontifiante dont le poète fut la muette victime :

> Ce qui est irritant chez La Fontaine, c'est la prétention de morale universelle, de « vérité humaine » sous laquelle on l'accable ; si on le lit de cette façon, c'est un recueil insupportable de stéréotypes, le livre même de la grégarité humaine, une sorte de bible petite-bourgeoise ; mais on peut le lire autrement…

Le lire autrement, c'est le lire librement. Débarrassé de ce corset de préventions dont les lacets furent sans doute noués, hier, par l'usage pédagogique des fables de La Fontaine qui réduisait un dispositif subtil et complexe, sous son apparente clarté, à l'utilité immédiatement pratique d'une instruction

1. Les références des œuvres sollicitées pour ce chapitre se trouvent p. 311-312.

civique. Tel est le défi qu'entend relever ce recueil, imaginé en résonance complice et admirative. Si dix-huit de nos écrivains ont souhaité donner au public d'aujourd'hui des nouvelles de La Fontaine, ce n'est pas par révérence déférente et respectueuse à la tradition ou au patrimoine[1]. C'est plutôt le sentiment instinctif de l'actualité du fabuliste qui les réunit, cet écho d'un passé plein d'à présent dans notre modernité dont la société du spectacle n'a rien à envier aux sociétés de cour. D'un simulacre à l'autre, il revient aux poètes du quotidien de faire tomber les masques.

À rebours des lectures pieuses, on voudrait donc dire la radicalité de La Fontaine, cet alliage solide d'audace tranquille, de sagesse insolente et de liberté indocile. Le même Barthes indiquait en 1944 la piste à suivre, au détour d'une réflexion de jeunesse sur les classiques, cette source intacte d'inspiration : il recommandait de chercher leur éternité dans leurs silences. Dans la liberté qu'ils laissent au lecteur. Liberté d'occuper leurs espaces, de se glisser dans leurs interstices, d'écouter et d'épouser leurs respirations, d'attraper les idées qu'ils laissent en suspens. C'est une invitation que les classiques nous adressent, par-delà les siècles : prolonger sans eux et avec eux, grâce à eux et malgré eux.

« Un classique ne dit pas tout, tant s'en faut », insistait le futur auteur du *Degré zéro de l'écriture* (1953), soulignant ces « vides inquiétants » qu'abrite leur « clarté terrible ». Sous les

1. Ce chapitre reprend ma préface au recueil collectif *Des nouvelles de La Fontaine*, Paris, Gallimard, 2007. Dix-huit écrivains y rendent hommage au fabuliste, selon la même règle du jeu : imaginer une nouvelle à partir d'une morale extraite des *Fables*.

lieux communs, d'exquis paradoxes. Sous la froide raison, la passion de dominer les passions. Sous de sèches maximes, d'intimes confessions. L'énumération, qui peut se prolonger indéfiniment, concerne au premier chef La Fontaine, « le plus minutieux architecte de vers français », selon le jeune Barthes qui ne se laissait pas arrêter par les habits dont la postérité a affublé notre fabuliste – « songeur prétendu, bonhomme supposé, moraliste finaud ». Pour illustrer son propos, il citait d'ailleurs la quatorzième fable du dixième livre, le *Discours à Monsieur le duc de la Rochefoucauld* :

> *… Mais les ouvrages les plus courts*
> *Sont toujours les meilleurs. En cela j'ai pour guides*
> *Tous les maîtres de l'art, et tiens qu'il faut laisser*
> *Dans les plus beaux sujets quelque chose à penser.*

Laisser quelque chose à penser… Et Barthes, avec sa vigilance coutumière, d'ajouter cette mise en garde : « Les classiques apprennent à bien écrire ; ils enseignent surtout que bien écrire ne va pas sans bien penser. »

Alors, que pensait Jean de La Fontaine (1621-1695), ce contemporain de Louis XIV, témoin du Grand Siècle et de sa monarchie absolue, contemplateur de ce moment de mouvement et d'immobilisme, où la France, tout à la fois, se transforme et se fige, acteur de cette époque qui, sur les décombres des frondes parlementaires et des dissidences religieuses, voit s'ébaucher l'État moderne en sa variante française ? Si l'on suit la seule piste des morales, on se dira qu'il n'en pensait pas grand-chose – en tout cas, pas grand-chose de neuf. Mais c'est une impasse, et il nous en avait lui-même avertis. Car, dès la préface du premier volume paru, modestement intitulé *Fables choisies mises en vers* (1668), La Fontaine nous fait comprendre qu'il n'aime pas trop faire la morale. Distinguant, dans l'apologue, le corps qui est la fable de l'âme qui est la moralité, il avoue s'être parfois dispensé de cette dernière car elle ne réussissait pas à « entrer avec grâce » et qu'après tout « il est aisé au lecteur de la suppléer ».

Il faut donc aller voir ailleurs, et cet ailleurs, c'est ce corps, la fable, tout simplement – étant entendu qu'ici la simplicité est en elle-même un programme. Se laisser porter par l'imaginaire, ses ellipses et ses détours. Épouser le récit, ses ruses et ses légèretés. On s'aperçoit alors que ces inventions ne sont pas seulement distractions. Qu'en effet ce bien écrire est un bien penser. Et qu'il pense son époque au-delà de son temps : sa modernité, son éternité, son actualité. Est-ce un hasard si la fable dont l'intitulé sonne comme un programme, *Le Pouvoir des fables* (Livre VIII, Fable IV), commence par évoquer de très sérieux sujets politiques et diplomatiques, de guerre et de paix, sur fond de relations franco-anglaises, accompagnés par cette suggestion sacrilège : « N'est-il point encor temps que Louis se repose ? »

La Fontaine pensait la liberté – liberté privée, liberté individuelle – au moment même où, avec le Roi-Soleil, la culture politique française s'en détournait profondément, préférant des modernisations autoritaires aux désordres libertaires, magnifiant la grandeur de la nation plutôt que le bonheur des individus, sacralisant l'efficacité du pouvoir au détriment des contre-pouvoirs. En ce sens, chez lui, le pouvoir des fables est bien une fable du pouvoir. Si le seul pouvoir que le fabuliste entend conquérir se confond avec la réussite littéraire de ses narrations, c'est une façon aussi discrète que décidée de mettre à distance le pouvoir absolu – l'absolu du pouvoir et ce qui va avec : conformismes et courtisaneries, obéissances et fascinations, empressements et suivismes, passion démesurée de la réussite, soif inextinguible de positions, etc.

À sa manière, La Fontaine résiste. À la propagande, à la pompe, à la lourdeur, à la corruption, à la foule, au troupeau. Au Grand Un de la servitude volontaire. Lecteur de Montaigne, il connaissait évidemment le sous-titre de l'encore scandaleux *Discours de la servitude volontaire* d'Étienne de La Boétie, l'ami de cœur de l'auteur des *Essais* : *Contr'un*. Oui, *Contr'un*, mot slogan, mot de passe, mot de reconnaissance. Contre la dilution de la collectivité dans l'unicité, contre la soumission de tous à un seul, contre la réduction de la diversité à l'uniformité. Contre certes, mais sans ostentation, sans éclats ni grandiloquences. En souplesse, en biaisant et en contournant, par les chemins de traverse et les sentiers d'aventure. Bref, en jouant et en se jouant.

Ses fables sont des feintes. Sous la plume de La Fontaine, d'ailleurs, « feinte » est synonyme de « fiction ». Face à un pouvoir total, maître non seulement de ses sujets, mais aussi des arts et des lettres, dont la gloire sans partage occupe tout l'espace des représentations, la ruse est la protestation la plus aboutie parce que la plus réfléchie. Stratégie du faible au fort, elle protège jalousement le seul monde qui échappe au pouvoir : l'espace privé. « Privé : libre en secret », dit le *Léviathan* de Thomas Hobbes. Nos vulgates conformistes pour temps pornographes nous le feraient presque oublier :

loin du panoptique de la Cour, les libertins du XVIIe siècle inventent des lieux d'indocilité et d'obscurité où s'ébauchent les idéaux des Lumières. La quête des libertés de l'individu y rencontre le rêve des droits de l'humanité, avec cette conviction, qui fait lien, qu'il n'y a pas de justice pour tous quand règne l'injustice pour un seul.

Quels qu'en soient les arguments littéraires, le dédain, qui, exaltant les fables, mineure les contes licencieux de La Fontaine, manque ce point essentiel : d'une forme de texte à une autre, circule le contexte de leur création. Ici, le libertinage ne se résume pas à un galvaudage. C'est d'abord un voyage : une échappée belle, hors des rets du pouvoir et des liens de sujétion qui l'assurent. Fort imprenable des libertins, le for intérieur tient le siège d'une bataille du goût dont l'enjeu implicite est politique. Le style est un programme, façon de prendre parti par la manière, toute d'invention et de nouveauté. Titrée *Contre ceux qui ont le goût difficile*, la première fable du deuxième livre en porte l'étendard. Jusqu'au bout, jusqu'à sa réception tardive à l'Académie française, La Fontaine tiendra la position tôt rappelée à l'ami de jeunesse, Maucroix :

Te souvient-il bien qu'autrefois
Nous avons conclu d'une voix
Qu'il fallait ramener en France
Le bon goût et l'air de Térence ?

Le bon goût n'est pas le goût officiel, écrasant et dominateur. Entre génie d'invention et art d'exécution, toute la stratégie de La Fontaine consiste à échapper au modèle imposé, à sortir des règles figées, à refuser l'uniformité monotone.

« Irrégularité » et « diversité » sont les maîtres mots d'un style qui, en son temps, bouscule radicalement les conformismes littéraires. Avant ses *Fables*, dès ses *Nouvelles en vers tirée* [*sic*] *de Boccace et de l'Arioste* (1664), il revendique « les vers irréguliers », défendant leur « air qui tient beaucoup de la prose », cette manière « la plus naturelle, et par conséquent la meilleure ». Puis, en 1678, dans l'avertissement du second recueil des *Fables*, il défend sans concession son esthétique du divers, à rebours des automatismes et des obéissances, insistant sur la « variété » de son ouvrage, la « différence » des sujets et la « diversité » dont il se sent capable.

En ce sens, sa façon de dire est aussi importante que ce qu'il dit, dans une grande cohérence entre la forme et le fond. Son modérantisme affiché est un libéralisme radical : un refus des systématismes autoritaires, des contraintes violentes, des soumissions forcées. Un cri du cœur contre ces techniques de pouvoir, leurs promoteurs et leurs zélateurs, cri qui sonne dans cette chute du *Philosophe scythe* (Livre XII, Fable xx) :

Contre de telles gens, quant à moi je réclame.
Ils ôtent à nos cœurs le principal ressort :
Ils font cesser de vivre avant que l'on soit mort.

Si, de cette liberté mode d'emploi, la diversité est la fin recherchée, la légèreté en est le moyen. La Fontaine est discret par conviction, modeste par fermeté. Cette façon de cultiver son retrait, de travailler sa mise à l'écart est en réalité sa hauteur : son exigence, son refus. On connaît son *Épitaphe d'un paresseux*, en forme d'autoportrait moqueur :

Jean s'en alla comme il était venu,
Mangea le fonds avec le revenu,
Tint les trésors chose peu nécessaire.
Quant à son temps, bien le sut dispenser :
Deux parts en fit, dont il soulait passer
L'une à dormir et l'autre à ne rien faire.

Fût-elle jouée, cette revendication d'une vie insouciante, hors la gloire, la fortune et les honneurs, par un poète qui ne cachait pas vouloir plaire et chercher le succès, est une figure résistante en des temps contraints. Nulle part on ne perçoit mieux la cohérence de cette œuvre-vie que dans son *Remerciement à l'Académie française*, prononcé le 2 mai 1684.

> Messieurs [commence-t-il], je vous supplie d'ajouter encore une grâce à celle que vous m'avez faite : c'est de ne point attendre de moi un remerciement proportionné à la grandeur de votre bienfait.

Et il tient cette promesse au-delà du raisonnable : de bout en bout, son compliment est ironique et sa modestie moqueuse. Terminant par l'éloge obligé de Louis le Grand, il ajoute : « Il ne serait pas juste de déshonorer une si belle vie par des chansons grossières comme les miennes », ce qui, en vérité, est une façon de se dérober pour échapper à la corvée. Puis il enchaîne par son *Discours à Madame de La Sablière* qui contient cet hommage empoisonné à l'auguste assemblée académicienne :

Si j'avais un esprit aussi réglé que vous,
Je suivrais vos leçons, au moins en quelque chose :
Les suivre en tout, c'est trop ; il faut qu'on se propose

Un plan moins difficile à bien exécuter,
Un chemin dont sans crime on se puisse écarter.

S'écarter du chemin, ne pas suivre en tout, être rétif à la règle : le message fut reçu et le courroux au rendez-vous. Le directeur de l'Académie refusa de publier le compliment de La Fontaine qui, loin de se soumettre, avait contrevenu à la consigne qu'il lui avait donnée dans son discours de réception : « Ne comptez donc pour rien, Monsieur, tout ce que vous avez fait par le passé. » Et, désormais, insistait cet abbé de La Chambre, logiquement oublié par la postérité, n'ayez plus qu'une obsession, celle qui « nous distingue de tous les autres gens de lettres » : « Travailler pour la gloire du prince, consacrer uniquement toutes ses veilles à son bonheur, ne se proposer point d'autre but que l'éternité de son nom… » Un prince, rajoutait-il, « qui s'informera du progrès que vous ferez dans le chemin de la vertu, et qui ne vous considérera qu'autant que vous y aspirerez de la bonne sorte ».

Dans une société que domine le pouvoir, profondément corrompue par ses mises en scène, ses séductions et ses tentations, son activisme omnipotent et son agenda omniscient, La Fontaine nous enseigne le courage de l'élégance. Chez lui, l'euphémisme est un coup de force : un évitement pour la forme, sans concession sur le fond. Ses litotes sont des machines infernales. Dans ce monde du paraître, il fait exploser avec douceur les codes qu'il semble admettre. Par la seule vertu de l'ironie, par la seule rigueur d'un sourire. On se souvient de la morale de *La Cour du Lion* :

Ne soyez à la Cour, si vous voulez y plaire,
Ni fade adulateur, ni parleur trop sincère ;
Et tâchez quelquefois de répondre en Normand.

La Fontaine ne cesse de revendiquer son décalage : il est en dehors. Ou plutôt sur le seuil, dedans et dehors, homme du passage et de passage. Au-dedans d'une société qui, tournant autour de son Roi-Soleil, ne peut guère échapper à son pouvoir, à ses pièges et à ses armes. Mais, néanmoins, résolument en dehors, cultivant sa distance, travaillant l'écart, construisant sa différence. « De loin c'est quelque chose, et de près ce n'est rien » : le dernier vers de la dixième fable du quatrième livre (*Le Chameau et les Bâtons flottants*) peut aussi se lire comme un déniaisement : apprendre à se déshabituer du pouvoir, savoir se déprendre de sa force de conviction, de son éclat et de son attrait, bref, travailler à le désacraliser – *de près ce n'est rien…*

C'est en effet un travail, apprentissage régulier et discipline quotidienne, tant la culture de pouvoir s'impose et s'infiltre, fascinant et façonnant tout ce petit monde qui, à Paris, en détient une parcelle. À cette aune, la France en son centre et son sommet est en effet un village et une basse-cour, théâtre des ambitions ridicules et des prétentions dérisoires. *Le Rat et l'Éléphant*, cette parabole toute de sagesse orientale, le rappelle dès les premiers vers :

Se croire un personnage est fort commun en France.
On y fait l'homme d'importance,
Et l'on n'est souvent qu'un bourgeois :
C'est proprement le mal françois.

On l'aura compris : c'est de nous, de notre histoire, de notre France, que La Fontaine donne des nouvelles. Son actualité est l'écho de nos modernités, en leur variante tricolore. Leur négatif, leur contrepoint, leur alarme par conséquent. « C'est un monde avec un jugement sur le monde que La Fontaine nous a donnés » : Hippolyte Taine fut le premier à saisir cette permanence du moment La Fontaine. Prolongeant sa thèse universitaire de 1853 dans *La Fontaine et ses fables*, publié en 1861, il souligne la portée politique de son ironie malicieuse, cette manière qu'il a d'approuver la perfidie et, « quand le tour est admirable ou bien joué », d'oublier « que c'est un guet-apens ». « Enfin, insiste-t-il, chose admirable ! il loue la trahison politique » – façon de dire la dissidence ou l'abstention, le refus de l'embrigadement ou de l'aveuglement. Et Taine de citer le dernier vers de *La Chauve-Souris et les Deux Belettes* (Livre II, Fable v) :

Le sage dit, selon les gens :
Vive le Roi, vive la Ligue.

Puis, d'ajouter ce commentaire que l'on pourrait revendiquer : « Cette morale est celle du pauvre, de l'opprimé, en un mot, du *sujet*. Nous n'avons plus le mot, mais nous avons encore la chose. » Écrivant sous le Second Empire, Taine parlait d'expérience. À l'instar des surréalistes, on transformerait volontiers en hasard objectif, poétiquement bavard, les circonstances historiques de la relecture des *Fables* par Taine. Admis premier à l'École normale de la rue d'Ulm en 1848, dans l'effervescence rapidement déçue de la Deuxième République, Taine échoue en 1851, l'année du coup d'État bonapartiste, à l'agrégation de philosophie parce qu'il avait affiché son intérêt pour Spinoza, ce maître en liberté. Il tente ensuite une première thèse, finalement interdite de soutenance parce que trop portée sur la psychologie, discipline suspecte. La Fontaine sera l'ultime porte de sortie, avec une thèse rédigée fin 1852-début 1853 alors même que Louis Bonaparte, le président de la République putschiste, se fait sacrer empereur sous le label Napoléon III.

Du moment royal de La Fontaine au moment impérial de Taine, jusqu'à notre interminable moment présidentialiste, un fleuve souterrain lie les amoureux sincères du poète à la cause entière de la liberté, celle qui refusera toujours de se donner au pouvoir d'un seul. Depuis les estimables travaux de Marc Fumaroli, la thèse n'est même pas iconoclaste puisque leur auteur, il est vrai libéral authentique, c'est-à-dire d'abord politique avant de se résoudre à l'être en économie, plus soucieux de vitalités démocratiques que de cours boursiers, siège dorénavant sous la Coupole[1].

On doit en effet à l'académicien Fumaroli un portrait sans égal de La Fontaine en « exilé de l'intérieur », défendant, sous le règne d'une pensée captive, un idéal libéral, héritage de cette occasion perdue pour la culture démocratique française que fut l'éradication des diverses frondes par Richelieu, au nom de l'État central. Les circonstances biographiques de cette « résistance intérieure à la servitude politique », pour reprendre une formule de Fumaroli, sont

1. Marc Fumaroli (1932-2020) occupa le sixième fauteuil de l'Académie française de 1995 à sa mort.

suffisamment documentées pour avoir récemment inspiré un film populaire[1]. Proche et protégé du surintendant Fouquet, La Fontaine vécut sa chute de 1661, son arrestation, sa condamnation et sa disgrâce, comme une injustice où se révélait le triomphe de l'État moderne, sous le double visage de Louis XIV et de Colbert, du monarque et, en quelque sorte, de son énarque.

Des lecteurs jugeront sans doute qu'ici le journaliste politique cultive ses obsessions. Peut-être même se gausseront-ils en appelant La Bruyère en renfort, ce contemporain de notre fabuliste qui, dans ses *Caractères*, rappelle que « le sublime du nouvelliste est le raisonnement creux sur la politique », étant entendu qu'ici le nouvelliste est supposément l'ancêtre du journaliste. On leur opposera aimablement l'insistance de Marc Fumaroli à chercher, dans ce couple de contraires formé par le Poète et le Roi, des Lumières pour demain : l'invention d'une nouvelle politique de la liberté, ayant enfin rompu ses liens de servitude, cette longue durée d'entraves monarchiques, impériales et présidentialistes où la démocratie s'épuise et s'assèche. Fumaroli, en effet, n'hésite pas à s'interroger sur la « secrète fascination des républicains, des libéraux, de socialistes modernes et français pour le Roi-Soleil », avant de s'écrier, impertinent à tout le moins : « Quelle ironique revanche posthume pour Charles Maurras ! »

Mais, forçant l'avantage, il ne s'en tient pas là.

> Le demi-siècle qui a suivi la chute de la IIIe République [poursuit-il] a vu le passage à l'acte, dans plusieurs mises en scène successives

1. *Jean de La Fontaine, le défi*, film de Daniel Vigne, sorti en salle le 18 avril 2007.

et plusieurs conjonctures différentes, de la dramaturgie politique néo-louisquatorzienne, inventée par Maurras pour faire pièce à la IIIe République. Le gaullisme du Général et l'antigaullisme de François Mitterrand (lequel est de droite, lequel est de gauche ?) ont rivalisé à qui exécuterait avec le plus de succès ce projet de grandeur. Le Général, avec le génie de Richelieu, et son principal adversaire, avec les talents de Mazarin, ont l'un créé, l'autre popularisé, une monarchie maurrassienne aux couleurs de la République.

Non seulement nous n'en sommes toujours pas sortis, mais il est permis de penser, en 2007, que la victoire de ceux qu'inquiétait, sous l'intermède de Jacques Chirac, un supposé déclin de cette grandeur nous y enfonce, sinon plus que jamais, du moins plus qu'il n'est raisonnable[1].

Le lecteur peut à loisir oublier ou méditer ce qui précède. L'essentiel, c'est qu'il en ait gardé l'envie de cheminer plus avant, en compagnie de cette « poésie qui se veut désarmée, sauf de la poésie », et dans ce lieu rare « où le bonheur d'être au monde est innocent » – Fumaroli toujours. De Stéphane Audeguy à Philippe Claudel, pour s'en tenir aux stations de départ et d'arrivée – mais l'on peut aussi bien inventer sa lecture dans le désordre –, dix-huit étapes jalonnent cette ligne de crête où La Fontaine s'amuse à nous donner des nouvelles. Pas de carte de randonnée, pas de topoguide, pas de repère ni de commentaire, juste cet avertissement en bagage : « Écrire : 1re traduire – 2e modifier. »

1. Allusion à l'élection de Nicolas Sarkozy à la présidence de la République le 6 mai 2007.

C'est Paul Valéry qui, au hasard d'un carnet, vend ainsi la mèche. Contre les mesquineries d'époque et les jalousies de circonstance, les poètes nous apprennent à admirer parce qu'ils n'ont pas honte d'imiter et de le dire. La Fontaine imitait Ésope le Phrygien, qu'il portraiture en homme libre, et admirait Molière son contemporain, autre rusé, autre habile. Et, dès la préface de 1668, il avait lui-même lancé l'invitation qui, ici, est honorée :

> Il arrivera possible que mon travail fera naître à d'autres personnes l'envie de porter la chose plus loin. Tant s'en faut que cette matière soit épuisée, qu'il reste encore plus de fables à mettre en vers que je n'en ai mis.

Il en restait aussi à mettre en prose, la preuve…

Lecteur, te voici donc prévenu : en ce lieu-ci, nous inventons en résonance, nous écrivons en imitant, nous cherchons en admirant. Bref, nous aimons. « Soyez amant, vous serez inventif » : c'est aussi de Jean de La Fontaine.

12

Un chemin de liberté

J'ai rencontré Lisa Fittko en marchant.

Visitant régulièrement des amis à Céret, cette ville des Pyrénées-Orientales qui attira tant d'artistes du XXᵉ siècle à leurs débuts – Pablo Picasso, Georges Braque, Juan Gris, Chaïm Soutine, André Masson, Marc Chagall… –, j'aime filer droit au sud pour rejoindre, d'un bon pas, la frontière espagnole. Façon d'ajouter à l'échappée belle d'une randonnée cette liberté symbolique d'une frontière sinon abolie, du moins franchie, puis chevauchée le long de la ligne de crête qui la délimite.

Sauf à avoir été gagné par l'indifférence au monde et aux autres, vivre ce privilège convoque forcément d'autres expériences, ne serait-ce qu'en pensée. Toute marche est une gamberge : un exercice physique où le cerveau travaille autant que les muscles, mais sans contrainte ni programme, gambadant d'une réflexion à une intuition, associant des idées inattendues, convoquant des rêveries enfouies. Dans ce registre, arpenter les Pyrénées catalanes, dont tous les anciens chemins de contrebande furent des sentiers de liberté au siècle passé, conduit inévitablement au souvenir des exils d'hier et à l'actualité des réfugiés d'aujourd'hui.

La mer Méditerranée où plonge doucement la chaîne pyrénéenne est devenue, cette dernière décennie, un cimetière pour plusieurs dizaines de milliers d'hommes et de femmes, d'adultes et d'enfants, qui ne faisaient – qui ne font – qu'exercer un droit fondamental, celui de se déplacer pour s'inventer une vie, la sauver ou l'épanouir, survivre ou mieux vivre, trouver l'espoir, chercher un refuge, bref, échapper au hasard, parfois funeste, de la naissance. S'il est une terre qui vous fait ressentir l'ignominie de cet abandon, le nôtre, comme une brûlure toujours vive, c'est bien la Catalogne du Nord où arrivèrent, en 1939, les cortèges défaits de la Retirada républicaine, cet exode de plus de 450 000 réfugiés espagnols après que le général Franco, l'allié de Hitler, eut remporté la guerre civile. Nul hasard si, localement, les militant·e·s qui entretiennent la mémoire de ce passé, notamment celle des camps où la France les enferma et où ils furent bientôt rejoints par les réfugiés allemands, sont très souvent les mêmes qui se mobilisent au présent pour l'accueil des migrants, au nom du devoir d'hospitalité.

C'est ainsi que, d'une évocation à l'autre, d'une randonnée à un exil, les discussions cérétanes ont convié l'odyssée tragique de Walter Benjamin, mort le 26 septembre 1940 à Portbou, du côté espagnol de la frontière, le lendemain du jour où il l'avait franchie à pied, guidé depuis Banyuls-sur-Mer par Lisa Fittko. Sans en être un spécialiste, j'appartiens depuis longtemps à cette amicale discrète que réunit une complicité autour de cet intellectuel juif allemand, tout à la fois prophète messianique, marxiste hétérodoxe et communiste radical. Fréquentant en amateur son œuvre inclassable, abyssale et polyphonique, aussi inspirante que déroutante tant s'y entremêlent inextricablement politique et poétique, je l'ai souvent requise dans mes divagations livresques dont l'actualité est le prétexte.

J'appris donc à Céret l'existence d'un « chemin Walter Benjamin » reconstitué en 2007 sur le tracé de la route empruntée par le philosophe-poète pour fuir le nazisme : une quinzaine de kilomètres jusqu'au cimetière marin de Portbou, en passant par le col de Rumpissa, à cinq cent trente-huit mètres d'altitude. Depuis cette découverte, j'ai fait le chemin en solitaire à plusieurs reprises, y ajoutant parfois la variante d'un retour dans la même journée par une boucle grimpant depuis la mer sur la ligne de crête. En somme, une sorte de pèlerinage agnostique où se conjuguent nature, effort et méditation. Mais ce que je ne savais pas avant de le découvrir en marchant, c'est que la renaissance de ce sentier, proposé par le *Guide des randonnées* disponible à l'office de tourisme de Banyuls et raconté sur un site Internet fort bien documenté, devait tout au livre que vous avez entre les mains[1].

Ce sont en effet les souvenirs de Lisa Fittko qui l'ont fait revivre. Paru en 1985 dans une Allemagne qui n'était pas encore réunifiée, *Le Chemin des Pyrénées* obtint l'année

1. Ce chapitre reprend mon introduction à la réédition par Maurice Olender du témoignage de Lisa Fittko, initialement paru sous le titre *Le Chemin des Pyrénées* (Paris, Maren Sell & Cie, 1987) : Lisa Fittko, *Le Chemin Walter Benjamin*, traduit de l'allemand par Léa Marcou, Paris, Seuil, « La Librairie du XXIe siècle », 2020.

suivante le Grand Prix du livre politique de la RFA. Publié en 1987 en France, ce témoignage eut un impact inouï sur la relation des Allemands à leur propre histoire. Car c'est celui d'une résistante, avant même l'arrivée du nazisme au pouvoir en 1933, comme on le comprend dès les premières pages : « J'avais le devoir de faire quelque chose contre ces brutes. L'heure d'y aller avait sonné. »

Soudain, ce n'était plus le face-à-face paralysant, pour qui veut agir au présent, entre les crimes des bourreaux et les souffrances des victimes. Il y avait bien eu une alternative : dire non, et agir en conséquence. Le poids de la tragédie était enfin libéré d'un legs d'impuissance. L'onde de choc du livre fut la réhabilitation de la Résistance allemande, d'une Résistance à hauteur d'individus, sans sectarisme ni aveuglement partisans, celle, en l'occurrence, d'une gauche antifasciste radicalement démocratique et farouchement indépendante. Celle de militant·e·s, juifs pour la majorité d'entre eux, qui avaient tôt compris et choisi de faire face. Celle aussi d'une gauche radicale lucide sur le stalinisme, ses impostures et ses crimes.

Avec son mari Hans, Lisa Fittko fut l'âme d'un réseau clandestin organisant, depuis Banyuls, entre septembre 1940 et avril 1941, l'échappée en Espagne de plus d'une centaine de persécutés par ce chemin que Walter Benjamin fut le premier à emprunter à ses côtés. En permettant que l'on se souvienne de ce sentier, son livre l'a transformé en itinéraire d'une mémoire active de la catastrophe européenne, nous rappelant que les frontières sont faites pour être traversées et que les exilés sont faits pour être accueillis. Non plus un passé mort, mais un passé présent.

C'est d'ailleurs dans cet esprit que Lisa Fittko accueillit, en 1986, la Croix du mérite fédéral, 1re classe, une des plus importantes décorations allemandes par laquelle le président Richard von Weizsäcker tint à la distinguer. Écrite « au nom de la Résistance allemande », sa lettre de remerciements clôt son second livre paru en 1992, récit des sept années d'exil et d'errance qui précédèrent son séjour catalan[1]. Quarante-huit années après avoir été déchue de sa nationalité, en 1938, par le régime national-socialiste, elle y regrette que « le véritable rôle de la Résistance ne soit pas encore une partie de la conscience allemande » car, insiste-t-elle, cette reconnaissance est décisive pour que « la nouvelle génération puisse croire en elle-même et en son avenir ».

Accompagnant la notoriété posthume de l'œuvre de Benjamin, le succès des souvenirs de Lisa Fittko entraîna aussi la réappropriation de cette histoire par l'Espagne et la Catalogne de l'après-franquisme. De nos jours, Portbou, cette petite ville côtière et ferroviaire qui se révéla une impasse sinistre pour Walter Benjamin, l'amenant à se donner la mort, vit en communion avec son souvenir. Un centre culturel porte son nom – de même d'ailleurs à Perpignan – ; une fondation non lucrative l'anime, dénommée Angelus Novus comme le tableau de Paul Klee que possédait le philosophe ; une « École d'été Walter Benjamin » s'y tient depuis 2014 ; et, surtout, un exceptionnel mémorial lui rend hommage autour du petit cimetière suspendu au-dessus de la Méditerranée où il fut inhumé le samedi 28 septembre 1940.

1. Lisa Fittko, *Solidarité interdite. Ma fuite à travers l'Europe, 1933-1940*, traduit par Christian Lutz, Bruxelles, Éditions Samsa, 2022.

Intitulée *Passages*, en écho à l'immense livre de Benjamin dont le Paris du XIXe siècle est le terrain de jeu et de découverte[1], cette œuvre de l'artiste israélien Dani Karavan plonge dans la mer à l'endroit précis d'un incessant tourbillon. Elle fut inaugurée le 15 mai 1994 en présence de Lisa Fittko et du président de la Generalitat de Catalogne, Jordi Pujol. Sept ans après, en janvier 2001, un monument lui faisait écho de l'autre côté de la frontière, à Banyuls, plus précisément dans le quartier du Puig del Mas, point de départ du sentier d'échappée. « Ça allait de soi » : en inscrivant ces mots simples qui disent l'évidence de leur engagement, il salue la mémoire des résistants Hans et Lisa Fittko. Celle-ci était alors encore en vie. Hélas, décédée le 12 mars 2005 à Chicago à l'âge de quatre-vingt-quinze ans, elle ne put être témoin de l'inauguration, en mai 2007, du chemin de randonnée qui porte aujourd'hui le nom de Walter Benjamin mais qui, aux heures clandestines, s'appelait la « route F ». F comme Fittko.

Décider de rééditer, trente-cinq ans après sa première édition allemande, *Le Chemin des Pyrénées* à l'enseigne du « chemin Walter Benjamin » qu'il a enfanté, c'est donc une façon de dire l'actualité de cette histoire de résistance comme l'on convoquerait un souvenir à l'instant du péril. Je l'avais déjà sollicité en conclusion de mon hommage au « Maitron », du nom de l'inventeur de cet immense *Dictionnaire biographique du mouvement ouvrier et social*, que j'avais conçu sous la forme d'un voyage à la rencontre de tous ces

1. Walter Benjamin, *Paris, capitale du XIXe siècle. Le livre des passages*, traduit par Jean Lacoste, Paris, Éditions du Cerf, 1989.

militant·e·s de l'égalité sans lesquels nos idéaux démocratiques et sociaux n'auraient jamais vu le jour[1].

Cette pérégrination sur le continent des obscurs et des sans-grade, en quête de celles et ceux dont le souvenir est effacé par les puissants et les dominants qui réquisitionnent l'histoire à leur profit, s'ouvrait sur une citation de Benjamin, tirée de son dernier texte écrit en 1940, ses thèses *Sur le concept d'histoire* : « Or quiconque domine est toujours héritier de tous les vainqueurs. Entrer en empathie avec le vainqueur bénéficie toujours, par conséquent, à quiconque domine[2]. » Du virtuel au réel, j'avais souhaité terminer ce voyage par une énième randonnée sur le chemin, de Banyuls à Portbou où, à l'arrivée, face à la mer, l'on croise une autre réflexion de Benjamin, reprise par la municipalité catalane dans un dépliant touristique : « Honorer la mémoire des anonymes est une tâche plus ardue qu'honorer celle des gens célèbres. L'idée de construction historique se consacre à cette mémoire des anonymes. »

Mon *Voyage en terres d'espoir* s'achevait avec la notice biographique de Lisa Fittko, rédigée par l'historien André Balent, natif de Perpignan et principal contributeur du Maitron pour les Pyrénées-Orientales. Ce choix était un appel à la renaissance éditoriale de ses souvenirs, jamais réédités en France depuis leur première parution de 1987. Appel

1. Edwy Plenel, *Voyage en terres d'espoir*, *op. cit.* Le « Maitron » est désormais accessible gratuitement en ligne.

2. Cité par Michael Löwy, *Walter Benjamin : Avertissement d'incendie. Une lecture des thèses « Sur le concept d'histoire »*, Paris, PUF, 2001. De même pour la citation suivante.

immédiatement entendu par Maurice Olender qui l'accueille aujourd'hui dans sa « Librairie du XXIe siècle », avec l'évidente complicité qui fonde notre amitié.

Ce geste éditorial n'érige pas un monument, ni ne commémore ou célèbre : c'est un acte d'engagement. Sa temporalité n'est pas celle d'un passé révolu, mais d'un passé plein d'à présent. Aussi convient-il de lire ce livre à la manière de Benjamin lui-même, chiffonnier intellectuel, flâneur et glaneur, en se laissant aller à toutes les résonances, lignes de fuite et images de pensée qui introduisent à une politique sensible. Soit le contraire de l'indifférence.

Étrangers, migrants, réfugiés, demandeurs d'asile ; centres de rétention, camps d'hébergement, sans-papiers, régularisation, carte de séjour ; aide au séjour, droit au séjour, droit d'avoir des droits, marche des solidarités ; répression de l'accueil, criminalisation de l'hospitalité, persécution des hospitaliers, idéaux de fraternité ; patries, frontières, identités, sans patrie ni frontière, apatride, exil, refuge ; identité nationale, déchéance de nationalité, expulsions, xénophobie, racisme, discriminations…

Autant de mots qui, ici, font sens et s'entrechoquent, surgissant à mesure que nous marchions avec Lisa Fittko. Ils nous accompagnent comme une constellation au-dessus de nos têtes, pour reprendre une intuition du Benjamin promeneur dans son « journal parisien », à la date du 11 février 1930 :

> Je sentais en marchant mes pensées se bousculer comme un kaléidoscope – à chaque pas une nouvelle constellation ; de vieux éléments disparaissent, d'autres se précipitent ; beaucoup

de figures, si l'une d'entre elles persiste, elle s'appelle « une phrase ».

Le même, dans ses fameuses thèses de 1940, disait que faire œuvre véritable d'historien, ce n'est pas décrire le passé tel qu'il a été, mais savoir le reconnaître. L'accueillir en somme. S'en saisir au plus vite, comme si notre salut en dépendait. C'est la thèse VI de *Sur le concept d'histoire* : « La connaissance du passé ressemblerait plutôt à l'acte par lequel à l'homme au moment d'un danger soudain se présentera un souvenir qui le sauve[1]. »

Le Chemin Walter Benjamin est ce souvenir qui nous sauve : de l'impuissance et du renoncement face aux haines qui rôdent et aux peurs qui ruinent.

Dans mon pays d'enfance, la Martinique, la route nationale qui, depuis le centre de l'île vers le nord, relie la capitale Fort-de-France à la commune du Morne-Rouge se nomme la route de la Trace. Longue de vingt-neuf kilomètres, elle traverse une nature luxuriante à mesure qu'elle monte en direction de la montagne Pelée, volcan toujours actif. La trace donc, ce mot à double sens, à la fois sentier et empreinte, mouvement et immobilité, geste et reste, perspective et marque, promesse à venir et mémoire à préserver. À cette aune, livre du souvenir et piste de montagne, *Le Chemin Walter Benjamin* est bel et bien une trace.

1. Walter Benjamin, *Écrits français*, Paris, Gallimard, « Folio Essais », 2011.

Image métaphorique du surgissement de l'événement, de l'inattendu et de l'inconnu, de l'improbable et de l'impensable, les éruptions volcaniques auraient suffi à convier cette réminiscence enfantine. Mais il y a plus essentiel, qui fait partie de cette histoire. En dehors du passage par les Pyrénées, l'autre porte de sortie en 1940-1941 était le bateau depuis Marseille, notamment pour les émigrants connus comme communistes ou combattants de la guerre civile qui ne pouvaient se risquer à traverser l'Espagne franquiste en train. Or, en janvier 1941, une route entièrement nouvelle s'ouvrit brièvement qui passait par la Martinique, possession française d'outre-mer restée aux mains de Vichy sous le règne de l'amiral Robert. De nombreux réfugiés furent ainsi sauvés en embarquant sur le *Winnipeg* le 24 janvier, le *Wyoming* le 4 février, l'*Ipanema* le 18 février et le *Paul-Lemerle* le 24 mars.

La traversée par ce dernier cargo est la plus connue car il emportait une pléiade de personnalités intellectuelles et artistiques déjà renommées ou qui le devinrent. Avant de se disperser sur le continent américain, débarquèrent de son bord à Fort-de-France André Breton, Claude Lévi-Strauss, Victor Serge, Wifredo Lam, André Masson, Anna Seghers… Décisive à plus d'un titre, la rencontre qui eut lieu alors entre André Breton et Aimé Césaire, entre le pape du surréalisme et le poète de la négritude, était annonciatrice de futures causes communes où d'anciens résistants au nazisme rejoindront les luttes contre le colonialisme.

En avril 1941, pendant que les exilés voguaient sur l'océan Atlantique, Aimé Césaire avait introduit le premier numéro de sa revue *Tropiques* avec ces mots qui pourraient être aussi d'aujourd'hui :

> Où que nous regardons, l'ombre gagne. L'un après l'autre les foyers s'éteignent. Le cercle d'ombre se resserre parmi des cris d'hommes et des hurlements de fauves. Pourtant nous sommes de ceux qui disent *non* à l'ombre. Nous savons que le salut du monde dépend de nous aussi. Que la terre a besoin de n'importe lesquels d'entre ses fils. Les plus humbles. L'ombre gagne… « Ah ! tout l'espoir n'est pas de trop pour regarder le siècle en face ! » Les hommes de bonne volonté feront au monde une nouvelle lumière[1].

Cette filière maritime relevait du réseau de Varian Fry, un jeune journaliste américain qui avait été envoyé en août 1940 à Marseille avec pour mission de faire évader artistes, intellectuels et militants antinazis, souvent juifs, menacés par la police de Vichy et la Gestapo. L'histoire de ce Centre américain de secours – Emergency Rescue Committee – est désormais bien connue, même si l'on oublie trop souvent combien ce ne fut que la partie visible d'une action clandestine multiforme, engageant des réseaux liés aux syndicats ouvriers, aux émigrés allemands, notamment juifs et socialistes, aux gauches radicales et à l'extrême gauche antistalinienne[2].

L'un de ses historiens, Charles Jacquier, cite ce passage de *Planète sans visa* où Jean Malaquais campe un double de Varian Fry auquel l'un des personnages du roman confie : « Il y a peu de manières de mériter sa vie. L'une d'elles est de ne

1. Aimé Césaire *et al.*, *Tropiques* (1941-1945), Paris, Jean-Michel Place, 1997.

2. Charles Jacquier le souligne fort bien dans sa postface au livre de Varian Fry, *Livrer sur demande. Quand les artistes, les dissidents et les Juifs fuyaient les nazis (Marseille 1940-1941)*, traduit par Édith Ochs, Marseille, Agone, 2017.

pas rejoindre le club des bourreaux. Une autre est d'épauler plus faible que soi. » Réponse du double : « Nous avons fait notre possible. Mais c'est l'impossible qu'il faudrait faire. Je crois en l'impossible. Sinon, comment lutter contre le désespoir. » Aider le faible et faire l'impossible…

Ce défi relevé par Varian Fry n'était pas sans lien avec son travail de journaliste. En reportage à Berlin en 1935 alors qu'il était directeur de *The Living Age*, il fut témoin de pogroms antijuifs qu'il raconta dans les colonnes du *New York Times* et du *New York Post*. Rentré aux États-Unis en 1942, il ne cessa de défendre une politique d'asile pour les réfugiés antifascistes et d'alerter sur « le massacre des Juifs », titre de son article paru le 21 décembre 1942 dans *The New Republic*. Lire ses écrits, c'est prendre la mesure des cécités volontaires – politiques, diplomatiques, médiatiques, intellectuelles – face au génocide qui était en cours. Qui voulait savoir savait :

> Le programme est déjà bien avancé [écrit Fry]. D'après un rapport remis au Président par des organisations juives américaines, près de deux millions de Juifs européens ont déjà été massacrés depuis le début de la guerre et les cinq millions restants, qui vivent à présent sous la botte nazie, sont destinés à être exterminés dès que les bouchers blonds de Hitler pourront s'emparer d'eux[1].

Face à la catastrophe, Varian Fry est donc de ceux qui auront tenté l'impossible. Avec, notamment, le secours de Hans et Lisa Fittko. Car l'appellation « route F » est

1. Sous le titre « Varian Fry, journaliste politique (1935-1943) », ses articles sont repris en annexe de *Livrer sur demande…*, *op. cit.*

l'invention de l'Américain, comme le raconte cette dernière dans son livre. Quelques jours après avoir fait passer la frontière à Walter Benjamin, Lisa et son mari, revenus à Marseille, furent contactés par Fry qui leur demanda de ne pas s'en tenir là. Il n'eut guère de difficultés à les convaincre alors même qu'ils s'apprêtaient à quitter définitivement la France et l'Europe. Quoique ce ne fût pas sans maladresses, accrues par l'obstacle de la langue, notamment quand Fry leur proposa de les payer, s'attirant cette cinglante réplique de Hans Fittko : « Il faudrait être fou, dans notre situation, pour se lancer là-dedans pour de l'argent. Vous ne savez donc point ce qu'est un antifasciste ? Comprenez-vous le sens du mot *convictions* ? » Peut-être que Fry s'en souvenait quand, en janvier 1947, il attestera devant notaire à New York que « M. Fittko est un démocrate convaincu, il croit fermement aux principes démocratiques sur lesquels est fondée notre Constitution ». Ce certificat avait pour objectif d'aider Hans et Lisa à obtenir un visa d'entrée aux États-Unis alors que, depuis fin 1941, ils étaient bloqués à La Havane, après avoir fui via l'Espagne et rejoint Cuba depuis Lisbonne à bord du cargo britannique *SS Colonial*.

Quand, en cet automne 1940, ils discutent avec Fry de la « route F », Hans et Lisa étaient déjà des militants aguerris, rompus à la clandestinité, avec derrière eux quinze années d'engagement antinazi. Avant la France, ils avaient successivement vécu en Tchécoslovaquie – où ils se sont connus, à Prague –, en Suisse et en Hollande, toujours à proximité des frontières avec l'Allemagne afin d'y faire entrer des tracts antifascistes et de venir en aide à ceux qui devaient s'échapper. Journaliste de profession, Hans faisait l'objet d'un avis de recherche de la Gestapo car il avait été condamné à mort par contumace sous l'accusation d'avoir incité au meurtre d'un SA.

Son expérience de la vie clandestine est manifeste dans ses courroux, que rapporte fidèlement Lisa, devant l'amateurisme d'autres membres du réseau Fry ou l'inconscience de certains des candidats à l'exil. « Comment peut-on travailler avec des aventuriers qui s'amusent à mettre en danger la vie d'autrui ? », s'exclame-t-il en constatant que des papiers supposés authentiques, des « vrais-faux » en somme, sont en fait des faux grossiers, repérables au premier coup d'œil. De même s'indignent-ils de concert, Lisa et lui, tout en remplissant leur mission de passeurs, face aux comportements irresponsables de quelques-uns de leurs protégés, dont témoignent, non sans ironie tragi-comique, plusieurs épisodes du livre.

Rapporté par son épouse, l'un des commentaires de Hans résume la distance politique entre ces militants lucides de la première heure et le « monde d'hier[1] » qu'ils essayaient de sauver, malgré tout :

> C'est parce qu'ils sont les représentants de la culture allemande que la situation où ils se trouvent aujourd'hui les dépasse. Le fossé est trop profond. Il est impensable, pour eux, que leur patrie se soit transformée en royaume de la barbarie et les traque avec, à présent, l'aide de la France. Du coup, ils pratiquent la politique de l'autruche. Voilà bien nos cas les plus difficiles.

1. *Le Monde d'hier*, avec pour sous-titre *Souvenirs d'un Européen*, est le dernier livre de Stefan Zweig. Il en posta le manuscrit, tapé par sa femme, à son éditeur la veille de leur suicide, au Brésil, le 22 février 1942.

Où l'on retrouve les récurrents jugements de Walter Benjamin sur l'aveuglement doublé de conformisme de la social-démocratie allemande, convaincue que l'histoire avançait comme si elle était écrite par avance et que ses progrès se cumulaient sans retour en arrière. La mise en garde n'a pas d'âge, valant aussi pour notre monde contemporain de sociétés apparemment démocratiques confrontées à l'avènement, par le sacre de l'élection, de pouvoirs autoritaires dont les politiques violent les libertés et les droits fondamentaux, en utilisant la désignation de boucs émissaires – l'étranger, le différent, le dissident, l'opposant – pour museler leurs sociétés.

Hans et Lisa ne s'illusionnaient pas, et cette clairvoyance était le moteur de leur engagement. Ils finirent par trouver refuge en France auprès de la famille de Lisa, une famille juive – Hans ne l'était pas – qui, exilée à temps, habitait à Paris le même immeuble que Walter Benjamin et Arthur Koestler, au 10, rue Dombasle, dans le quinzième arrondissement. « Mon père était un pacifiste engagé, avant et après 1914 », a confié Lisa Fittko dans un entretien recueilli en 1987 par Jean-Michel Palmier lors de la sortie française de ses souvenirs[1]. La précocité de ses propres engagements s'enracinait dans cette conscience familiale de la catastrophe inaugurée par la Première Guerre mondiale, dont le déchaînement de violence meurtrière entraîna l'Europe vers un abîme sans fin, plongeant ses sociétés dans une « guerre civile

1. « Entretien avec Lisa Fittko (1987) », Archives Jean-Michel Palmier déposées à l'Institut Mémoires de l'édition contemporaine (IMEC). Merci à Florent Perrier de m'avoir permis d'en prendre connaissance.

européenne », selon les mots d'Enzo Traverso[1], qui ne trouva son terme qu'en 1945.

> Sous la République de Weimar [expliquait-elle dans cet entretien inédit], les écoles allemandes étaient encore très marquées par l'esprit prussien. On ne nous enseignait que des récits de batailles. Mais il y avait aussi un groupe d'étudiants socialistes très actifs qui étaient gagnés à ces idées pacifistes. À leur contact, avec de jeunes amis socialistes et communistes, nous étions inquiets pour l'avenir. Aussi avons-nous été très tôt conscients de ce que signifiait la montée du national-socialisme. Nous comptions parmi nos amis le poète anarchiste Erich Mühsam, plus tard torturé et assassiné par les nazis dans un camp de concentration[2]. Mon père était écrivain et il était naturellement en contact avec beaucoup d'écrivains berlinois. C'était un admirateur du pacifiste Carl von Ossietzky qui mourut lui aussi en camp de concentration[3]. Nous étions jeunes, mais nous voulions comprendre notre époque. Et je me souviens très bien des affrontements déclenchés par les formations paramilitaires de droite, comme le « Casque d'Acier » ; de la répression sanglante qui accompagna les manifestations interdites du 1er mai 1929, à Berlin ; des combats de rue dans le quartier ouvrier de Wedding, où la police tirait sur les ouvriers.

1. Voir Enzo Traverso, *À feu et à sang. De la guerre civile européenne, 1914-1945*, Paris, Stock, « Un ordre d'idées », 2007. Du même Enzo Traverso, *La Violence nazie, une généalogie européenne*, Paris, La Fabrique, 2002.
2. Écrivain anarchiste, Erich Mühsam (1878-1934) fut l'un des principaux acteurs de la révolution allemande de 1918-1919 en Bavière. Voir Michael Löwy, *Rédemption et utopie. Le judaïsme libertaire en Europe centrale*, Paris, Éditions du Sandre, 2009.
3. Journaliste et écrivain, Carl von Ossietzky (1889-1938) fut emprisonné avant l'arrivée au pouvoir des nazis, puis arrêté de nouveau dès février 1933 et détenu jusqu'à sa mort. Il fut distingué en 1936 par le prix Nobel de la paix avec effet rétroactif pour l'année 1935.

La famille de Lisa fréquentait aussi Kurt Tucholsky, journaliste à la fois le plus célèbre et le plus honni par les nazis sous la République de Weimar. Maîtrisant les talents les plus divers – romancier, poète, parolier, satiriste, auteur de cabaret, critique littéraire, cinématographique et musical –, il s'exila dès 1929 en Suède, où il mit fin à ses jours, le 21 décembre 1935, à Göteborg. Une semaine auparavant, animé d'un désespoir lucide, il écrivit une longue lettre à son ami Arnold Zweig, où il confiait sa colère face à la partie de l'émigration allemande qui croyait encore que « tout continue, comme si de rien n'était[1] ». « Il faut tout reprendre à zéro » est le refrain de cette lettre en forme de testament. Passionné par la France, où il vécut dans les années 1920, Tucholsky lui déclara son amour dans un récit de voyage, paru en 1930 : *Un livre des Pyrénées*[2]... Comme s'il nous faisait signe par-delà les défaites et les époques, il se termine dans les Pyrénées-Orientales, à Cerbère et Banyuls.

La Résistance allemande incarnée par Hans et Lisa Fittko était donc un sursaut de la société elle-même qui dépassait les partis, leurs divisions, leurs sectarismes et leurs immobilismes. Quand Jean-Michel Palmier lui demande pourquoi elle n'a pas quitté l'Allemagne dès janvier 1933, attendant l'été pour rejoindre la Tchécoslovaquie, Lisa répond :

1. Kurt Tucholsky, *Bonsoir révolution allemande !*, choix de textes, traduction, annotations par Alain Brossat, Klaus Schuffels, Claudie Weill et Dieter Welke, Grenoble, Presses universitaires de Grenoble, 1981.

2. *Id.*, *Un livre des Pyrénées*, traduit par Jean Bréjoux, Toulouse, Privat, 1983.

> Moi, je croyais qu'il était encore possible de lutter. Avec quelques camarades, nous distribuions des tacts antinazis et adressions aux journaux étrangers des informations sur la terreur qui sévissait, les arrestations et le massacre des opposants. Nous croyions encore à la possibilité d'un combat antifasciste en Allemagne. Immédiatement après 1933, il restait encore beaucoup d'opposants décidés à la lutte. Surtout des jeunes, étudiants et ouvriers. Les partis de gauche de la République de Weimar avaient mené une lutte fratricide. Mais, dans le Reich, socialistes et communistes s'unissaient à la base face à la terreur nazie, bien avant qu'on ne parlât de Front populaire.

Socialistes pour la plupart, les relais et soutiens français que trouveront Hans et Lisa Fittko sur la Côte Vermeille, à Argelès, Collioure, Port-Vendres, Banyuls et Cerbère, étaient dans le même état d'esprit unitaire. Et pour cause : ces militants et élus locaux s'étaient forgés dans les luttes qui conduisirent au Front populaire de 1936, puis dans l'aide active à l'Espagne républicaine. Ils incarnent cette « France généreuse » que loue Lisa, par opposition à la France officielle qui, en signant l'armistice à Rethondes le 22 juin 1940, avait capitulé devant le nazisme. Son article 19 contenait un arrêt de mort pour tous les réfugiés allemands :

> Le Gouvernement français est tenu de livrer sur demande tous les ressortissants allemands désignés par le Gouvernement du Reich et qui se trouvent en France, de même que dans les possessions françaises, les colonies, les territoires sous protectorat et sous mandat.

Sauf si elles échouent, le propre des actions clandestines est de ne pas laisser de traces. Il en est ainsi du héros français de cette histoire, Vincent Azéma, résistant authentique mais si discret que sa biographie est introuvable. Sur les moteurs de recherche du Web, la seule entrée à son nom est une maison de retraite, l'« Ehpad Résidence Vincent-Azéma » de Banyuls-sur-Mer… Tout au plus ai-je appris qu'il était viticulteur et militant coopérateur. Maire socialiste de Banyuls avant d'être démis par Vichy – il sera réélu à la Libération –, c'est lui qui non seulement indique à Lisa la route pour passer la frontière avec des recommandations sur comment ne pas se faire repérer par les douaniers, mais qui lui apporte aussi un soutien inappréciable, trouve un logement, signe des attestations, donne des tickets d'alimentation…

Recommandé aux Fittko par Azéma, l'autre protagoniste français essentiel a laissé un souvenir plus consistant puisqu'il a sa notice dans le « Maitron » : la mémoire de Lisa écorche son nom en l'appelant Cruzet alors qu'il s'agit de Julien Cruzel, maire socialiste de Cerbère, secrétaire du comité local du Front populaire en 1936, très actif durant la guerre civile espagnole. Sa profession en fera un allié miraculeux pour réussir à faire passer les bagages des exilés qui, évidemment, devaient gravir la montagne dans l'équipage le plus léger possible. Il était en effet transitaire en douanes dans une commune qui est la jumelle ferroviaire de Portbou : de part et d'autre de la frontière, les trains devaient s'y immobiliser, le temps de changer l'écartement des essieux afin de l'adapter à la différence d'écart entre les rails espagnols et français.

Sans doute y eut-il bien d'autres anonymes qui accompagnèrent l'évidente débrouillardise de Lisa. Dans son livre, elle ne manque jamais de signaler le moindre geste d'empathie, de générosité ou de solidarité. Chacune de ces mentions fait penser aux hospitaliers français d'aujourd'hui, à ces quelques élus qui, à contre-courant des politiques étatiques, font le choix d'accueillir les migrants, à ces nombreux militants qui les secourent, à ces chaînes de solidarité qui se sont constituées, notamment dans les vallées alpines par lesquelles tentent de passer les demandeurs de refuge venus d'Italie après avoir traversé la Méditerranée et nombre d'enfers terrestres.

> Aucun de nous [écrit Lisa] n'aurait survécu s'il ne s'était trouvé, un peu partout dans le pays, des Français pour lui venir en aide. Des Français qui puisèrent dans leur humanité le courage de recueillir, de cacher, de nourrir ces étrangers traqués.

Hommage à une France solidaire qui, cependant, ne peut faire oublier la légitime colère de Hans contre la France officielle, celle de l'État français, le jour du départ définitif au passage de la frontière franco-espagnole avec des papiers tout à fait en règle. Soudain, le militant aguerri laisse exploser les vérités que la clandestinité l'obligeait à taire – les italiques sont de Lisa :

> C'est la France qui fait des cadeaux à Hitler ! Le cadeau c'est nous, les réfugiés, à qui il ne reste plus qu'à fuir de nouveau, toujours plus loin. *La France généreuse* nous offre à la bête !… Je suis un *boche*, mais un de ceux qui se battent contre les nazis. Est-ce que vous comprenez ça ?… La paire d'amis, *c'est le Führer et votre maréchal* !

D'Allemagne en France, tel fut donc le terreau militant sur lequel le « chemin Walter Benjamin » a inscrit sa trace. Durant six mois, Hans et Lisa l'empruntèrent deux à trois fois par semaine depuis Banyuls-sur-Mer, en guidant jusqu'au col d'où l'on aperçoit Portbou les petits cortèges dont ils avaient la charge qui, ainsi, allaient être sauvés. « Plus de cent personnes, comptabilise Fry dans son témoignage. Pas un seul ne sera arrêté ni même interrogé par la police. » À ce compte, et bien qu'ils n'en soient aucunement comptables, leur seul échec fut la première traversée, improvisée pour Walter Benjamin et conclue par son suicide.

Mais il est permis de considérer autrement ce passage inaugural du 25 septembre 1940, d'une façon qui ajoute à la dimension mythique du calvaire enduré par l'auteur des thèses *Sur le concept d'histoire*. Loin de fermer la porte de l'espoir, le sacrifice volontaire de Benjamin ne l'a-t-il pas symboliquement ouverte pour toutes celles et tous ceux qui, ensuite, ont gagné la liberté par ce chemin qui est aujourd'hui à son nom ? « Que nous veulent-ils ? », demanda Lisa à Hans quand il lui annonça que deux Américains souhaitaient leur parler, quelques jours après sa première traversée. Réponse : « Je suppose qu'ils ont appris que tu as fait passer Benjamin. Peut-être veulent-ils une description du nouvel itinéraire pour qu'il puisse servir à d'autres. »

C'est donc bien Walter Benjamin qui a ouvert la route de la trace.

Quand j'ai visité pour la première fois le cimetière de Portbou et découvert *Passages*, le mémorial conçu par Dani Karavan, j'ai immédiatement pensé à son compatriote Michel Warschawski. Je l'ai connu dans nos communes jeunesses militantes alors que, fils du grand-rabbin de Strasbourg, il était déjà installé à Jérusalem qu'il avait décidé de gagner, à l'âge de seize ans, pour y entreprendre des études talmudiques. La résonance était logique : Gershom Scholem, le grand ami de Walter Benjamin qui essaya en vain de le convaincre de venir l'y rejoindre, s'était installé dès 1923 à Jérusalem, alors en Palestine sous mandat britannique, pour y enseigner la mystique juive dont il sera l'un des grands spécialistes[1].

Mais l'écho résonnait au-delà, vers un horizon plus proche et, surtout, plus politique. C'est en effet par un « Discours sur la frontière » que s'ouvre l'autobiographie de « Mikado », comme l'appellent tous ses camarades, dont le titre est précisément *Sur la frontière*. Devenu militant pacifiste d'extrême gauche, il y raconte comment, dès 1968, il a fait le choix de se placer sur la frontière :

> Si nous avons contribué, un tant soit peu, à la perspective d'une paix israélo-palestinienne, c'est par ce positionnement sur la frontière, qui a permis les premiers pas du dialogue et de la coopération israélo-palestinienne. Je refuse d'être un garde-frontière, je veux continuer à être un passeur, à travers les murailles de la haine et les barrières de la ségrégation[2].

Sur la frontière : façon de dire ni dedans ni dehors, mais aussi : tout à la fois dedans et dehors. « Le frontalier est celui dont l'identité se forge dans l'échange, dans une interaction permanente avec ses voisins », poursuit Warschawski en

1. Voir Gershom Scholem, *Walter Benjamin. Histoire d'une amitié*, traduit par Paul Kessler, Calmann-Lévy, 1981.
2. Michel Warschawski, *Sur la frontière*, Paris, Hachette, « Pluriel », 2004, p. 19-20. La première édition est parue en 2002 chez Stock, dans la collection « Un ordre d'idées », dirigée par Nicole Lapierre.

décrivant sa vie comme « une longue marche sur la frontière, ou plutôt sur les différentes frontières où se côtoient Israéliens et Arabes, Israéliens et Palestiniens, mais aussi Juifs et Israéliens, religieux et laïcs, Juifs d'Europe et Juifs d'Orient ». Plaidoyer pour que cette nouvelle « identité frontalière » sauve Israël de la course à l'abîme où l'entraînent des pouvoirs nationalistes et racistes, expansionnistes et guerriers, *Sur la frontière* se termine d'une façon qui n'aurait pas déplu à Benjamin : par une citation du Talmud. « *"Ip'ha mistabra"*, "Il faut tout reprendre dans l'autre sens", lit-on dans le Talmud. *"Ip'ha mistabra"*, dira le talmudiste du XXIe siècle. »

Tout reprendre dans l'autre sens, c'est évidemment comprendre, reconnaître et proclamer – les trois opérations comptent – qu'on ne répare pas un crime, fût-il incommensurable, par d'autres crimes. Depuis la création de l'État d'Israël en 1948, avec l'approbation unanime des vainqueurs du nazisme et dans la conscience de ses crimes contre l'humanité, de l'humanité juive en premier lieu, le sort inique fait au peuple palestinien persiste, telle une ombre jetée sur le monde par la catastrophe européenne. Or si je fais ainsi route buissonnière, d'Occident en Orient, c'est parce que ma première visite à Portbou eut pour guide un Palestinien, aussi connaisseur de l'œuvre de Benjamin qu'admirateur de celle de Karavan.

Fondateur de la *Revue d'études palestiniennes* aux Éditions de Minuit, acteur des négociations de paix à Camp David, ambassadeur de la Palestine à l'Unesco, écrivain et traducteur, Elias Sanbar a posé ses bagages d'éternel exilé à Céret dont la situation, entre mer et montagne, lui rappelle le Liban de son enfance, après l'expulsion de Haïfa, la ville où il est né en 1947. Devenu citoyen français, il est lui aussi sur la frontière, dedans et dehors, à l'écart et dans la mêlée, échappant aux identités assignées et aux pensées habituées. C'est un itinéraire de vie, mais c'est aussi un choix de vie où je me retrouve moi-même, avec le sentiment d'être exilé dans mon pays de naissance, tandis que mes pays de jeunesse, la Martinique et l'Algérie, sont mes patries intimes. En fraternité avec un autre Français de l'exil, le Syrien Farouk Mardam Bey, nous avons d'ailleurs entremêlé cette communauté de destins dans une conversation à l'enseigne de *Notre France*, titre choisi comme un cri de ralliement face aux tenants d'une identité nationale de repli et d'exclusion[1].

C'est donc Elias Sanbar, ami cher, qui m'a appris, en compagnie d'autres amis cérétans, l'existence du « chemin Walter Benjamin », alors récemment inauguré. Conteur hors pair, il aime filer, des Pyrénées jusqu'en Galilée, la métaphore des exils et des frontières. En terre de Retirada, des associations de descendants des républicains espagnols, dont certains membres sont activement solidaires de la cause palestinienne, l'invitent parfois à parler d'un autre exode, en Terre sainte, celui de son peuple, en 1948. Et il aime se souvenir qu'en 1939 le maire radical de Céret, Onuphre Tarris, réquisitionna à tour de bras les habitations vides pour y loger les réfugiés quand d'autres élus catalans prenaient des arrêtés municipaux de défiance et de rejet, allant jusqu'à mettre en garde leurs administrés contre le mélange de leurs

1. Farouk Mardam Bey, Edwy Plenel, Elias Sanbar, *Notre France*, Arles, Sindbad/Actes Sud, 2011.

bêtes avec les animaux qu'emmenaient avec eux les réfugiés-paysans espagnols.

Pense aux autres : traduit par Elias Sanbar, c'est le titre d'un poème de Mahmoud Darwich dont j'ai fait mon talisman. Il faudrait le citer tout entier, mais ici quatre strophes suffiront :

Quand tu mènes tes guerres, pense aux autres.
(N'oublie pas ceux qui réclament la paix.)
[…]
Quand tu rentres à la maison, ta maison, pense aux autres.
(N'oublie pas le peuple des tentes.)

Quand tu comptes les étoiles pour dormir, pense aux autres.
(Certains n'ont pas le loisir de rêver.)
[…]
Quand tu penses aux autres lointains, pense à toi.
(Dis-toi : Que ne suis-je une bougie dans le noir ?)[1]

Alors qu'il avait toutes les raisons de désespérer, Walter Benjamin continuait de penser aux autres, et notamment aux générations à venir, à tel point qu'il semble nous parler de nous-mêmes, aujourd'hui. Loin de s'apitoyer sur son sort, il regarda de face la catastrophe, sans se voiler le regard. Jusqu'au bout. Son suicide ne fut pas de désespoir, mais de protestation. Loin d'un geste inconsidéré, ce fut une attitude méditée.

1. Mahmoud Darwich, *Comme des fleurs d'amandier ou plus loin*, traduit par Elias Sanbar, Arles, Actes Sud, 2007.

Depuis son départ d'Allemagne, le 17 mars 1933, sa situation de précarité matérielle n'avait cessé de s'aggraver. La dernière année, 1939, fut la plus terrible, marquée par sa déchéance de nationalité et par son internement, d'abord à Colombes dans un stade olympique, puis ensuite près de Nevers dans un camp, où se trouvait aussi Hans Fittko. Ce fut le sort de tous les réfugiés allemands, donc de tous les antinazis qui avaient sollicité la protection de la France des droits de l'homme : annonçant la capitulation de la majorité de ses élites à l'été 1940, la Troisième République traita en ennemis durant la drôle de guerre ses alliés potentiels contre Hitler. Des soutiens officiels permettront à Benjamin d'en sortir. Parmi eux, celui d'un poète, alors secrétaire général du Quai d'Orsay et qui sera l'un des premiers Français déchus de nationalité par Vichy : Alexis Leger alias Saint-John Perse, dont l'imaginaire prend sa source aux Antilles où il est né, en Guadeloupe précisément – et cette coïncidence n'est pas pour me déplaire.

Ayant rejoint Lourdes, où se trouvaient aussi son amie Hannah Arendt ainsi que Lisa Fittko, toutes deux rescapées du « camp de concentration » (c'était l'appellation en vogue dont les nazis n'avaient pas le monopole) de Gurs, il était déterminé à se sauver. Mais il ne se faisait guère d'illusions sur ses chances de réussite. Pas seulement parce que, selon les témoignages de ses contemporains, il était dénué de tout sens pratique, quelque peu empoté en somme, mais surtout parce qu'il avait une conscience aiguë de la probabilité du pire. En ce sens, le portrait qu'en dresse Lisa est fidèle : elle le montre conscient de ses faiblesses physiques, mais arc-bouté sur son choix de passer la frontière. Aucune panique ne le saisit et sa politesse proverbiale, d'une élégance surannée, ne le quitte jamais.

Sa décision d'en finir quand il apprend à Portbou qu'un soudain revirement bureaucratique des autorités franquistes va le renvoyer en France, au risque d'être pris au piège de la police de Vichy, est la conclusion d'une patiente lucidité. C'est un acte de liberté face à cette violence qui entrave, précisément, sa liberté. Un acte longuement mûri : dans sa correspondance comme dans ses conversations, il avait clairement annoncé que le suicide était l'une des échappées possibles. Arthur Koestler a ainsi témoigné que Walter Benjamin, « mon voisin de la rue Dombasle à Paris, le quatrième dans nos parties de poker du samedi et une des personnes les plus originales et les plus spirituelles que j'aie connues », lui demanda à Marseille : « Si vous êtes en difficulté, avez-vous quelque chose à prendre ? » Puis, joignant le geste à la parole, Benjamin lui offrit la moitié des doses de morphine qu'il avait sur lui[1].

Dans sa dernière lettre connue, datée de Lourdes le 2 août 1940 et adressée à Theodor Adorno qui espérait l'accueillir aux États-Unis, où il confie, non sans humour, « ne pas être en meilleure posture que mes papiers » – tous ses écrits, ce chantier inachevé qu'il n'a pu emporter –, Benjamin décrit avec dignité et retenue son état d'esprit :

> J'espère vous avoir donné jusqu'ici l'impression que, même aux moments difficiles, je reste calme. Ne croyez pas que cela ait changé. Mais je ne peux pas me dissimuler le caractère périlleux

1. Arthur Koestler, *La Lie de la terre*, traduit par Jeanne Terracini, Paris, Charlot, 1946.

de la situation. Je crains qu'il ne faille un jour compter ceux qui ont pu en réchapper[1].

Dès le 6 mars 1938, se remémorant un rêve dans son journal, il avait noté : « Sans doute ne me reste-t-il plus longtemps à vivre à présent[2]. »

La mort de Benjamin est un suicide socratique, entre refus et lucidité. Car il savait, depuis toujours, ce qu'il en était du nazisme et du monde qui l'avait enfanté, embrassant tous ses aveuglements et toutes ses illusions. Médecin exerçant dans le quartier populaire berlinois de Wedding, son frère cadet, Georg, membre du Parti communiste allemand, le KPD, dont il sera l'un des députés, était resté en Allemagne. Emprisonné une première fois en 1933, puis définitivement à partir de 1936, il fut livré à la Gestapo, puis assassiné, le 26 août 1942, au camp de Mauthausen en Autriche. Entre-temps, portant un coup fatal aux antifascistes, l'URSS de Staline avait signé le Pacte germano-soviétique, traité de non-agression conclu en août 1939 et brisé deux ans plus tard, en juin 1941, avec l'opération Barbarossa décidée par Hitler contre l'Union soviétique.

À l'instar d'une bouteille jetée à la mer, la force prophétique de l'œuvre benjaminienne est d'avoir réussi à sauver l'espérance de cette débâcle. Intellectuel marginal, refusant de jouer le jeu institutionnel, marxiste radical mais communiste

1. Walter Benjamin, *Correspondance 1929-1940*, traduit par Guy Petitdemange, Paris, Aubier Montaigne, 1979.

2. *Id.*, *Écrits autobiographiques*, traduit par Christophe Jouanlanne et Jean-François Poirier, Paris, Christian Bourgois, « Détroits », 1990.

sans credo, farouchement en dehors, arpentant des chemins de traverse, il a réussi à penser l'impensable. C'est la magie de ses thèses *Sur le concept d'histoire*, texte testamentaire qu'il ne cessera de travailler et de peaufiner, au point qu'il en existe plusieurs variantes. Appelant à « brosser l'histoire à rebrousse-poil », il y assène sa découverte essentielle qui rompt avec toute certitude et oblige à affronter l'improbable : « Il n'est pas de témoignage de culture qui ne soit en même temps un témoignage de barbarie. » Puis il enfonce le clou : « La tradition des opprimés nous enseigne que l'"état d'exception" dans lequel nous vivons est la règle »[1].

Nous qui, en ce printemps 2020, vivons sous l'empire d'états d'urgence prolongés et banalisés, aux prétextes sécuritaires puis sanitaires sans limitation de durée, pouvons entendre l'alarme de Benjamin. L'origine, la nation, la culture, la civilisation, etc., ne protègent de rien. Le pire est toujours possible si nous ne remettons pas en cause ce qui ne cesse de le produire et de le reproduire : la quête de puissance, le besoin de vaincre, le désir de dominer, la soif de richesse, l'envie d'accumuler, la négation de l'égalité, la politique de la peur, le goût de l'immédiat, l'oubli de la nature, le rejet du différent…

En montant vers le col de Rumpissa, Walter Benjamin tenait une sacoche qu'il disait contenir ce qu'il avait de plus précieux. Elle n'a jamais été retrouvée, pas plus que sa dépouille, finalement versée dans la fosse commune du cimetière de Portbou. Mais il est probable qu'elle contenait

1. *Id.*, *Œuvres III*, traduit par Maurice de Gandillac, Rainer Rochlitz et Pierre Rusch, Paris, Gallimard, « Folio Essais », 2000.

une énième version des thèses *Sur le concept d'histoire*, mise en question radicale des certitudes aussi bien socialistes que communistes d'une histoire positive et optimiste qui empêche d'entrevoir la menace de la catastrophe.

Une traversée inutile, un testament disparu, une dépouille introuvable, une Europe éclipsée, une mort à l'antique : la fin de Walter Benjamin est d'autant plus un mythe actif qu'elle invite à prendre le relais d'une course à l'espérance qui, depuis Spartacus, n'aura jamais de fin. Si l'on y ajoute l'humour d'un intellectuel qui était aussi joueur, foncièrement curieux jusqu'à expérimenter quelques substances narcotiques, on comprendra que rien n'est plus éloigné de sa personnalité que le portrait d'une victime résignée à son sort.

S'amusant à noter scrupuleusement les opinions et pensées de son fils Stefan, né en 1918, Benjamin a retranscrit la dernière en mars 1932, un an avant l'arrivée au pouvoir de Hitler. Dora, son épouse dont il finira par se séparer, s'impatiente lors d'une partie de dames avec leur fils : « Fais donc, il y a de quoi perdre l'âme à force d'attendre. » Réponse catégorique de Stefan, selon Walter : « Il n'existe pas ici de salle d'attente pour âmes[1]. »

J'y discerne cette recommandation : personne ne nous attend, tout dépend de nous. De l'usage que nous ferons de notre responsabilité et de notre liberté.

1. *Walter Benjamin. Archives*, traduit par Philippe Ivernel, sous la responsabilité scientifique de Florent Perrier, Musée d'Art et d'Histoire du judaïsme, Paris, Klincksieck, 2011.

Visitant à Londres, en 1995, une exposition sur l'art européen sous les dictatures entre 1930 et 1945, je suis tombé en arrêt devant un ange de Paul Klee[1]. Un ange peint en 1939, quand il était minuit dans le siècle. Sur fond noir, d'un simple trait blanc, il regarde sans ciller la catastrophe, tel un fantôme aux yeux grands ouverts. Je l'imagine dialoguant avec l'ange de Klee que possédait Walter Benjamin, aujourd'hui dans la collection du musée d'Israël à Jérusalem, à près de deux décennies de distance puisque cet *Angelus Novus* fut peint en 1920.

Dans la thèse IX de *Sur le concept d'histoire*, Benjamin dit voir dans son tableau « l'Ange de l'Histoire », cet ange qu'une tempête « pousse irrésistiblement vers l'avenir auquel il tourne le dos, tandis que le monceau de ruines devant lui s'élève jusqu'au ciel ». « Cette tempête, ajoute-t-il, est ce que nous appelons le progrès. » Klee a peint et dessiné beaucoup d'anges, et celui de 1939 est connu comme l'« Ange vigilant ». Il veille, guette, alerte, alarme. Il n'est plus temps de commenter, dit-il, mais d'agir. Sinon il sera trop tard.

Cet ange plus tardif me semble fait pour nos temps déniaisés et incertains. Nul hasard, ou plutôt « hasard objectif » comme auraient dit les surréalistes, si son intitulé évoque cet « Appel à la vigilance » lancé par quarante intellectuels français et européens le 13 juillet 1993, au début du basculement dans ces trois dernières décennies où le pire du passé a fait son retour sous de nouveaux oripeaux[2].

1. Voir *Art and Power. Europe under the Dictators 1930-45*, Londres, Thames and Hudson, 1995, p. 310.

2. Cet appel est paru dans *Le Monde* du 13 juillet 1993 à l'initiative de l'historien et éditeur Maurice Olender qui nous a quittés en 2022. J'ai

> Nous sommes préoccupés [disaient en préambule les signataires] par la résurgence, dans la vie intellectuelle française et européenne, de courants antidémocratiques d'extrême droite. Nous sommes inquiets du manque de vigilance et de réflexion à ce sujet.

Puis ils détaillaient cette « stratégie de légitimation » des idéologies racistes, xénophobes, identitaires et autoritaires, qui, depuis, n'a cessé de s'épanouir dans l'espace public, politique, intellectuel et médiatique.

À la même époque, pressentant les épreuves inédites à venir derrière les illusions d'une « fin de l'Histoire » après la chute du mur de Berlin et la fin de l'Union soviétique, Daniel Bensaïd se tournait brusquement vers un Walter Benjamin résolument politique pour mieux les affronter.

> Une nouveauté authentique frappe à la porte [écrit-il dans son *Walter Benjamin, sentinelle messianique* paru en 1990]. Mais les mots pour l'accueillir se figent sur les lèvres. Le désastre du langage se mêle à la corruption des choses. Plus que bègue, le Messie est devenu aphasique. Il doit s'éveiller à son tour des cauchemars de ce siècle, redécouvrir le monde, se lever et marcher, retrouver des mots qui aient encore un sens[1].

Depuis, nous en savons plus. Confirmant que la barbarie peut être le produit et le visage de la civilisation elle-même, nous avons vu revenir des guerres d'invasion, des lois

---

souligné son actualité persistante dans *L'Appel à la vigilance. Face à l'extrême droite*, Paris, La Découverte, 2023.

1. Daniel Bensaïd, *Walter Benjamin, sentinelle messianique*, *op. cit.*

d'exception, des tortures légitimées, des prisons secrètes, des terreurs impériales, des terrorismes religieux, des cortèges d'exilés, des réfugiés abandonnés, des violences policières, des manifestations interdites, des journalistes persécutés, et les mots manquent pour dire, sans en oublier aucune, toutes les ombres qui, déjà, obscurcissent le présent. Le résistant Stéphane Hessel qui, pour les conjurer, invita les nouvelles générations à assumer leurs colères indignées[1], avait retenu une phrase de sa brève conversation de l'été 1940 avec Walter Benjamin à Marseille, avant qu'il ne gagne Banyuls : « Nous vivons le nadir de la démocratie[2]. » Le nadir, autrement dit le point le plus bas. En astronomie, c'est la position du soleil à minuit.

Ce nadir est de retour : où que nous regardions, France incluse, nous voyons émerger, s'avancer ou s'imposer de nouvelles formes de pouvoirs sous l'apparence de démocraties autoritaires. Ce ne sont plus les dictatures ou les totalitarismes d'antan. Leurs dirigeants ont la légitimité de l'élection, sauvant les apparences. Mais, sous leur vernis, s'installe l'accoutumance à la régression des libertés et au déni des droits fondamentaux, tandis qu'augmentent les périls écologiques provoqués par une humanité trop confiante en sa puissance, au point d'oublier la nature qui la fait vivre.

C'est alors que Walter Benjamin vient à notre secours, convoquant une version profane du Messie : la Révolution tout simplement. La Révolution entendue comme une interruption de la course à l'abîme. La Révolution, autrement dit

1. Voir Stéphane Hessel, *Indignez-vous !*, *op. cit.*
2. *Id.*, « Témoignage », in Cahiers de l'Herne, *Benjamin*, Paris, 2013.

l'événement par lequel la société, réunie dans sa diversité par sa conscience des périls, tire enfin le signal d'alarme et arrête ce train d'enfer.

> Marx a dit que les révolutions sont la locomotive de l'histoire mondiale [écrit Benjamin dans ses thèses testamentaires]. Peut-être que les choses se présentent autrement. Il se peut que les révolutions soient l'acte par lequel l'humanité qui voyage dans le train tire les freins d'urgence[1].

Comme le souligne en commentaire Michael Löwy, Walter Benjamin est en ce sens bel et bien un prophète, à ne pas confondre avec l'oracle ou le devin. Il ne prédit pas le futur, car celui-ci n'est jamais totalement écrit. Non, le prophète, au sens de l'Ancien Testament, est :

> celui qui attire l'attention du peuple sur les menaces futures. Ses prévisions sont conditionnelles : voilà ce qui arrivera, à moins que… sauf si… Aucune fatalité : l'avenir reste ouvert. Comme l'affirme la thèse XVIII, chaque seconde est la porte étroite par laquelle peut venir le salut.

Lisa Fittko ne dit pas autre chose à la fin d'un film qui lui a été consacré en 1999, *Nous ne nous rendrons pas* : « Et puis ? Ce qui viendra après ne sera pas toujours facile. Ça dépend des générations futures[2]. » Autrement dit de nous qui sommes encore de ce monde. Et de toutes celles et de

1. Cité par Michael Löwy, *La révolution est le frein d'urgence. Essais sur Walter Benjamin*, Paris, Éditions de l'Éclat, 2019.

2. Le titre complet est : « Mais nous, disions-nous, nous ne nous rendrons pas » : *Wir, sagten wir, wir ergeben uns nicht*, de Constanze Zahn, Berlin, 1999.

tous ceux qui viendront après nous. Arpenter le « chemin Walter Benjamin », ce n'est donc pas seulement se souvenir, c'est prendre conscience de cette responsabilité qui nous incombe, celle que nous lègue notre liberté. S'éveiller, se réveiller. Faire face, dire non.

Dans un formidable fragment sur « le capitalisme comme religion », Walter Benjamin glisse cet étonnant ordre du jour : « Vaincre le capitalisme par la marche à pied[1] ». À quelques kilomètres de son chemin, reposant à Collioure depuis la Retirada de 1939, un poète espagnol lui fait écho, Antonio Machado :

Caminante no hay camino
Se hace camino al andar

Cheminer avec Walter Benjamin, c'est apprendre qu'il n'y a pas de chemin, sinon celui que nous créons en marchant.

1. Walter Benjamin, *Fragments*, traduit par Christophe Jouanlanne et Jean-François Poirier, Paris, PUF, 2001.

Repères bibliographiques

Cette bibliographie vient en complément des références données en notes.

« Je suis Spartacus »

Hannah Arendt, *Vies politiques*, Paris, Gallimard, 1974.

Gilbert Badia, *Le Spartakisme*, Paris, L'Arche, 1967.

Pierre Broué, *Révolution en Allemagne*, Paris, Éditions de Minuit, 1971.

Sebastian Haffner, *Allemagne, 1918. Une révolution trahie*, Bruxelles, Éditions Complexe, 2001.

Sebastian Haffner, *Histoire d'un Allemand. Souvenirs, 1914-1933*, Arles, Actes Sud, 2003.

Michael Löwy, *Rosa Luxemburg, l'éternelle incendiaire*, Paris, Le Temps des Cerises, 2018.

Rosa Luxemburg, *L'Accumulation du capital*, Paris, Éditions François Maspero, 1969.

Rosa Luxemburg, *Écrits politiques, 1917-1918*, Paris, Éditions François Maspero, 1969.

Rosa Luxemburg, *Lettres à Karl et Luise Kautsky*, Paris, PUF, 1970.

Rosa Luxemburg, *Lettres à Léon Jogichès, 1894-1914*, Paris, Denoël, 2001.

Rosa Luxemburg, *Dans l'asile de nuit*, Paris, L'Herne, 2007.

John Peter Nettl, *La Vie et l'Œuvre de Rosa Luxemburg*, Paris, Éditions François Maspero, 1972.

Revue *Partisans*, « Rosa Luxemburg vivante », n° 45, janvier 1969.

Claudie Weill, *Rosa Luxemburg, ombre et lumière*, Paris, Le Temps des Cerises, 2009.

L'île du monde

Aimé Césaire, *La Poésie*, Paris, Seuil, 2006.

Aimé Césaire, *Écrits politiques (1935-2008)*, 5 volumes, Paris, Nouvelles Éditions Place, 2019.

Frantz Fanon, *Œuvres*, préface d'Achille Mbembe, introduction de Magali Bessone, Paris, La Découverte, 2011.

Frantz Fanon, *Écrits sur l'aliénation et la liberté*, textes réunis, introduits et présentés par Jean Khalfa et Robert Young, Paris, La Découverte, 2015.

Édouard Glissant, *Poèmes complets*, Paris, Gallimard, 1994.

Édouard Glissant, *Introduction à une poétique du divers*, Paris, Gallimard, 1996.

Édouard Glissant, *Mémoires des esclavages*, Paris, Gallimard, 2007.

Édouard Glissant, *Philosophie de la Relation*, Paris, Gallimard, 2009.

Édouard Glissant (avec Patrick Chamoiseau), *Manifestes*, Paris, La Découverte/Institut du Tout-Monde, 2021.

La joie de lire

Bruno Guichard, Alain Léger et Julien Hage (sous la dir.), *François Maspero et les paysages humains*, Lyon, À plus d'un titre/La Fosse aux ours, 2009.

François Maspero, *Romans, Récits, Nouvelles*, préface de Patrick Kéchichian, Paris, Seuil, 2013.

Résister à l'air du temps

Daniel Bensaïd, *Éloge de la résistance à l'air du temps*, Paris, Textuel, 1999.

Daniel Bensaïd, *Une radicalité joyeusement mélancolique*, textes réunis et présentés par Philippe Corcuff, Paris, Textuel, 2010.

Daniel Bensaïd, *La Politique comme art stratégique*, avant-propos d'Antoine Artous, Paris, Syllepse, 2011.

Daniel Bensaïd, Ugo Palheta et Julien Salingue, *Stratégie et parti*, Paris, Les Prairies ordinaires, 2016.

François Sabado (sous la dir.), *Daniel Bensaïd, l'intempestif*, Paris, La Découverte, 2012.

Une passion décoloniale

Jean-Luc Einaudi et Élie Kagan, *17 octobre 1961*, Arles, Actes Sud, 2001.

Jean-Luc Einaudi et Maurice Rajsfus, *Les Silences de la police. 16 juillet 1942-17 octobre 1961*, Paris, L'Esprit frappeur, 2001.

Jim House et Neil MacMaster, *Paris 1961. Les Algériens, la terreur d'État et la mémoire*, Paris, Tallandier, 2008.

Olivier Le Cour Grandmaison (sous la dir.), *Le 17 octobre 1961 : un crime d'État à Paris*, Paris, La Dispute, 2001.

Malika Rahal, *Algérie 1962. Une histoire populaire*, Paris, La Découverte, 2022.

Leïla Sebbar, *La Seine était rouge*, Arles, Babel, 2009.

Catherine Teitgen-Colly, Gilles Manceron et Pierre Mansat (sous la dir.), *Les Disparus de la guerre d'Algérie* suivi de *La Bataille des archives 2018-2021*, Paris, L'Harmattan, 2021.

Collectif, *Riposter à un crime d'État. Le rôle méconnu du PSU dans la mobilisation contre la répression sanglante de la manifestation algérienne du 17 octobre 1961 à Paris*, présentation de Gilles Manceron, Jean-François Merle et Bernard Ravenel, Paris, Éditions du Croquant, 2021.

Le 17 octobre 1961 par les textes de l'époque, préface de Gilles Manceron, postface de Henri Pouillot, Paris, Les Petits Matins, 2011.

Leur République et la nôtre

Henri Mitterand, *Zola, tome III, L'Honneur 1893-1902*, Paris, Fayard, 2002.

Charles Péguy, *Notre jeunesse* [1910], précédé par *De la raison* [1901], préfaces et notes de Jean Bastaire, Paris, Gallimard, « Folio », 1993.

Émile Zola, *L'Encre et le Sang. Littérature et politique*, présentation de Henri Mitterand, Paris, Éditions Complexe, 1989.

Émile Zola, *Écrits sur le roman*, anthologie établie et présentée par Henri Mitterand, Paris, Le Livre de Poche, 2004.

Émile Zola, *Le Roman expérimental*, présentation par François-Marie Mourad, Paris, GF Flammarion, 2006.

Émile Zola, *Œuvres complètes* (tomes 16, 17 et 18), publiées sous la direction de Henri Mitterand, Paris, Nouveau Monde Éditions, 2007 et 2008.

Émile Zola, *L'Affaire Dreyfus*, textes présentés et commentés par Henri Mitterand, Paris, Le Livre de Poche, 2010.

Émile Zola, *Mes haines*, présentation par François-Marie Mourad, Paris, GF Flammarion, 2012.

Zola journaliste, articles et chroniques présentés par Adeline Wrona, Paris, GF Flammarion, 2011.

Penser contre soi-même

Jean Bastaire, *Péguy tel qu'on l'ignore*, Paris, Gallimard, « Idées », 1973.

Jean Bastaire, *Péguy l'insurgé*, Paris, Payot, 1975.

Jean Bastaire (sous la dir.), *Charles Péguy*, Paris, Cahiers de l'Herne, 1977.

Robert Burac, *Charles Péguy, la révolution et la grâce*, Paris, Robert Laffont, 1994.

Benoît Chantre, *Péguy point final*, Paris, Éditions du Félin, 2014.

Henri Guillemin, *Charles Péguy*, Paris, Seuil, 1981.

Charles Péguy, *Œuvres en prose complètes*, édition présentée, établie et annotée par Robert Burac, 3 tomes, Paris, Gallimard, « Bibliothèque de la Pléiade », 1987, 1988, 1992.

Charles Péguy, *Notre jeunesse*, précédé par *De la raison*, préface de Jean Bastaire, Paris, Gallimard, « Folio Essais », 1993.

Jean-Michel Rey, *Colère de Péguy*, Paris, Fayard, « Textes du XXᵉ siècle », 2014.

Camille Riquier, *Philosophie de Péguy ou les Mémoires d'un imbécile*, Paris, PUF, 2017.

Romain Rolland, *Péguy* [1945], préface de Marc Crépon, Paris, La Découverte, « Les Empêcheurs de penser en rond », 2015.

Une vérité qui dérange

Pierre Broué, *Trotsky*, Paris, Fayard, 1988.

Jean-Jacques Marie, *Trotsky, révolutionnaire sans frontières*, Paris, Payot, « Biographie Payot », 2006.

Victor Serge, *Les Révolutionnaires. Romans*, Paris, Seuil, 1967.

Victor Serge, *Carnets (1936-1947)*, Marseille, Agone, 2012.

Victor Serge, *Mémoires d'un révolutionnaire (1905-1945)*, édition préparée par Jean Rière, Montréal, Lux Éditeur, 2017.

Léon Trotsky, *Littérature et révolution*, traduit du russe par Pierre Frank et Claude Ligny, préface de Maurice Nadeau, Paris, Julliard, Dossiers des « Lettres nouvelles », 1962.

Léon Trotsky, *De la révolution [Cours nouveau, La Révolution défigurée, La Révolution permanente, La Révolution trahie]*, introduction par Alfred Rosmer, Paris, Éditions de Minuit, « Arguments », 1963.

Léon Trotsky, *Œuvres, 1928-1940*, tomes I-III et tomes 1-24, Paris, Institut Léon-Trotsky, 1978-1987.

Léon Trotsky et John Dewey, *Leur morale et la nôtre*, préface d'Émilie Hache, Paris, La Découverte, « Les Empêcheurs de penser en rond », 2014.

Ce sommeil éternel

Honoré de Balzac, *Une ténébreuse affaire* [1841], in *La Comédie humaine*, tome VIII, Paris, Gallimard, « Bibliothèque de la Pléiade », 1978.

Joseph Fouché, *Mémoires* [1824], présentation de Michel Vovelle, Paris, Imprimerie nationale, « Acteurs de l'histoire », 1993.

Hélène L'Heuillet, *Basse politique, haute police. Une approche historique et philosophique de la police*, Paris, Fayard, 2001.

L'origine de la catastrophe

Fabrice Arfi, *Pas tirés d'affaires*, Paris, Seuil, « Libelle », 2022.

Antonella Mascali (sous la dir.), *Les Derniers Mots de Falcone et Borsellino*, préface de Roberto Scarpinato, traduit de l'italien par Anna Rizzello et Sarah Waligorski, Lille, La Contre Allée, 2013.

La fable du pouvoir

Roland Barthes, *Œuvres complètes*, tomes I et IV, Paris, Seuil, 2002.

Marc Fumaroli, *Le Poète et le Roi. Jean de La Fontaine en son siècle*, Paris, Éditions de Fallois, 1997.

Marc Fumaroli, *La Diplomatie de l'esprit. De Montaigne à La Fontaine*, Paris, Gallimard, « Tel », 2001.

Étienne de La Boétie, *Le Discours de la servitude volontaire* [1548], présentation par Miguel Abensour et Marcel Gauchet, textes de Félicité de Lamennais, Pierre Leroux, Auguste Vermorel, Gustav Landauer et Simone Veil, essais de Pierre Clastres et Claude Lefort, Paris, Payot, « Petite Bibliothèque », 2016.

La Fontaine, *Œuvres complètes*, 2 tomes, Paris, Gallimard, « Bibliothèque de la Pléiade », 1991.

Hippolyte Taine, *La Fontaine et ses fables*, Paris, PUF, 1996.

Un chemin de liberté

Philippe Ivernel, *Walter Benjamin. Critique en temps de crise*, édition établie et préfacée par Florent Perrier, postface d'Irving Wohlfarth, Paris, Klincksieck, « Critique de la politique », 2022.

Michael Löwy, *Walter Benjamin : une lecture des thèses « Sur le concept d'histoire »*, Paris, Éditions de l'Éclat, 2014.

Jean-Michel Palmier, *Walter Benjamin. Le Chiffonier, l'Ange et le Petit Bossu*, édité par Florent Perrier, Paris, Klincksieck, 2006.

Bruno Tackels, *Walter Benjamin. Une vie dans les textes*, Arles, Babel, 2013.

Sources des textes

Ce livre n'aurait jamais vu le jour sans l'amitié et la générosité de Maurice Olender qui en a soutenu et défendu le projet mais qui n'a pu, hélas, l'éditer, nous ayant quittés le 27 octobre 2022. Le relais ayant été pris par Sophie Tarneaud, sa fidèle et rigoureuse complice aux Éditions du Seuil, ce fut néamoins comme s'il avait été présent jusqu'au bout. Qu'elle en soit vivement remerciée.

Se tenir droit rassemble des textes écrits au fil du temps sur trois décennies, de 1993 à 2021, le plus souvent en réponse à des sollicitations amicales. Je remercie les diverses maisons d'édition qui ont accueilli dix d'entre eux d'avoir bien voulu accepter qu'ils soient aujourd'hui réunis.

En voici les sources originelles :

« "Je suis Spartacus" » : préface à *Rosa, la vie. Lettres de Rosa Luxemburg*, choisies et traduites par Anouk Grinberg, Paris, Éditions de l'Atelier, 2009.

« L'île du monde » : « Le siècle de Glissant, poète du Tout-Monde », Mediapart, 3 février 2011.

« La joie de lire » : préface à Bruno Guichard, Alain Léger et Julien Hage (sous la dir.), *François Maspero et les paysages humains*, Lyon, À plus d'un titre/La Fosse aux ours, 2009.

« Résister à l'air du temps » : préface à Daniel Bensaïd, *Jeanne, de guerre lasse. Chroniques de ce temps*, Paris, Don Quichotte, 2017.

« Une passion décoloniale » : préface à Fabrice Riceputi, *Ici on noya les Algériens. La bataille de Jean-Luc Einaudi…*, Paris, Le Passager clandestin, 2021.

« Leur République et la nôtre » : préface à Émile Zola, *Paris*, Paris, Seuil, « Points Classiques », 2021.

« Penser contre soi-même » : version écrite, jusqu'ici inédite, d'une intervention orale au colloque « Pensée de Péguy – 1914-2014 » à l'Institut catholique de Paris, le 15 mai 2014.

« Une vérité qui dérange » : préface à Léon Trotsky, *Ma vie*, traduit du russe par Maurice Parijanine, Paris, Éditions du Détour, 2019.

« Ce sommeil éternel » : préface à Joseph Fouché, *Mémoires*, Paris, Arléa, 1993.

« L'origine de la catastrophe » : préface à Roberto Scarpinato, *Le Retour du Prince. Pouvoir et criminalité*, traduit de l'italien par Deborah Puccio-Den, Lille, La Contre Allée, 2015.

« La fable du pouvoir » : préface à *Des nouvelles de La Fontaine*, recueil collectif, Paris, Gallimard, 2007.

« Un chemin de liberté » : préface à Lisa Fittko, *Le Chemin Walter Benjamin*, traduit de l'allemand par Léa Marcou, Paris, Seuil, « La Librairie du XXIe siècle », 2020.

Table

Du même auteur

La République inachevée. L'État et l'école en France
Payot, 1985 ; Stock, 1997 ; « Biblio », 1999

Voyage avec Colomb
Le Monde éditions, 1991

La Part d'ombre
Stock, 1992 ; « Folio Actuel », 1994

Un temps de chien
Stock, 1994 ; « Folio Actuel », 1996

Les Mots volés
Stock, 1997 ; « Folio Actuel », 1999

L'Épreuve
Stock, 1999

Secrets de jeunesse
Stock, 2001 ; « Folio », 2003

La Découverte du monde
Stock, 2002 ; « Folio », 2004

Le Journaliste et le Président
Stock, 2006

Procès
Stock, 2006 ; « Folio », 2007

Chroniques marranes
Stock, 2007

Combat pour une presse libre
Galaade, 2009

Le Droit de savoir
Don Quichotte, 2013 ; Points, 2014

Dire non
Don Quichotte, 2014 ; Points, 2015

Pour les musulmans
La Découverte, 2014 ; La Découverte-Poche, 2016, 2021

La Troisième Équipe. Souvenirs de l'affaire Greenpeace
Don Quichotte, 2015 ; Points, 2016

Dire nous
Don Quichotte, 2016 ; Points, 2017

Voyage en terres d'espoir
Éditions de l'Atelier, 2016

Le Devoir d'hospitalité
Bayard, 2017

La Valeur de l'information
Don Quichotte, 2018 ; Points, 2019

La Victoire des vaincus. À propos des Gilets jaunes
La Découverte, 2019

La Sauvegarde du peuple. Presse, liberté et démocratie
La Découverte, 2020

Tous les films sont politiques. Avec Costa-Gavras
Points, 2021

Le Président de trop, précédé de « La question française »
La Découverte-Poche, 2021

À gauche de l'impossible
La Découverte, 2021

L'Épreuve et la Contre-Épreuve. De la Yougoslavie à l'Ukraine
Stock, 2022

L'Appel à la vigilance. Face à l'extrême droite
La Découverte, 2023

EN COLLABORATION

L'Effet Le Pen, avec Alain Rollat
La Découverte-Le Monde, 1984

Mourir à Ouvéa. Le tournant calédonien, avec Alain Rollat
La Découverte-Le Monde, 1988

L'Affaire Clichy, avec Jean-Pierre Mignard
et Emmanuel Tordjman
Stock, 2006

Devoirs de vérité, avec François Hollande
Stock, 2006

Le 89 arabe, avec Benjamin Stora
Stock, 2011

Notre France, avec Farouk Mardam Bey et Elias Sanbar
Sindbad/Actes Sud, 2011

RÉALISATION : NORD COMPO À VILLENEUVE-D'ASCQ
ACHEVÉ D'IMPRIMER SUR ROTO-PAGE
PAR L'IMPRIMERIE FLOCH À MAYENNE
EN SEPTEMBRE 2023
DÉPÔT LÉGAL : SEPTEMBRE 2023. N° 150701 (103105)
IMPRIMÉ EN FRANCE